Joseph A. Amato
Von Goldstaub und Wollmäusen

EUROPA
VERLAG

Aus dem Amerikanischen von
Harald Höfner und Brigitte Post

JOSEPH A. AMATO

Von GOLDSTAUB *und* WOLLMÄUSEN

Die *Entdeckung* des Kleinen und Unsichtbaren

Europa Verlag
Hamburg · Wien

Meinem Vater Joseph Amato gewidmet

Die Deutsche Bibliothek – CIP-Einheitsaufnahme
Ein Titelsatz für diese Publikation ist bei
Der Deutschen Bibliothek erhältlich.

Originalausgabe:
Dust. A History of the Small and the Invisible

Deutsche Erstausgabe

Lektorat: Imke Sörensen
Umschlaggestaltung: Kathrin Steigerwald, Hamburg
Umschlagfoto: Jean Françoise Millet »Die Spinnerin«
Illustrationen: © Abigail Rorer
Satz: H & G Herstellung, Hamburg
Druck und Bindung: Wiener Verlag, Himberg bei Wien
ISBN 3-203-75012-0

Informationen über unser Programm erhalten Sie beim
Europa Verlag, Neuer Wall 10, 20354 Hamburg
oder unter www.europaverlag.de

INHALT

VORWORT

Was ist Staub? Wir alle wissen, wie er aussieht, besonders dann, wenn er Flusen unter dem Bett bildet. Aber aus was besteht er eigentlich? *Eine* Methode, diese Frage zu beantworten, ist die wissenschaftlich-mechanische. Anders als solche exotischen Staube wie etwa die interstellaren Partikel ist gewöhnlicher Hausstaub eine Mischung aus Teilen toter Insekten, Schuppen menschlicher Haut, Gewebefetzen und anderen unerfreulichen Materialien. Hausstaub ist ein medizinisches Problem, denn er ist die Heimat ganzer Populationen mikroskopisch kleiner Staubmilben, die Partikel menschlicher Haut fressen, zwanzigmal am Tag exkrementieren und alle drei Wochen eine neue Generation produzieren. Allein in den Vereinigten Staaten leiden Millionen von Menschen an schweren allergischen Reaktionen auf Milbenexkremente und damit auf Staub. Sobald Hausstaub mit beträchtlichen Mengen tierischer und menschlicher Ausschei -dungen verunreinigt ist, wird er infektiös. Man nennt ihn dann oft »Schmutz«. Als Schmutz ist Staub ein Krankheitsüberträger und ein ernstes Gesundheitsproblem.

An diesem Punkt wirft die Natur des Staubs gleichermaßen historische wie wissenschaftliche Fragen auf und wird zu einem Begriffsproblem: Wir können untersuchen, wie Menschen über die Jahrhunderte hinweg Staub definierten, auf ihn reagierten, ihn tolerierten und bekämpften, wie sie von ihm besiegt wurden (zum Beispiel während der Dust Bowl)[1] und sogar Gesetze gegen ihn erließen. *Eine* mögliche

Lösung für das Begriffsproblem lautet, daß Staub das ist, was die Menschen über die Jahrhunderte hinweg für Staub hielten. Diese Herangehensweise verknüpft die Geschichte des Staubs mit der Geschichte des Winzigen, »des Kleinen und Unsichtbaren«. In der Vergangenheit haben die Menschen über weite Strecken hinweg geglaubt, Staub sei der kleinstmögliche Gegenstand; so erklären sich Redewendungen wie zum Beispiel »fein wie Staub«.

Joseph Amato verschmilzt in diesem Buch – einer originellen und eloquenten interdisziplinären Synthese – die Begriffsgeschichte, die er fest im Griff hat, mit Sozial-, Medizin- und Politikgeschichte und der Geschichte von Hygiene, öffentlichem Recht und Naturwissenschaften. In allen seinen Arbeiten schafft Amato diese außergewöhnliche Verbindung aus reiner Philosophie *(Mounier and Maritain, 1975)*, Konkretem und Besonderem *(When Father and Son Conspire: A Minnesota Farm Murder, 1988)* und persönlichem und moralischem Engagement *(Victims and Values, 1992)*[2]. *Von Goldstaub und Wollmäusen* ist von allen seinen Büchern das synthetischste: Es ist erzählerisch und analytisch zugleich, ein Genuß und eine bewußtseinserweiternde Erfahrung. Es ist ein persönliches, praktisches, psychologisches und philosophisches Buch.

Die Begriffsgeschichte des Staubs ist im wesentlichen eine Begriffsgeschichte des Kleinen und Winzigen. Im späten 19. und im 20. Jahrhundert machte der Begriff als solcher eine gewaltige Wandlung durch, als zuerst Lichtmikroskope und danach Elektronenmikroskope und Teilchenbeschleuniger den Staub vom Mikrokosmischen ins Mesokosmische degradierten (beziehungsweise beförderten). Die Größe eines Körnchens Hausstaub liegt ungefähr in der Mitte zwischen der eines subatomaren Partikels und der des Planeten Erde. Und die Welt des Subatomaren vereinigt sich, was der menschliche Geist nur noch mathematisch begreifen kann, mit der Welt der unfaßbaren Weite in der Quantenmechanik.

Unsere Welt, in der wir über Quarks, Neutrinos, DNA und Viren diskutieren, unterscheidet sich sehr von der Welt, die die Menschen vor dem 19. Jahrhundert bewohnten und sich vorstellten. Staub war damals das kleinste bekannte Ding, und er war die häufigste Metapher für alles von niederem Status. So wie hinter jedem römischen General beim Triumphzug immer ein Sklave stand, der ständig wiederholte: »Bedenke, daß du sterblich bist!«, so wurden (und werden) die Christen jedes Jahr am Aschermittwoch erinnert: »Bedenke, Staub bist du und zum Staub mußt du zurück.« Alles auf Erden war vergänglich; nur der Kosmos jenseits des Mondes war unwandelbar. Und jenseits des Kosmologischen war das Theologische. Was war die letztgültige Bedeutung von Groß und Klein? War Gott groß oder klein, war er beides oder keines von beidem?

Neben der Begriffsgeschichte des Winzigen gibt es seine Kulturgeschichte. Ist das Winzige gut oder schlecht? Soll man es preisen oder verfluchen, annehmen oder ausrotten? Ist Staub Schmutz? Ist Schmutz gefährlich? Überall haben Schmutz und Staub das Leben der Menschen vor dem 19. Jahrhundert beherrscht; an den meisten Orten tun sie es heute noch. Heute leben mehr Menschen – schätzungsweise drei Milliarden – bar jeglicher Hygiene als zu irgendeiner anderen Zeit in der Vergangenheit.

Das Winzige war seit der Zeit, als Demokrit und Lukrez über die Existenz von Atomen spekulierten, Anlaß zur Verwunderung. In der frühen europäischen Kultur wurde es als die geheimnisvolle Quelle des Lebens betrachtet (nicht nur in einem embryonalen Sinn, sondern auch weil bestimmte Lebensformen tatsächlich durch spontane Fortpflanzung aus unbelebtem Winzigen hervorgingen). Das unendlich Kleine wurde zudem als eine mögliche Ursache für Krankheit und Tod angesehen. Die Behauptung, die Menschen des Mittelalters und der frühen Neuzeit hätten die Hygiene ignoriert, ist Unsinn. Wahr ist allerdings, daß sie nicht verstanden, wogegen sie kämpften.

Erst im Verlauf des 19. und frühen 20. Jahrhunderts entwickelte sich die Hygiene aus einem Ritual oder einer Angelegenheit des Wohlbefindens zu einem wissenschaftlichen System. Die Entdeckung des Mikroskops zog die Entdekkung der Mikroben und der Mechanismen von Krankheitsübertragung nach sich. Ärzte und Schwestern begannen, sich nach der Behandlung von Patienten die Hände zu waschen. Hausfrauen und Haushaltshilfen führten einen noch härteren Kampf gegen den Staub, der eindeutig als böse entlarvt worden war: Er war Schmutz, Brutstätte von Keimen und Ursache von Krankheiten. Amato nennt die Zeit von der Mitte des 19. bis zur Mitte des 20. Jahrhunderts das »Große Saubermachen«. Staub und Schmutz wurden zu Feinden, die es zu kontrollieren galt – vom Einzelnen mit Hilfe von Staubsaugern und von Regierungen mittels Kanalisation und Hygieneprogrammen.

Das Große Saubermachen birgt jedoch zwei ironische Aspekte. Der erste besteht darin, daß die Technologie, während sie immer mehr Möglichkeiten schuf, den Staub zu kontrollieren, seine Vielfalt und Gefahren gleichzeitig enorm erhöhte – durch radioaktive Partikel, Smog und giftige Chemikalien. Der zweite ironische Aspekt liegt darin, daß die Menschen in den hochentwickelten Gesellschaften seit den 60er Jahren in gefährlich zunehmender Weise anfangen, die schwer errungenen Lektionen in Sachen Hygiene zu vernachlässigen. Die jungen Amerikaner der 60er Jahre betrachteten Reichtum als eine Selbstverständlichkeit, die jungen Amerikaner von heute tun das gleiche mit ihrer Gesundheit. Aber der Krieg gegen Staub und Schmutz hat, wie Amato verdeutlicht, noch keinen Sieg über die Krankheit gebracht.

Wie dem auch sei: Der Staub hat dramatische soziale, wissenschaftliche und seit 1945 sogar kosmische Wirkungen. Er hat eine Kulturgeschichte verdient. Hier ist sie.

Jeffrey Burton Russell

EINFÜHRUNG

Kleine Dinge bedeuten viel

Unermeßlich ist das Königreich des Staubs. Anders als irdische Königreiche kennt es keine Grenzen. Kein Ozean markiert seine Schranken. Kein Gebirge engt es ein. Keine Längen- und Breitengrade bestimmen seine grenzenlosen Gebiete, und auch die entferntesten Sterne in den Unendlichkeiten des Raums können nicht mehr sein als blinkende Vorposten eines Reiches, das so unermeßlich ist wie das Universum selbst.

J. Gordon Ogden, »The Kingdom of Dust«

Staub und Schmutz, beide von der gleichen Mutter Erde geboren, haben verschiedene Väter. Staub – feiner und unbeständiger – gehört ebenso zur Luft wie zur Erde. Schmutz – gröber und unförmiger – wird mit Erde gleichgesetzt. Wenn er naß ist, ähnelt der Schmutz eher dem Wasser als dem Staub. Aber der wirkliche Vater des Schmutzes, der seine größere Nähe zur Erde bezeugt, ist der Dreck oder, um präziser zu sein, der Kot. Dieses Buch handelt viel mehr vom Staub als vom Schmutz; es beschäftigt sich mit der Rolle des Staubs als einer Bedingung des Lebens und einem Maß für das Kleine bis zum Beginn des 20. Jahrhunderts.

Es ist noch gar nicht so lange her, da bildete Staub den feinsten Gegenstand, den das menschliche Auge wahrnehmen konnte. Als Goldstaub oder als Pollen, als helle Fasern, die die

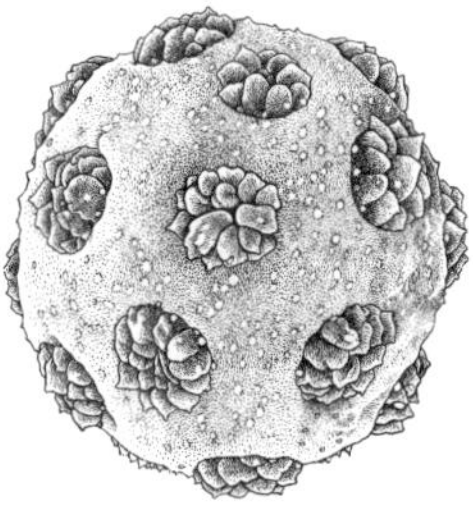

Ein Pollenkorn

Haut bedeckten, oder als einzelne Partikel, die im Sonnenlicht herumwirbelten, war Staub das winzigste Ding, das den Menschen begegnete. Staub war – ähnlich der Dunkelheit oder der Haut – eine allgegenwärtige Grenze zwischen dem Sichtbaren und dem Unsichtbaren. In der hochentwikkelten Gesellschaft des 20. Jahrhunderts hat man den sichtbaren Staub von der Oberfläche der meisten Dinge entfernt, und das Reich des Staubs wurde der Überprüfung durch wissenschaftliche Instrumente zugänglich. Staub wurde untersucht, in Industrie und Gesellschaft überwacht und in Wohnungen, öffentlichen Gebäuden und auf den Straßen unter Kontrolle gebracht. Da er in seiner Zusammensetzung immer unterschiedlich ist, wird Staub heute als ein höchst vielgestaltiges Partikel und als ein submikroskopisches Objekt angesehen. Wie so viele andere kleine Dinge der vorindustriellen Welt wurde der Staub in die Ecken der heutigen Gesellschaft gefegt und damit auch an den Rand des gegenwärtigen Bewußtseins.

Wie alles, was man einst als wirklich klein ansah, wurde der Staub durch eine große Revolution des 20. Jahrhunderts neu definiert – die Revolution des Winzigen. Wenn ihr auch nicht das intellektuelle Getöse der astronomischen Revolution zuteil wurde, die die Erde aus dem Zentrum des Universums entfernte und dieses als unendlich erklärte, so verkündete die Revolution des Kleinen doch die Unendlichkeit des Winzigen. Sie zwang die Menschen, die Unermeßlichkeit und die Macht des Kleinen anzuerkennen. Zum ersten Mal überhaupt zeigte sich die Welt dort unten ebenso unendlich, faszinierend und machtvoll wie die Himmel hoch oben – jedenfalls für die Wißbegierigen.

Die Wurzeln dieser Revolution liegen in der Frühgeschichte der Moderne, in der Entwicklung feingearbeiteter menschlicher Güter und in den ersten mikroskopischen Wahrnehmungen von Realität. Sie wurde vorangetrieben durch die Entdeckung der Mikroben, die Diagnose und Heilung viraler und bakterieller Krankheiten, die Entschlüsselung der DNA und der Gene und schließlich durch die Teilung und Fusion von Atomen. Eine Folge dieser Revolution war das Ende der immerwährenden Gleichsetzung von Staub und Kleinheit.

Staub: Das gängige Maß

Zu allen Zeiten war Staub das wichtigste und gebräuchlichste Maß für Kleinheit. Staub ist ein Ergebnis der Teilbarkeit von Materie.[1] Selbst die härtesten Materialien erodieren und werden zu Staub. Klaviertasten aus Elfenbein und Münzen nutzen sich mit der Zeit ab und verwandeln sich nach und nach in Staub.[2] Flüchtigere Materialien liefern reichlich mikroskopischen Stoff, der um die Oberflächen und Körper der wahrnehmbaren und faßbaren Objekte schwebt. Ein durchschnittlicher Zug an einer Zigarette enthält schätzungsweise vier Milliarden Staubpartikel. Der Dampf, der auf einer trockenen Platte kondensiert – Wasserstaub sozusagen –, ist 500 000mal dünner als ein Blatt Papier. Ein Tröpfchen Moschus parfümiert einen Raum über Jahre hinweg, und ein Körnchen Indigo färbt eine ganze Tonne Wasser.

Da Staub gestaltlos ist, findet er sich in allen Dingen, in festen, flüssigen und gasförmigen. Gemeinsam mit der Atmosphäre bildet er die Hülle, die die Wechselwirkungen zwischen Erde und Universum ermöglicht.[3] Staub fliegt über die höchsten Berge und überquert die breitesten Meere. Er füllt die ruhige Luft eines Hauses und die bewegte Luft von Straßen. Er findet seine Ruhestatt überall in der Natur und auf dem menschlichen Körper. Der feinste Staub – der sogar bis in die Poren der menschlichen Haut eindringen kann – kommt in den Tiefen der Ozeane zur Ruhe. Staub fällt mit jedem Regentropfen und jeder Schneeflocke, und im Laufe eines Jahres kann er die Hausdächer mit Tonnen feinen Schutts bedecken. Selbst unter Bedingungen größter Sauberkeit, so schätzt man, »gibt es mehr als tausend Stäubchen in jedem Kubikzoll Luft.«[4]

Staub ist überall, weil er praktisch aus allem entstehen kann. Seine frühesten Ursprünge in Raum und Zeit sind der Urknall, kollabierende Sterne und jene dunkle Linie quer durch das Zentrum der Milchstraße, die nach Auffassung des Astronomen Donald Brownlee » eine Linie aus Schmutz ist, vielleicht 65 200 Lichtjahre im Durchmesser und 6,167 mal 10^{17} Kilometer lang.«[5] Hier auf der Erde kommt Staub aus allem unter der Sonne: Mineralien, Samen, Pollen, Insekten, Moder, Flechten und sogar Bakterien. Aber auch Knochen, Haare, Fell, Federn, Haut, Blut und Exkremente können sich in Staub auflösen. Und etliche Gegenstände, die von Menschen hergestellt werden – zu zahlreich, um sie alle zu erwähnen –, bedecken die Erde und erfüllen die Atmosphäre mit Staub.

Staub treibt, wohin der Wind ihn bläst. Als ob er überhaupt nichts wäre – ohne Masse, ohne Volumen, das Federgewicht der Federgewichte –, steigt er auf und bildet Dampf und Nebel. Diese Eigenschaften beschwören den etymologischen Ursprung des Staubs (englisch: *dust)* im deutschen Wort *Dunst.*[6] Staub ist der feinste und vertrauteste Gegenstand, den das unbewaffnete menschliche Auge wahrnehmen kann.

Obwohl bestimmte Staube mit kostbaren Metallen und lebensspendenden Pollen gleichgesetzt werden (die einst selbst dazu benutzt wurden, kleinste Dinge zu messen), so reist er doch gewöhnlich mit den Kindern der Erde: Schmutz, Schlamm und Kot. Unbemerkt, am Boden zertreten, assoziiert man ihn mit den niedersten Dingen, mit dem, was zerbrochen, ausgeschieden und formlos ist. Staub kann zwar auch mit kostbaren Essenzen in Verbindung gebracht werden, aber seine üblichen Begleiter heißen doch Fragment, Abfall, Splitter, Brocken, Fetzen, Stückchen, Teilchen und Kerbe. Normalerweise ist er identisch mit dem Trivialen, Dürftigen, Unbedeutenden, Unzureichenden, Kümmerlichen und Schäbigen. Deshalb scheint Staub auch kein Thema zu sein, über das man gerne nachdenkt und das für eine Geschichte des Kleinen geeignet wäre.

Staub als Element kann sich nicht auf den Glanz des Lichts berufen, nicht auf die Feinheit von Luft, die Festigkeit der Erde oder die Vitalität des Wassers. Und doch umhüllt er Galaxien, umkreist Planeten und verbirgt sich in den Schlafgemächern von Königinnen und Königen. Staub, in der Atmosphäre und im Universum verstreut, hilft mit seiner Fähigkeit, Strahlen zu brechen, bei der Erklärung, warum und wie wir Menschen das Licht sehen können. Eben diese Fähigkeit erklärt blaue Himmel und das Tageslicht mit seiner Fülle an satten und diffusen Farben. Die Macht des Staubs, Licht zu brechen, macht auch verständlich, warum so wenig Licht – sichtbare Strahlung – auf seiner langen Reise von der Sonne die Erde erreicht.[7]

Staub bildet die unaufhörlichen Gezeiten vom Werden und Vergehen der Dinge. Aus ihm sind die Dinge gemacht; in ihn lösen sie sich auf. So konstant, so beherrschend begleitet Staub – durch Anhäufung und Auflösung – die Materie auf ihrem Weg ins Leben und aus ihm hinaus. Es scheint, als ob der Staub die Geschichte und den Historiker ausmesse, nicht umgekehrt.

Staube sind Teil des kontinuierlichen Aufbaus und Abbaus der Erde. Wüstenstürme verdüstern den Himmel über Tausende von Kilometern hinweg und verändern Jahreszeiten,

Staubsturm

Vegetation und Landschaften. Im Laufe von Jahrhunderten häuft sich verwehter Staub zu geologischen Gebilden an, wie zum Beispiel den Lößhügeln von Iowa oder den Klippen in Nordwest-China, die aus abgelagertem Staub aus der Wüste Gobi bestehen. Diese Strukturen prägen menschliches Leben.

Vulkane überschütten die Erde mit feinen Staubpartikeln. Die größten Vulkanausbrüche ziehen schätzungsweise 16 000 Quadratkilometer in Mitleidenschaft und bilden Pilzwolken, die bis zur Grenze der Atmosphäre emporsteigen. (Die Eruptionen des Mount Saint Helen schossen 19 Kilometer in den Himmel hinauf.)[8] Vulkanstaub könnte für die Eiszeiten verantwortlich sein, weil er das Sonnenlicht dämpfte, die Wachstumszeiten verkürzte und so das gesamte Weltklima veränderte. Das Wetter im Jahr 1816, in Skandinavien, England und den USA als »das Jahr ohne Sommer« bekannt, war die Folge eines Vulkanausbruchs in Sumbawa in Indonesien.[9]

Auch Feuersbrünste und Explosionen haben ihre Spuren in der Geschichte des Staubs hinterlassen. Das Chicagoer Feuer von 1871 schleuderte so große Mengen Asche in den Himmel, daß die Schlacke 40 Tage später auf den Azoren mitten im Nordatlantik niederging.[10] Der Test einer Wasserstoffbombe auf dem Bikini-Atoll im Jahr 1954 verstreute radioaktive Staubteilchen über 11000 Quadratkilometer. Staub beeinflußt wahrhaftig die menschliche Geschichte.

Er hinterläßt auch menschliche Fingerabdrücke in der Landschaft. Nehmen wir das Beispiel, mit dem die Nordamerikaner von heute am meisten vertraut sind: Staub prägte die »Schmutzigen Dreißiger«. Von 1932 bis 1938 umfaßte ein *Dust Bowl* genanntes Trockengebiet knapp 400000 Quadratkilometer der amerikanischen Ebenen und zwang 60 Prozent der dort lebenden Menschen zur Emigration.[11] In keiner Geschichte des amerikanischen Mittelwestens der 30er Jahre fehlt der Hinweis auf die staubverdunkelten Himmel, die staubgefüllten Bewässerungsgräben, den Staub, der den Tag zur Nacht werden ließ. Der Staub suchte sich seinen Weg in die Betten der Menschen und in ihre Nahrung; er schabte an ihrer Haut und verursachte »Staubentzündungen«. Er färbte oder besser verdunkelte die Art und Weise, wie die Menschen das Leben und die eigene Person betrachteten. In den »Schmutzigen Dreißigern« ging es jedoch um mehr als um trockene und staubige Zeiten. Es ging auch um die Folgen einer expansiven Landwirtschaft und einer übersteigerten Viehwirtschaft in den Zentralebenen der USA.[12] Jede Handvoll Staub war ein Urteil darüber, wie ein Volk mit seinem Land umging.

Neue Staube, neue Maße

Die Menschheit hat seit ihren Ursprüngen die Erde verändert und Staub aufgewirbelt. Er zeigte an, wieviel, mit was und wie fein wir gearbeitet hatten. Wir produzierten Staub, wann immer wir gruben, sägten, bohrten, abbrachen, feilten, mahlten, schliffen, polierten, pulverisierten und frästen. Wir ließen Staub auffliegen, wenn wir uns Wege bahnten, Grundstöcke legten, Bauwerke errichteten, Straßen bauten und Gleise verlegten. Unzählige Maschinen – von den frühen Windmühlen über kohlebetriebene Dampfmaschinen bis hin zu den zeitgenössischen Atomkraftwerken – sondern Staube ab, die den Charakter ganzer Regionen bestimmen.

Obwohl es keine etymologische Beziehung zwischen den Worten *dust* und in*dust*ry gibt, haben die Industriegesellschaften doch mehr und unterschiedlichere Staube geschaffen als irgendeine Gesellschaft zuvor.[13] Ausgerüstet mit Stahlwerkzeugen, Dynamit und Bulldozern verwandelte die Industriegesellschaft die Erde und schleuderte dabei noch nie dagewesene Mengen und Sorten von Staub in die Umwelt. Für die Bewässerung von Baumwollfeldern in Kasachstan und Usbekistan wurden Flüsse vom Aral-See abgeleitet; dadurch schrumpfte und versalzte der See und produzierte einen salzhaltigen Staubwind, der Lungenleiden verursacht. All diese Maßnahmen machten die Industriegesellschaft zu einem großen Transporteur von Erde und – daraus folgend – von Staub.

Jede Industrie erzeugt ihren besonderen Staub und Rauch. Infolgedessen und aufgrund ihrer klimatischen Bedingungen besitzt jede Industriestadt ihren eigenen charakteristischen Nebel und Smog. Die Farben des dunklen Horizonts über den Getreidefabriken im Minneapolis der letzten Jahrhundertwende unterschieden sich von denen in Gary, Indiana, der Stadt der Stahlgießereien. Die Luftverschmutzung im heutigen Chicago ist anders als die in Los Angeles, und der Smog in Los Angeles ist nicht der gleiche wie der in London.[14]

Staube ändern sich mit der Zeit und auch mit der Aktivität und dem Ort. Sie gehören unterschiedlichen historischen Abschnitten an und definieren diese. Die Staube Londons während der Bombardements im Zweiten Weltkrieg unterschieden sich vom großen Londoner Smog der Nachkriegszeit. In den Stauben aus den Krematorien von Auschwitz finden Historiker eine andere moralische Anklage als in den radioaktiven Stauben von Tschernobyl.

Während die zeitgenössische Empfindsamkeit dazu neigt, Staube lediglich als Schadstoffe zu betrachten, offenbart ihre Geschichte auch nützliche Dienste für den Menschen. Um nur auf einige Beispiele hinzuweisen: Staub liefert reichhaltige Mineralien und verbessert den Boden. Er wird dazu verwandt, Ziegelsteine, Keramik und Glas herzustellen. Staub liefert Kreide zum Schreiben, Tonerde für Kosmetika, Talkum zum Trocknen von Körpern und eine Reihe von Pudern für so grundlegende Arbeiten wie Reinigung, Polieren, Trocknung, Adhäsion, Aggregation und Pigmentierung. In Schweden werden Züge mit pulverisiertem Torf betrieben. Aschen werden für ein breites Spektrum von Produkten genutzt.[15] Entscheidend für landwirtschaftliche und industrielle Prozesse und Produkte ist auch, daß Staube Pflanzen gegen Kälte und Insekten schützen; zudem filtern sie Flüssigkeiten. Staub kann die Essenz von Dingen sein, er kann aber auch das beste Mittel darstellen, um zur Essenz von anderen Gegenständen zu gelangen.

Die heutige Gesellschaft lebt relativ frei von sichtbarem Staub. Einige Computerfabriken und Labors sind tatsächlich so konstruiert, daß sie kein einziges Staubpartikel enthalten – und frei von Staub zu sein ist zu einem herausragenden Ideal der Gegenwart geworden. In der Vergangenheit dagegen begleitete der Staub die Menschen immer und überall. Seine Invasionen waren genauso sicher wie der Wechsel der Jahreszeiten. Im 19. Jahrhundert gesellten sich neue industrielle Staube (von denen viele mikroskopisch untersucht wurden) zu den Stauben im Haus und auf der Straße und prägten viel vom Anblick, Gefühl und Geruch urbanen Lebens. Die Staubmengen wuchsen mit dem Chaos der Städte. Neue Staube waren Begleiterscheinungen der Dampfmaschine, der Lokomotive und der Eisen- und Stahlindustrie, mit denen die Menschen die Erde verschmutzten wie nie zuvor. Kohlen- und Siliziumstaube hatten immer eine Beziehung zur Industrie.

Dennoch ist es kein Zufall, daß in der Industriegesellschaft des 19. Jahrhunderts der Staub – zuvörderst in England – von den Gesundheitsbehörden zum Feind erklärt wurde. Hygieniker behaupteten, es gebe eine Beziehung zwischen Staub und Krankheit. Industriemediziner bewiesen, daß Staube bei Bergleuten und Industriearbeitern eine ganze Reihe von Krankheiten verursachten.

Dieselben Prozesse, die so viel Staub und Abfall verursachten, verliehen der Gesellschaft andererseits die Mittel und den Wunsch, sie zu kontrollieren. Im letzten Viertel des 19. Jahrhunderts begann die westliche Gesellschaft, sich selbst zu säubern und keimfrei zu halten. Der Wunsch nach Sauberkeit wurde durch das moralische Ideal der Reinheit noch gesteigert. Regierungen befahlen Entlausung, Pasteurisierung und Sterilisierung. Sie erließen eine Reihe von Verordnungen gegen Staube, Abfall, Lärm und – in den Vereinigten Staaten – gegen jede andere materielle und moralische Schandtat, die mit dem weitmaschigen gesetzlichen Netz namens »öffentliches Ärgernis« einzufangen war. Zur gleichen Zeit wurden die eigenen vier Wände zum Thema von schriftlichen Ratgebern, die Hausfrauen und Bediensteten vorgaben, wie Heim und Familie gegen Staube und andere winzige Eindringlinge zu schützen seien. Unterschiedliche Institutionen traten für unterschiedliche Reinigungsprozeduren ein. Die Reinigung der Kasernen war nicht mit der der Schulen zu vergleichen, und diese wiederum unterschied sich von den Systemen in Hospitälern und Fabriken. Alle Staube jedoch wurden zu erklärten Zielscheiben des Staates und nationaler Gesundheitskampagnen.

In den meisten Bereichen der Gesellschaft machte der Kampf gegen den Staub bis in die 30er und 40er Jahren des 20. Jahrhunderts allerdings wenig Fortschritte. Denn obwohl die Staubmenge durch die Entwicklung des Automobils, das Pflastern der Straßen und das Ansäen von Rasen beachtlich vermindert worden war, gab es noch zu wenige Werkzeuge und Produkte, um die Umwelt dort zu säubern, wo sie vor Schmutz starrte und von Schädlingen wimmelte. Unbarmherzig wie die Flut wurde der Staub von den rüttelnden Dampfmaschinen emporgeschleudert, die Straßen hinauf- und hinabgetragen und in den Gebäuden verteilt, um sich schließlich auf ungepflegten Haushaltsgegenständen auszubreiten.

Während sich die gesamte Gesellschaft mit ihren neuen Technologien der öffentlichen Bezwingung des Staubs widmete, fand der Kampf gegen den Hausstaub in den häuslichen Schützengräben statt, mit einem Arsenal an neuen Säuberungseinrichtungen: Die Waschmaschine hatte sich um 1950 zu einer wundervollen synthetischen Kreation aus emailliertem Stahl, Aluminium, Bakelit und Gummi entwickelt. Gas und elektrisches Licht waren für sich genommen schon eine Revolution. Zahlreichere und größere Fenster erlaubten dem Licht, weiter in die Wohnungen einzudringen und die Hausfrauen bei der gründlichen Entfernung des Staubs zu unterstützen. Dieser Triumph über den Staub war aber kein ehrenvoller Sieg für die Frauen. Denn sie wurden zu Wächtern einer Ordnung, um die sich die Männer – beschäftigt mit ihren Angelegenheiten außer Haus und bei der Arbeit – kaum kümmerten oder die sie für selbstverständlich hielten. Die Kunst und die Mühe einer blitzsauberen Haushaltsführung wurden – wie der Schmutz und der Staub selbst – durch die innovativen Säuberungsmaschinen abgewertet und von einer neuen Generation berufstätiger Töchter kritisiert, die wenig Zeit für und noch weniger Interesse an Hausarbeit hatte.[16] All dies führte dazu, daß die Zahl der Hausfrauen der ersten Jahrhunderthälfte abnahm und ihnen ein Status zugewiesen wurde, der ebenso zweifelhaft war wie der Staub, den sie bekämpften.

Unsichtbare Dinge

In den industriellen Gesellschaften von heute ist der große Sieg früherer Generationen über den Staub vergessen, besonders bei den Jungen und Wohlhabenden, obwohl quer durch die Gesellschaft immer noch unaufhörlich Säuberungsaktionen durchgeführt werden müssen. Staub und Schmutz und alle ihre zeitlosen winzigen Verbündeten sind dabei weniger beunruhigend als die neuen unsichtbaren Gegner wie Radioaktivität und Mikroben, die eine Resistenz gegen Medikamente entwickelt haben. Unsere gegenwärtige Vernachlässigung des Staubs zeigt sich darin, daß Priester inzwischen vergessen, den Altar nach dem Abendmahl sorgfältig und rituell von den Krümeln der Eucharistie zu säubern; sie zeigt sich in der Neigung von Hausbesitzern, Staub mit benzinbetriebenen Blasgeräten von ihren Grundstücken zu pusten, ohne sich darum zu kümmern, wo er landet und welche Bedrohung er für die öffentliche Gesundheit darstellen könnte. Weil die heutige Gesellschaft den Staub nicht mehr wie früher betrachtet und fürchtet, bewertet sie auch das Reinigen und das Reinigungspersonal nicht mehr so hoch (dabei gibt es natürlich viele Ausnahmen, besonders dann, wenn es um persönliche Hygiene und ums eigene Aussehen geht).[17] Das Kleine von damals ist nicht mehr so todbringend wie einst.

Da Ordnung, Hygiene und Sauberkeit allgemein als gesichert gelten, könnte die Gesellschaft ihr Augenmerk auf die schlimmsten Formen der Umweltverschmutzung und auf die Seuchen richten, auf die die Öffentlichkeit und eine wachsende Zahl von Pathologen, Umweltschutzbeamten und Epidemiologen immer wieder hinweisen. Die Aufgabe dieser forensischen Wissenschaftler der Umwelt ist es, mikroskopisch kleine, giftige und ansteckende Wesen zu erkennen und zu beseitigen. Da Staub an sich nicht mehr als Bedrohung empfunden wird, hat er seinen Platz und seine Fähigkeit, Aufmerksamkeit zu erregen, verloren.

Die Vorstellungen über den Staub haben in den letzten 150 Jahren eine Revolution durchlaufen. Das in jeder Zeit vorhandene Phänomen des Staubs wurde zuerst zu einem Feind der gesundheitsbewußten Zivilisation und dann zu einem klar umrissenen Objekt wissenschaftlicher Erkenntnis und technologischer Manipulation. Zur gleichen Zeit führte die Entdeckung von Atomen und Keimen – und des ganzen Netzwerks mikroskopischer Einheiten und darauf aufbauender Konzepte – zu einer Neudefinition des Winzigen; dieses macht dem Staub seine Rolle streitig, für die Menschheit der vorrangige Maßstab für Kleinheit zu sein.

Wegen des neuentdeckten Mikrokosmos kann der Staub seine Mitstreiter in diesem herrlich komplizierten Universum kleiner und besonderer Objekte nicht länger überstrahlen. Er hat an Wert und an wirklichen und metaphorischen Kräften verloren.

Die industrielle Technologie ermöglichte es dank ihrer beispiellosen Kontrolle über Wasser, Licht und Materialien der Gesellschaft, den Staub zu entfernen und ihn neu zu definieren – als ein Gebilde aus unterschiedlichen Teilchen. Der Staub verlor seine traditionellen Assoziationen mit Schmutz, Dreck und Kot und wurde zu einem facettenreichen Objekt der zeitgenössischen Wissenschaft. Um eine Analogie zu bemühen: Der Staub wurde in der Stadt wie sein menschliches Gegenstück, der Bauer, zu einem individualistischeren Wesen. In seinen verfeinertsten Formen verlor er alle Verwandtschaft mit dem Staub vergangener Jahre und verschwand in den mikroskopischen Vorstädten der Kleinheit.

In der Großstadt wurde der Staub immer weiter spezifiziert, in Fabriken und Laboratorien analysiert, zerlegt und auf gänzlich andere Art wieder zusammengesetzt. Staub, seziert im Lichte des neuen Wissens und der Technologie, war nicht länger der Tölpel vom Lande; er wurde statt dessen von der wissenschaftlichen Entdeckung eingeholt, daß der Mikrokosmos unermeßlich und komplex ist.

Die gegenwärtige Geschichte des Staubs beinhaltet drei Paradoxa:

Zum einen erlaubte die industrielle Revolution, die so viele Arten und so große Mengen Staub hervorgebracht hat, der Gesellschaft, eben diesen Staub einzudämmen wie niemals zuvor.

Zum zweiten: Zur Zeit des Großen Saubermachens, als der Staub dem menschlichen Blick und Zugriff ausgesetzt war, beschrieben Spezialisten gänzlich unentdeckte Reiche voller Substanzen, die kleiner waren als Staub. Sie bewerkstelligten dies mit immer präziseren Instrumenten und Werkzeugen. Gerade als die Menschen aus der Tyrannei des Staubs errettet waren, machten sie Bekanntschaft mit Legionen von bis dahin unbekannten Dingen, deren Wirkung auf das persönliche und nationale Wohlergehen niemand bestreiten konnte. Mit einem Wort: Die Mehrheit sah sich der Aufgabe gegenüber, einen Sinn aus unsichtbaren, todbringenden Dingen zu ziehen, deren Existenz sie nicht bezweifeln konnte, für deren Beobachtung und Verständnis sie aber nicht ausgerüstet war.

Zum dritten: Während Wissenschaft und Technologie gewaltige mikroskopische Reiche definieren und ordnen, dauert die elementare Angst vor dem Kleinen weiter an. Sie mag sogar noch gestiegen sein, begünstigt durch die steigenden Erwartungen an ein besseres Leben und die Armeen von unsichtbaren Dingen, die dieses bedrohen. Das Unsichtbare bleibt gefährlich. Zu dem Reich des Schwarzen Mannes und der Geister gesellt sich jetzt die Bedrohung durch Außerirdische, kosmische Strahlen und verirrte Meteoriten. Neue Entdeckungen wecken neue Ängste, die wiederum durch moderne Zwangsvorstellungen und Massenpanik verstärkt werden können.

In der ersten Hälfte des 20. Jahrhunderts wurde die westliche Zivilisation von der Angst vor Mikroben verfolgt. In der zweiten Hälfte wurde diese Angst merklich zurückgedrängt – durch Ängste vor Radioaktivität, Umweltverschmutzung und jüngst vor wiederauflebenden Krankheiten. Die alte Beschäftigung mit unsichtbaren Feinden dauert in veränderter Form immer noch an. Wie beeindruckend auch immer die Eroberung des Mikrokosmos durch die Wissenschaft sein mag – die große Mehrheit hat ihr Wissen und ihre Macht über das Kleine nicht voll akzeptiert. Noch immer beruhen die üblichen Gebete auf der Prämisse, der Geist könne die Materie kontrollieren, und ein gnädiger Gott – der Gott, der die Haare auf unseren Köpfen zählt – werde einzelnen Zellen und Elektronen befehlen, menschliches Leben zu retten.

Es schickt sich anscheinend nicht für die Gattung Mensch, ihr Schicksal dem vorherbestimmten Gang von Atomen zu überlassen und sich mit ihrer eigenen Rückkehr in den Staub abzufinden. Diese Abneigung, wieder zu Pulver zu werden, ist besonders stark bei denjenigen entwickelt, die die Früchte aus dem wohlgefälligen Garten des modernen Lebens gekostet haben. Unser Widerwille, sanftmütig zurück in die Dunkelheit hineinzugehen, stammt nicht bloß aus einer dichterischen Beschwörung, sondern aus unserer Teilhabe an einer Zivilisation, die seit dem Mittelalter darauf bestanden hat, große und kleine Dinge zu kontrollieren – einer Zivilisation, die immer weniger damit zufrieden war, Einzelheiten dem Teufel zu überlassen.

Atome und Mikroben jedoch – die zeitgenössischen Reiseführer ins Territorium des Kleinen und Unsichtbaren – zwangen die Menschen, sich mit unsichtbaren Wesen auseinanderzusetzen und die ehrfurchtgebietende Macht kleiner Dinge zu bedenken. Obwohl nur wenige Menschen die Welten des Winzigen begreifen, kann niemand ihre Kraft ignorieren. Zellen und Computerchips – um nur zwei Beispiele zu nennen – verdeutlichen die Macht kleiner Dinge, menschliches Denken und Handeln in ihren Bann zu ziehen. Der Staub selbst, der einst fast konkurrenzlos für das Kleine im wörtlichen wie im metaphorischen Sinn stand und das Tor zum Unsichtbaren bildete, ist heute nichts weiter als ein bloßes Mitglied im sich entfaltenden Universum des Kleinen. Und noch vor einem Jahrhundert wußten wir kaum, daß dieses Universum existiert.

KAPITEL EINS

Von den Zeiten, als Staub der Weggefährte von allem war

Im Schweiße deines Angesichts sollst du dein Brot essen, bis du zurückkehrst zum Ackerboden; von ihm bist du ja genommen. Denn Staub bist du, zum Staub mußt du zurück.
Genesis 3:19

Wenn der Staub sich steil und hoch erhebt, dann kommen Fahrzeuge; wenn er niedrig und breit ist, dann nähern sich Fußsoldaten. Verstreute Rauchfetzen zeigen Holzfäller an. Relativ kleine Staubmengen, die kommen und gehen, weisen darauf hin, daß ein Lager errichtet wird.
Sun Tzu, »The Art of War«

In den vorindustriellen Zeiten, als noch die Landwirtschaft vorherrschte, waren Männer und Frauen mit dem Staub in einer Weise vertraut, die jenseits unserer modernen Vorstellungskraft liegt. Staub begleitete sie all ihre Tage. Obwohl sie viele kleine und feine Dinge sahen, war doch der Staub gewöhnlich das kleinste. Für niemanden galt dies mehr als für den Bauern, der von der Erde lebte.

Dieses Kapitel wird zuerst eine Definition und Diskussion des Staubs in der vorindustriellen Welt vornehmen und anschließend die Beziehung des mittelalterlichen europäischen Bauern zum Staub untersuchen. Letzterer ist nicht deshalb ausgewählt, weil er dem Staub näher oder ferner gewesen wäre als beispielsweise die ersten Bauern in der landwirtschaftlichen Revolution vor etwa 10 000 Jahren im Nahen Osten oder die Bauern des 20. Jahrhunderts in den abgelegenen ländlichen Gebieten Osteuropas, Asiens oder Afrikas. Vielmehr verweilt dieses Kapitel deshalb bei ihm, weil er einen Maßstab für den Aufstieg der westlichen Zivilisation liefert – von den feinen und winzigen Gegenständen für wenige über Hygiene und Sauberkeit für viele bis zu unserer zeitgenössischen Manipulation der submikroskopischen und atomaren Ordnung durch Experten.

Der alltägliche Weggefährte

Fast während der gesamten Weltgeschichte lag Staub in der Luft, er setzte sich auf der Oberfläche von Dingen ab und sammelte sich in den dunklen Ecken von Hütten und Burgen. Obwohl die einzelnen Staubpartikel meist gar nicht wahrgenommen wurden, fungierte der Staub doch als die Grenze des Kleinen. Man glaubte, jenseits dieser Grenze existiere ein unsichtbares und magisches Reich. Staub bildete sich unter anderem aus den Sporen von Pilzen, die in die Luft hinaus explodierten und so ihren samenhaltigen Puder verstreuten. Er bestand aus überaus feinen Samen in der Luft (manchmal Hunderttausende auf den Bruchteil einer Unze) oder aus *Ameisenbrot*, einem kaum sichtbaren Teil eines winzigen Samens, den Ameisen zu ihrem Bau schleppen und der, falls er nicht gefressen wird, zu Pflanzen aufschießt.[1]

In seinen kleinsten und am tiefsten versteckten Formen war Staub zu hermetisch und magisch, um verstanden zu werden. Seine Existenz aber konnte nicht geleugnet werden. Staubpartikel, die aufstiegen und im Licht schimmerten, erschienen und verschwanden vor aller Augen. Feiner Staub von Pflanzen und Mineralien verlieh Gerichten einen besonderen Geschmack, lieferte hochwirksame Arznei für den Körper, Drogen für den Geist und sogar tödliche Gifte.[2]

Staub brachte Gerüche mit sich – den unerfreulichen Geruch des Alten, den Gestank des Schweinehirten, den verfaulten Atem verrottender Zähne und den angenehmen Duft der frischen Haut der Geliebten. Unsichtbare Staube zirkulierten in der Luft, vermischten sich mit Wasserdampf und entstehenden Schneeflocken. Feuer erfüllte die Lüfte mit dem Duft brennenden Holzes, und der Geruch von Meersalz konnte, wenn die Winde richtig standen, bis weit ins Landesinnere ziehen.

Vor dem Staub gab es in trockenen Jahreszeiten, zur Erntezeit, während großer Brände oder bei Vulkanausbrüchen kein Entkommen. Staub begleitete die Elemente – Feuer, Erde, Luft und Wasser –, und er war wie ein eigenes Element. Feuer verwandelte Gegenstände in Asche und Ruß – beides sind Staube. Wasser verwandelte Erde in Schlamm und Schmutz, der, von der Luft getrocknet, als Staub herumgeweht wurde. Staub löste sich von Tieren und Pflanzen, er haftete an den Körpern und durchdrang die Kleidung. Er erfüllte die Gebäude, deren Wände, Fußböden und Dächer aus Schlamm und Stroh bestanden. Überall in der Welt schliefen die Menschen vergangener Zeiten in staubigen Betten ein und erwachten in ihnen.

Die Menschen erzeugten Staub, was auch immer sie taten. Die menschlichen Körper selbst waren Staubfabriken. Man erzeugte Staub, wenn man seine Hände aneinander rieb oder Nahrung mit den Zähnen zermahlte (insbesondere mit den Molaren, den Backenzähnen, deren etymologischer Ursprung *mola*, der Mühlstein, ist). Aus den menschlichen Körpern traten Substanzen aus, die mit der Zeit zu Staub werden würden: Schmalz aus den Ohren, Rotz aus der Nase, Schleim, Speichel und Erbrochenes aus dem Mund, Schuppen aus dem Haar. Aus dem After kam Kot, der zusammen mit tierischer Jauche in den Boden gepflügt und in Erde verwandelt wurde. Dort trocknete alles und wurde zu Staub. Der Körper selbst diente als Futter für die Würmer und düngte so die Erde. Es gab nichts auf der Welt, das zu groß gewesen wäre, als daß man es nicht hätte klein machen können.

Staub aber war mehr als nur ausgeschiedene Materialien. Bestimmte Staube lieferten nicht nur wichtige Güter, sondern sie wurden selbst hochgeschätzt. Pulverisierte Gewürze verliehen dem Essen Geschmack. Spezielle Staube dienten in der Kosmetik als Farben und in der Pharmazie als Puder zur Verschönerung, Schmerzlinderung, Luststeigerung und als Rauschmittel. Tierische und menschliche Ausscheidungen verwandelten sich in Puder – Staube, die wichtigen Zwecken dienten.[3]

Selbst in jüngeren Zeiten dachte man noch – jedenfalls unter einfachen Menschen –, Staub enthalte die Essenz der Dinge. Eine Regel verbot es, Staub aus der Haustür hinauszukehren, weil er dann vielleicht das Glück der Familie mit sich nehmen könnte. »Er muß innen zusammengefegt und dann hinausgetragen werden ... dann wird kein Schaden eintreten.« Und ganz ähnlich: »Wenn Staub aus der Ladentür hinausgefegt wird, dann – so sagt man – fegt man die Geschäfte hinweg.«[4] Es galt als schlechtes Zeichen, ein Haus oder eine Feuerstelle zu perfekt zu reinigen. Körperliche Ausscheidungen – in Verbindung mit Staub als einem Teil der Erde – enthielten angeblich das Wesen einer Person und strahlten besondere Kräfte aus.[5] Mumien aus Persien wurden im mittelalterlichen Europa zermahlen und als Medizin verkauft.[6] Der Volksmund berichtet von den großen Heilkräften des Staubs vom Abendmahlstisch. Und was könnte auch wertvoller sein als die Krumen vom Leib Christi? (Das Brot für das Abendmahl wurde aus dem feinsten erhältlichen Korn hergestellt, das im Mittelalter mit einem dreifachen X gekennzeichnet war. Erst am Ende des 19. Jahrhunderts wurde es übertroffen, als die Firma Pillsbury 4 X auf ihre Mehlsäcke druckte, um so äußerste Reinheit anzudeuten.)[7]

Staub als Metapher

Im metaphorischen Universum der Gegensätze, aus denen die Menschen kulturelle Bedeutung ableiten, bilden Staub und Schmutz einen negativen Pol. Diese Halbbrüder wohnen mit dem Schwachen, dem Niederen und der Amoral zusammen.[8] Staub gesellt sich zu dem, was abgelehnt wird. Fand man ihn unter dem Bett, so gab man ihm die Slangausdrücke Bettlersamt, Hausmoos und Hurenwolle. Staub wird mit Tod in Verbindung gebracht (»to bite the dust« – »ins Gras beißen«), mit Beleidigendem (»eat my dust« – »Leck mich am Arsch«) und mit Abschied (»to dust off« – »sich aus dem Staub machen«). Schmutz bezieht sich auf moralisch Kompromittierendes (»get the dirt on« – »Dreck am Stecken haben« oder »throw dirt at someone« – »jemanden mit Schmutz bewerfen«). »Speck of dust» – »Stäubchen« oder »piece of dirt« – »ein Stück Dreck« meinen Unbedeutendes. Im amerikanischen Slang werden Menschen aus niedrigeren sozioökonomischen Klassen als »muck worms« – »Mistwürmer« oder »mud sills« – »Dreckschwellen« bezeichnet. Unbedeutendere Menschen nennt man »chicken feed« – »Hühnerfutter« oder »crumb« – »Blödmann« (eigentlich: »Krümel«). Ein Niemand zu sein bedeutet »to be a little snot« – »ein Stück Rotz« oder »a little shit« – »ein Stück Scheiße«; eine schlecht erzogene Person ist »a dreg« – »Abschaum« (eigentlich: »Bodensatz«) oder »a grub« – eine »Made«.

Wie sein naher Verwandter, der Schmutz, prägte der Staub menschliche Erfahrungen von Anbeginn an. Staub in Form von Asche und Ruß offenbarte, wo ein Feuer gebrannt und Brennmaterial in seine flüchtigen Bestandteile umgewandelt hatte. Aufsteigender Staub zeigte Bewegung an (daher die Redewendung »to kick up dust« – »Staub aufwirbeln«). Wie jeder gute General aus vergangenen Zeiten oder jeder mittelalterliche *condottiere* wußte, konnten unterschiedliche Staubformationen am Himmel entweder entfernte Lagerfeuer des Feindes oder aber heranmarschierende Armeen bedeuten.

Staub konnte Zerstörungen der Erde menschlichen oder klimatischen Ursprungs anzeigen: Erosion durch den Wind ist dort am schlimmsten, wo die Erdkrume sehr fein ist und am meisten mißbraucht wird. Wehender Staub konnte auf unfruchtbares Land wie die Sahara oder eine verlassene Stadt wie Tell Asmar im Nordosten von Bagdad hinweisen. Er konnte aber auch eine Dunstglocke sein, die über den Städten hing und Land und Wasser vergiftete.[9]

Auf der anderen Seite wurden einige Staube, wie zum Beispiel der Goldstaub, als die Essenz wertvollster Gegenstände angesehen. Die feinsten Staube betrachtete man als die leichtesten irdischen Dinge. In Märchen konnten wenige Staubkörnchen die wundersamsten Ereignisse auslösen.

Der zweideutige metaphorische Stellenwert des Staubs – das gewöhnlichste und das feinste aller Dinge zugleich – entstammt seiner Rolle als Grenze zwischen dem Sichtbaren und dem Unsichtbaren. Ähnlich der Haut, dem Gewebe, das zwischen dem Innen und dem Außen steht, trennte der Staub, was durch die Sinne erfahren werden konnte und was jenseits davon lag. In dieser Beziehung verhielt sich der Staub wie die Dunkelheit: Sie bildete einen abgestuften und durchlässigen Schirm zwischen dem Reich des empirisch Erfahrbaren und dem des Vorgestellten. Bilder erscheinen und verschwinden in ihr, Dinge werden umgewandelt, ja sogar erzeugt. Staub erzeugte ein Schattenreich, das geheimem Tauschhandel Zuflucht bot und unerwartete Verwandlungen förderte. Staub wurde mit Höhlen und Kellern und anderen Orten, in denen weder Licht noch Dunkelheit völlig obsiegten, in Verbindung gebracht und war somit ein zweideutiges Reservoir von Wichtigem und Unwichtigem, von Lebendem und Totem.

Die menschliche Beobachtung bestätigte die elementare Rolle des Staubs in der Wirklichkeit. Alle Dinge ließen sich in kleinere Dinge zerteilen. Aus jeder Materie konnte Staub gemacht werden – durch Gewalt, Feuer oder Fäulnis. Belebte und allgegenwärtige Staube bildeten die Elementarteilchen von allem auf Erden, sieht man von den Überlegungen einer

Handvoll klassischer Atomisten ab, die darauf bestanden, es gebe jenseits des Staubs noch kleinere Partikel (Atome), die das Werden und Vergehen von Dingen begründeten.

Mit ihren Sinnen beobachteten die Menschen, daß die kleinsten Lebewesen – Käfer, Spinnen und Würmer – Geschöpfe des Staubs waren. Sie entwickelten sich spontan an staubigen Orten. Würmer tauchten in Komposthaufen auf, Maden in verfaulendem Fleisch, Schaben wurden in zu Boden gefallenen Essenskrümeln geboren, und Mäuse sprangen aus schmutzigen Kisten hervor, die man in der Dunkelheit ungestört hatte stehen lassen.

Die Menschen der vorindustriellen ländlichen Ordnung begriffen intuitiv, was sich der heutige Mensch nur schwer vorstellen kann – den ewigen Kreislauf aller lebenden Dinge. Für sie war es nachvollziehbar, daß Gott Speichel und Erde verwandt hatte, um Menschen zu formen – denn was stand sonst noch zur Verfügung? Und sie hatten keine Zweifel, daß sie selbst gute Nahrung für Würmer abgeben würden, und das galt auch für die mächtigsten Monarchen. Die Menschen früherer Zeiten hatten keine Mühe, Shakespeares Worte zu verstehen: »Jemand könnte mit dem Wurm fischen, der von einem König gegessen hat, und von dem Fisch essen, der den Wurm verzehrte.«[10]

Der unsterbliche Kampf

Die Männer und Frauen der vorindustriellen Zeit nutzten alle Möglichkeiten ihrer Kultur, um sich von den kleinen und erniedrigenden Gegenständen abzusetzen, an die sie der Kreislauf des Lebens fesselte. Sie waren bemüht – um der Kontinuität ihres Selbst und der Autonomie ihres Seins willen und wegen des Engels in ihnen –, sich über Schmutz und Schleim, Würmer und Ungeziefer, Mücken und Ameisen um sie herum zu erheben.[11] Mit Tabus und Ritualen gegen das Verunreinigte und Besudelte und mit vergeistigten religiösen Ent-

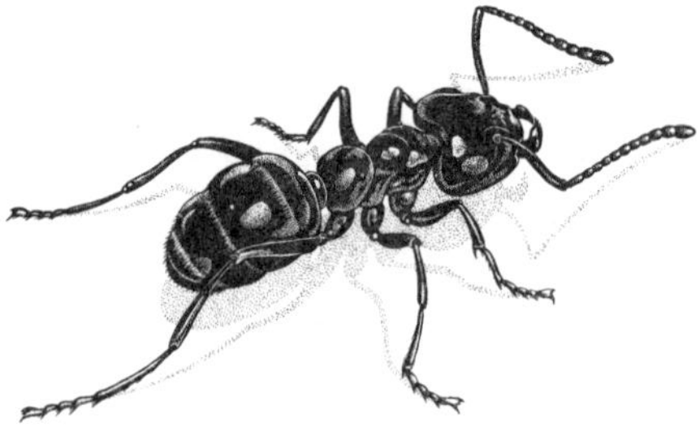

Ameise

würfen versuchten sie die Biologie zu überwinden, die ihre Körper beherrschte. Sie bestanden darauf, daß sie nicht nur die Staubkriecher, Schmutzesser und Kotproduzenten waren, als die sie sich kannten, und sie wollten sich nicht auf die kirchliche Fastenmahnung reduziert sehen: »Memento, homo, quia pulvis es, et in pulverem reverteris.« (Denn Staub bist du, zum Staub mußt du zurück.)

In *Reinheit und Gefährdung* liefert Mary Douglas noch einen weiteren Grund, warum Menschen den Staub fliehen. Sie behauptet, Staub und Schmutz seien der Schutt kultureller Ordnungssysteme.[12] Staub und Schmutz – das, was beim Zerschneiden des Kuchens übrig bleibt – konstituierten eine Art Unordnung, einen rudimentären Seinszustand und demzufolge eine Form moralischer Besudelung. Um das zu verstehen, müßten die Menschen des 20. Jahrhunderts – so Douglas' Rat – die modernen Tabus, die nur primitiven Hygieneregeln dienten, beiseite lassen und sich den Kampf gegen den Schmutz vorstellen, bevor er von der modernen Bakteriologie beeinflußt wurde.[13] Wenn man Staub und Schmutz von den heutigen Vorstellungen über Krankheitsübertragung und Hygiene befreie, entdecke man, daß Staub und Schmutz traditionell mit Missetätern und Missetaten verknüpft gewesen seien. Schmutzig zu sein oder dem Schmutz zu frönen habe Anstößigkeit und Unmoral bedeutet.[14] Die Abwehr von Staub und Schmutz habe die kulturelle Ordnung gestützt, die moralische Rechtschaffenheit bestätigt und – das ist das Wichtigste – den Sauberen versichert, daß sie auch moralisch rein waren.

Vielleicht gibt es noch einen anderen Grund, warum sich traditionell denkende Menschen von Staub und Schmutz distanzieren. Diese Substanzen werden gewöhnlich mit Degeneration assoziiert. Diese aber bedroht nicht nur die körperliche Integrität, sondern hat auch die unerfreulichsten sinnlichen Erlebnisse zur Folge. Verwesungsgeruch kann Menschen in einer Art physischem Reflex zum Erbrechen bringen.[15] Mit dem Geruch geht der abstoßende Anblick der schlammigen Formen einher, die den Zerfall organischen Materials begleiten. Die seltsamen Farben – dunkles Rot, tiefes Purpur und trübes Gelb – erregen Todesfurcht. Die weißen, fast durchsichtigen Maden, die bei der Zersetzung auftreten, gemahnen an das bevorstehende Chaos. Die Mächte des Verfaulenden, die durch eine gedankliche Verbindung auch den Staub vergiften, konzentrieren sich auf Mülleimer, Komposthaufen und Schlachtfelder. Jeder Jäger, Bauer und Koch weiß, daß Fäulnis das Werk des Todes betreibt. Es ist nicht weiter überraschend, daß in religiösen Sagen nur die Körper von Heiligen und Teufeln der Verwesung nach dem Tode entgehen.

Staub und Schmutz

Die Romantiker des 19. Jahrhunderts, die erdverbundene Menschen solchen aus der Mittelklasse vorzogen, setzten Schmutz mit allen elementaren Dingen gleich. Schmutz – als Krume, Erde oder sogar Dung – war für sie die Substanz des Bodens und der moralische Nährstoff der Nation. Staub wurde im Gegensatz dazu als dem Leben entrückt angesehen. Er gehörte zum Vergeistigten und Vertrockneten. Indem die Romantiker diese Unterscheidung vornahmen, setzten sie

Schmutz mit grobem Staub und Kot gleich und Staub mit einer Wolke aus Dampf oder Rauch. Dieser Stammbaum ist etymologisch abgesichert: Das Wort *dirt* (Schmutz) ist dem altnordischen *drit* entliehen, das wiederum auf das prähistorische, aus dem Germanischen stammende *drit* zurückgeht. Daraus leitet sich das niederländische *dreet* oder Exkrement ab.[16] Dementsprechend erhielt das Wort *dirt* im 13. Jahrhundert die Assoziation mit übelriechender und unsauberer Materie. Erst im 17. Jahrhundert, nachdem das Wort *manure* (Dung) – das ursprünglich mit *maneuver* (Manöver) identisch war – die Bedeutung von Dung oder Mist, den man auf den Feldern verteilt, angenommen hatte, erhielt *dirt* die Bedeutung von Boden und Matsch.[17]

Man hat Staub oft mit Bewegung und Wirrwarr assoziiert, da er leichter als Schmutz ist und häufig vom Wind verteilt wird. Es hieß sogar, er stehe für Industrie und Fortschritt, wohingegen der Schmutz zum Land gehöre und daher das Wesentliche, die Essenz eines Ortes evoziere. Deshalb kann Schmutz ein Grund für Nostalgie sein. Mit Schmutz läßt sich die Berührung und der Geruch von Erde wachrufen und in Erweiterung dessen die Menschen, die ein Stück Land bewirtschaftet haben. In dieser metaphorischen Abfolge repräsentiert Schmutz zudem die alten Bräuche: daher der Ausdruck »stick in the mud« – »aus dem Dreck nicht herauskommen; rückständig oder reaktionär sein«.

Schmutz kann in seiner emotionalen Bedeutung so ausgeweitet werden, daß er das Leben repräsentiert. Ebenso kann Staub semantisch in einer Weise verdichtet werden, daß er nur das bezeichnet, was trocken und ausgedörrt ist, jeder Form von Lebhaftigkeit entbehrt und dem Leben antithetisch gegenübersteht. Man kann Staub mit toten Blättern assoziieren, die vom Wind davongeweht werden, oder mit der Leere und Sterilität des Windes selbst. Diesen Kontrast zwischen der Unfruchtbarkeit des Staubs und der Fruchtbarkeit des Schmutzes nutzte die Literatur der letzten beiden Jahrhunderte, um verschiedene Menschentypen zu charakterisieren.

Da gibt es die staubtrockenen Gelehrten – blutleere, gewichtslose Repräsentanten akademischen Geistes – und schmutzige Männer und Frauen, einen vitalen Schlag Mensch, der auf dem Land lebt und – in scharfem Kontrast zur »berechnenden Bourgeoisie« – authentisch denkt und handelt. Seit Rousseau haben sich die Romantiker eine Rückkehr aufs Land, zum Boden und zur Erde als geistige Arznei gegen ihre Verdrossenheit verschrieben. In *Schuld und Sühne* läßt Dostojewski den Intellektuellen und Mörder Raskolnikoff am Scheideweg den Boden küssen, bevor er schließlich den wahren Weg zur Vergebung einschlägt.

So sehr man auch Staub und Schmutz voneinander abgrenzen wollte – sie hatten beide immer die gleiche Mutter, die Erde. Beide waren dunkel und minderwertig. Beide wurden mit Verfall und Tod verbunden und gehörten zum Reich des unbedeutend Kleinen. Sie waren Überbleibsel weggeworfenen Lebens, wurden mit Füßen getreten und hinausgefegt – außer von den Abergläubischen. Selbst Christus lehrte seine Schüler, den Staub eines Hauses, in dem sie schlecht behandelt worden waren, von ihren Sandalen zu schütteln. Aber er mischte auch Schmutz mit Speichel, um die Blinden sehend zu machen.

Gezeichnet vom Staub: Der mittelalterliche Bauer

Höflinge und Stadtbewohner haben die Bauern wahrscheinlich schon seit Beginn der Landwirtschaft – deren Ursprünge im Nahen Osten 8000 Jahre vor Christus lagen – als grob und stinkend abgestempelt und manchmal noch schlimmer etikettiert.[18] Wenn die böse Hexe in *Schneewittchen* die Menschheit befragt hätte, wer die *Schmutzigste* im ganzen Land sei, so hätte der Spiegel geantwortet: »Die Bäuerin!« Niemand stand in einer intimeren Verbindung mit Staub und Schmutz. Bauern wurden überall mit der Farbe der Erde, die sie bearbeiteten, identifiziert; sie waren minderwertige, dunkelhäutige

Menschen. Und die Wurzel ihrer Minderwertigkeit lag in ihrer Nähe zu Staub und Schmutz.

Bauern im mittelalterlichen Europa waren besudelt von Unrat.[19] Selbst die mittelalterliche Stadt suhlte sich – nach Lucien Febvre – im Matsch:

> »Die eingesunkene Straße, die zum Tor führte, war matschig. Jenseits des Tores wurde sie breiter, während sie einer launenhaften Route durch die Stadt folgte. Ein dreckiges Rinnsal verlief in ihrer Mitte, gespeist von Jaucheflüßchen, die aus nahegelegenen Dunghaufen sickerten. Bei Regen war sie ein matschiger Morast, in der Sonnenhitze eine Wüste erstickenden Staubs, in der sich menschliche Bälger, Enten, Hühner, Hunde, ja sogar Schweine trotz der wiederholten Verbote alle miteinander wälzten.«[20]

Staub regierte auch die Häuser der Bauern. Die Küche, der bedeutendste Raum im Haus, schließlich enthielt er Feuer und Nahrung, erfüllte den Haushalt mit Staub, Ruß und Rauch.[21] Der Historiker Jerome Blum zeichnet folgendes Porträt der Behausungen, in denen die große Mehrheit der europäischen Bauern vom frühen Mittelalter bis zur Mitte des 19. Jahrhunderts wohnte:

> »Die meisten Bauern lebten in Hütten, die klein, niedrig, unbequem und ungesund waren. Viele hatten nur einen Raum, andere einen Raum, der als Wohnraum benutzt wurde, und einen zweiten, der zur Lagerung oder als Stall diente. Nicht selten bestand der Fußboden aus Lehm. In der Hütte gab es nur einige primitive Möbelstücke wie einen Tisch, Bänke entlang der Wände, ein oder zwei Regale und vielleicht einen Schrank und – speziell in Osteuropa – einen

> großen Ofen, der viel Platz in dem überfüllten Raum einnahm ... Häufig war kein Schornstein vorhanden, so daß die Wände vom Rauch geschwärzt waren, der nur durch ein Loch in der Decke abziehen konnte. Die kleinen Fenster ließen nur wenig Licht herein, daher war das Innere der Hütte dunkel, feucht und düster.«[22]

Die ärmsten Bauern waren noch schlechter dran, sie lebten in schmuddeligen Schuppen und Höhlen. Ihre Betten waren Dreckhaufen. Sie waren untrennbar verbunden mit den Fetzen, die sie am Leib hatten, dem Schmutz, der sie bedeckte, und dem Gestank ihrer Ausscheidungen.

Wie der italienische Historiker Piero Camporesi schildert, waren die Bauern mit Ungeziefer verseucht und mit etlichen Krankheiten infiziert:

> »[Sie waren] schmutzig, fast immer barfuß, die Beine waren mit Geschwüren, Krampfadern und Narben bedeckt, die karge und einseitige Ernährung schützte sie nur schlecht; sie lebten in feuchten und schlecht gelüfteten Schuppen, in dauerndem, wechselndem Kontakt mit Schweinen und Ziegen. Sie waren halsstarrig in ihren Glaubenssätzen. Neben ihren Fenstern befanden sich Dunghaufen. Ihre Kleidung war grob, unzulänglich und wurde selten gewaschen, Parasiten machten sich überall breit – auf ihrer Haut, in ihrem Haar und in ihren Betten – Geschirr war knapp oder nicht vorhanden; oft wurden sie von Geschwüren, Herpes, Ekzemen, Krätze und Pusteln heimgesucht, von Nahrungsmittelvergiftungen durch das Fleisch kranker Tiere, von bösartigen Fiebern, Lungenentzündung, Grippewellen, Malariafiebern [und] tödlichem Durchfall (ganz zu schweigen von den

> großen Epidemien, von den Krankheiten durch Vitaminmangel wie Skorbut und Pellagra, von Krampfanfällen, die in der Vergangenheit so häufig waren, von Epilepsie, Selbstmordphantasien und endemischem Kretinismus).«[23]

Die Bauern zweifelten niemals daran, selbst nur Mitglieder im biologischen Königreich zu sein.[24] Milben, Läuse, Zecken, Flöhe und Stechmücken – alle stachen und bissen, und alle machten die Menschen zu ihren Nahrungs- und Laichgründen. Ein süditalienischer Bauer des 20. Jahrhunderts beschrieb die Gemeinsamkeit der Bauern mit den kleinen und niedrigen Wesen, als er sagte: »Wir Bauern sind arme Erdenwürmer; wir leben mit den Tieren, essen mit ihnen, sprechen mit ihnen und riechen wie sie. Daher sind wir ihnen sehr ähnlich.«[25]

Die menschliche Haut besaß damals keinen Schutz gegen den Staub und die Geschöpfe, die sie nährte. Der Historiker Emmanuel LeRoy Ladurie belegt, daß im 16. Jahrhundert Hautkrankheiten unter Bauern sehr verbreitet waren. Dazu gehörten »Juckreiz, Krätze, Ringelflechte, Lepra, Wundrose.« Sogar die bäuerlichen Beleidigungen und Flüche spielten auf »Skrofulose, Fisteln an den Schenkeln, Beulen und Abszesse« an. »Dorfbewohner trugen eine ganze Fauna von Flöhen und Läusen mit sich herum. Sie kratzten sich nicht nur selbst, sondern Freunde und Verwandte aus allen sozialen Schichten lausten sich gegenseitig. (Die Frau des Hauses lauste ihren Liebhaber, die Dienerin ihren Herrn, die Tochter ihre Mutter.)«[26] Den Daumen nannte man Läusetöter (*tue-poux*).

Obwohl sich der Makrokosmos der Bauern bis zu den Sternen erstreckte, drehten sich doch ihr Leben und ihre Hoffnungen um die kleinen Dinge. Ähnlich wie heutige Menschen hielten sie an Resten und Überbleibseln fest, um so einen Teil ihrer Habseligkeiten und das Wesen von geliebten Menschen zu bewahren. Mittelalterliche Menschen hoben oft Stückchen von Fingernägeln und Haarlocken eines verstor-

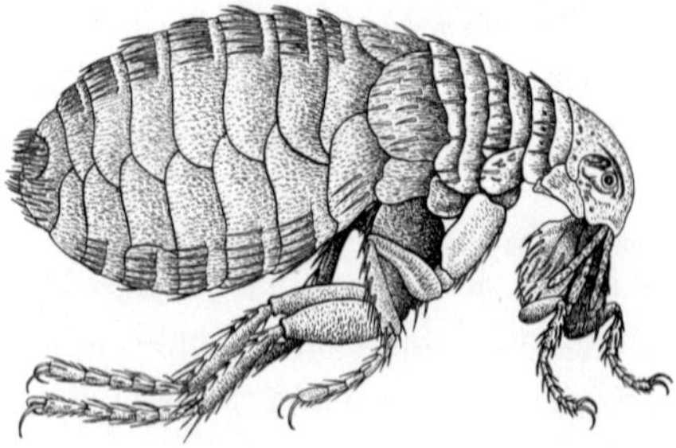

Der Menschenfloh nach Robert Hooke

benen Familienpatriarchen auf in der Hoffnung, das Glück des *domus* erhalten zu können.[27]

Das Gleichgewicht der bäuerlichen Welt ruhte auf winzigen Körnchen. Die Bauern maßen das Leben buchstäblich in Korn. Korn bedeutete die Nahrung für heute und die Saat von morgen. In guten Zeiten pflegten französische Bauern auf die Frage, wie es ihnen gehe, zu sagen: »J'ai du pain.« (Ich habe Brot.) Waren die Zeiten schlecht, dann suchten sie im Staub nach Eßbarem. Sie gruben Wurzeln aus und aßen Ratten und Insekten. Nichts war zu klein, um als Nahrung in Betracht zu kommen. Laut dem Bischof und Historiker Gregor von Tours, einem Heiligen des 6. Jahrhunderts, versuchten die Menschen während der Hungersnöte »im Grunde genommen aus allem Brot zu machen: aus Traubenkernen, aus den Blüten des Haselnußstrauchs und sogar aus Farnwurzeln, und [ihre] Bäuche waren ungeheuer aufgebläht, weil sie das Gras von den Feldern essen mußten.«[28]

Während der Hungersnöte, von denen die europäischen Bauern bis ins 19. Jahrhundert heimgesucht wurden, konnten die kleinsten Dinge über Leben und Glück gebieten. Bauern, die auf ihrem Land nichts mehr bestellen konnten, wurden zu Wandervögeln. Sie durchstöberten die Gegend nach Eßbarem, suchten Zuflucht in den Wäldern und strömten in die

Städte, wo sie unter Brücken, in Stroh- oder sogar auf Misthaufen lebten. Überall gab es Bettler in zerlumpten Fetzen – an der Tür, vor den Kirchen, auf dem Marktplatz –, und sie starben wie die Fliegen, die ihre verfallenden Körper bedeckten.[29] Hunger, ob wirklicher, erinnerter oder befürchteter, peinigte die Bauern von der Jugend bis ins Grab. Das Leben war für die Mehrheit, wie Camporesi anmerkt, »das Vorzimmer des Todes«.[30]

Im Dreck versunken: Königtum und Aristokratie

Die Bauern waren nicht die einzigen schmutzigen mittelalterlichen Menschen, deren tägliche Begegnungen mit dem Kleinen zu Jucken und Kratzen führten. Könige und Königinnen unterhielten ebenfalls intime Beziehungen zum Ungeziefer. Eugen Weber beschreibt eine junge französische Prinzessin des Jahres 1700, der man beibringen mußte, »Läuse, Flöhe und anderes Ungeziefer nicht in Gegenwart anderer Menschen am Schopf zu fassen und zu töten«. Die Damen an den französischen und spanischen Höfen waren so vertraut mit Ungeziefer und vielleicht auch so gelangweilt von ihm, daß sie »die Vorliebe entwickelten, ihre Lieblingsflöhe zu trainieren und zu füttern«. Zu einer Zeit, in der fließendes Wasser knapp und Bäder selten waren, stanken auch Könige und Königinnen. Einige waren regelrecht berüchtigt: »Der Geruch Heinrichs IV. war so grausam, daß seine Frau spezielle Parfüms zubereiten mußte, um ihn auszuhalten, und Ludwig XIII. [Heinrichs Sohn] brüstete sich damit, es seinem Vater gleichzutun.«[31]

Die Adligen lutschten in der Regel Anispastillen, um ihren Atem, der von verrotteten Zähnen und schlechter Verdauung faul geworden war, zu versüßen. Ihre Nasen schützten sie mit parfümierten Taschentüchern, wenn sie sich ihren Weg durch Straßen voller Jauche bahnten. Aber weder ein Ritt hoch zu Pferde noch eine hochnäsige Haltung konnten sie vor spritzendem Schlamm, aufsteigenden Dünsten oder Mückenschwärmen schützen. Diane Ackermann weist darauf hin, daß Ludwig XIV. eine ganze Mannschaft von Bediensteten damit beschäftigte, seine Räume mit Rosenwasser und Majoran zu parfümieren und seine Kleidung in Gewürzen zu waschen. »Er bestand darauf,« schreibt sie, » daß jeden Tag ein neues Parfüm erfunden wurde.« An diesem »parfümierten Hof ... pflegten die Diener Tauben in verschiedenen Wohlgerüchen zu baden und sie dann während der Tischgesellschaften freizulassen, so daß sie, während sie um die Gäste herumflogen, einen Teppich aus Aromen webten.«[32] Die Vögel konnten aber den Gestank im Palast nicht lange übertünchen, schließlich besaßen die vielen kleinen Zimmer im Gebäude kein fließendes Wasser.

Obwohl einige der königlichen Persönlichkeiten berühmte Stinker waren, versuchten Königshaus und Adel, sich vom Rest der beißend riechenden Menschheit dadurch zu unterscheiden, daß sie Manieren annahmen. Manieren, so Norbert Elias, waren ein Weg für die höhere Gesellschaft, sich selbst über Staub und Schmutz zu erheben.[33] Erasmus lehrte die oberen Klassen ein Benehmen, das ihnen helfen sollte, sich vom belastendsten Schmutz, den eigenen körperlichen Absonderungen, zu distanzieren:

> »Die Nase an Mütze oder Ärmel abzuwischen ist bäurisch; die Nase am Arm oder Ellenbogen abzuwischen, ist Art der Konditoren; und die Nase mit der Hand abzuwischen, wenn man im gleichen Moment zufällig die Kleidung mit ihr hält, ist auch nicht ziviler. Die Auswürfe der Nase mit einem Taschentuch aufzufangen, während man sich leicht von edlen Menschen abwendet, das ist ehrenwert.«[34]

Die Hohen und Mächtigen mußten darüber belehrt werden, wie sie mit dem niederen Stoff, der aus ihnen herauskam und auf ihnen lagerte, umzugehen hatten. Sie mußten lernen, das Kleine nicht zu verachten, sondern es – mit Hilfe von Perükke, Make-up, Rasierklinge und Zahnbürste – unter die Kontrolle guter Manieren zivilisierter Menschen zu zwingen. Schließlich war Zivilisation vor allem eine Frage des Auftretens, und ein standesgemäßes Auftreten verlangte die ständige Kontrolle über das Kleine am eigenen Körper. Eine Anekdote mag zeigen, welch weite Kreise diese Manieren aus Europa zogen. In *A Canoe Voyage up the Minaysotor* beschreibt der englische Reisende George Fatherstonaugh einen US-amerikanischen Bundesrichter, den er 1835 in Wisconsin trifft:

> »Der Richter und ich kamen sehr gut miteinander aus. Er hatte die Rechte im Westen studiert, es fehlte ihm nicht an Scharfsinn, er war gutmütig, aber er war offensichtlich ein Mann von schlechten Gewohnheiten und Manieren. Er amüsierte sich sehr über meine Vorrichtungen zum Ankleiden, die einfach genug waren; eine Nagelfeile war ihm neu und er bemerkte, daß sie eine beachtlich bessere Erfindung sei als die Gabel, die er angeblich Leute hatte benutzen sehen, wenn sie *zu viel Dreck* unter ihren Nägeln hatten. Er konnte nicht einsehen, weshalb ich so viele Zahnbürsten brauchte. Er hatte mal eine bei sich, aber sie war lästig, obwohl der Handgriff gut geeignet war, um einen Brandy Sling damit umzurühren.«[35]

Das Reisen im Europa des 18. Jahrhunderts bot ähnliche Erlebnisse, glaubt man einem Engländer namens Arthur Young. Während einer Reise durch Frankreich und Italien im Jahre 1790 prangert er einen norditalienischen Gasthof an: »Gräßlich, dunkel, dreckig und stinkend, und es gibt keine Fensterscheiben.« In Turin und Mailand verbessert sich seine Lage;

sie wird aber wieder schlimmer, als er für die Reise von Venedig nach Bologna an Bord eines Bootes geht, dessen Kapitän »schnupfte, seine Nase mit den Fingern abwischte [und] sein Messer mit dem Taschentuch säuberte, während er gleichzeitig mit ihm das Essen zubereitete.«[36]

Städtischer Schmutz, städtische Krankheiten

Neben Gütern und Geldmitteln fehlte der europäischen Zivilisation bis zum 20. Jahrhundert eine ausreichende Zahl zahnbürstenbesitzender Fatherstonaughs, um die Gesellschaft von all dem Dreck, der sie umgab, zu reinigen. Selbst das Leben der Stadtbewohner konnte nur im Vergleich mit dem schmuddeligen Dasein der Bauern als sauber bezeichnet werden. Städte und Wohnungen waren bis zum Bersten überfüllt, und Armut, Krankheit und Schädlinge gab es im Übermaß. Ohne fließendes Wasser, Abwassersysteme, gepflasterte Straßen und Straßenbeleuchtung präsentierten sich selbst die herausragenden Städte, an heutigen Standards gemessen, primitiv und stinkend. Der ausgewanderte und verarmte italienische Sozialtheoretiker Giuseppe Mazzini war im London der 1830er Jahre nicht in der Lage, sich eine Droschke zu leisten. Seine Armut wurde für alle offensichtlich, weil er zu seinen Verabredungen immer völlig verschmutzt eintraf. »Der Schmutz in den Straßen von London erschreckte ihn, ebenso die Wanzen, die seine Sehnsucht nach der Schweiz verstärkten.«[37] »Die unzureichende Kanalisation«, schrieb Eugen Weber über das städtische europäische Leben, »war eine häufige Infektionsquelle. Abwasserkanäle und Jauchegruben sickerten in Brunnen und Zisternen ein.« Einige Städte hatten Flüsse oder Meere zur Verfügung, in die sie Abwässer und Müll einleiten konnten, aber die meisten »erstickten im Abfall ... der Ausscheidung des täglichen Lebens, die um die Füße ihrer Bürger schwappte.«[38] Gamni Salgado hält über das London des 17. Jahrhunderts die folgenden Beobachtungen fest: »Abgesehen von Cheapside und Strand hatte London keine wirklichen Straßen, nur schmale Wege, die bei nassem Wetter nach dem Schlamm von Generationen von Dreck und Müll stanken, täglich erneuert durch das, was aus Türen und Fenstern hinausgeschüttet wurde. Nur wenn die Pest die Stadt verheerte, wurde etwas gegen die Müllhaufen vor jeder Haustür unternommen.«[39]

Bis zur Mitte des 18. Jahrhunderts war die europäische Gesellschaft in Dunkelheit verborgen und im Dreck versunken. Zierliches und Zartes bildeten die Ausnahmen. Staub, Schmutz und Dreck vervielfachten und verminderten sich mit den Jahreszeiten; sie schienen vertrauter mit den Menschen als die Menschen mit ihnen.

Der Wurm verband – buchstäblich und metaphorisch – Männer und Frauen mit der Erde. Die Menschen konnten ohne die Tatsache, daß sie nach ihrem Tod von Würmern zerfressen würden, ihre Beziehung zur Erde nicht verstehen. Camporesi bemerkt, daß die Männer und Frauen des vorindustriellen Zeitalters »metaphorisch und konkret in einem Universum der Ungeziefer lebten, wie es heute unvorstellbar wäre.«[40] Der verbreitete Wurmwahn schwoll mitunter zu regelrechten Angstepidemien an. In der eingebildeten Wildnis des Körpers wüteten die Würmer als gefährliche Tiere.

Die Ärzte, die ebenfalls nicht immun gegen diese Angst waren, erfanden einen unsichtbaren Mikrokosmos, der Krankheit als Verhalten von unsichtbaren Würmern im Körper erklärte. Sie fabulierten über harmlose Würmer, »unschuldige Gäste«, die plötzlich rasend wurden, gegen die Darmwände anrennen und so den Tod verursachen konnten. Sie behaupteten, kranke Würmer defäkierten im menschlichen Körper, ihr Kot verschmutze das menschliche Blut und verursache so Herzkrankheiten, Schluckauf, Magen- und Kopfschmerzen, Krämpfe und Epilepsien.[41]

Würmer krochen in den Darstellungen der mittelalterlichen Begräbniskunst zusammen mit Schlangen in Schädel

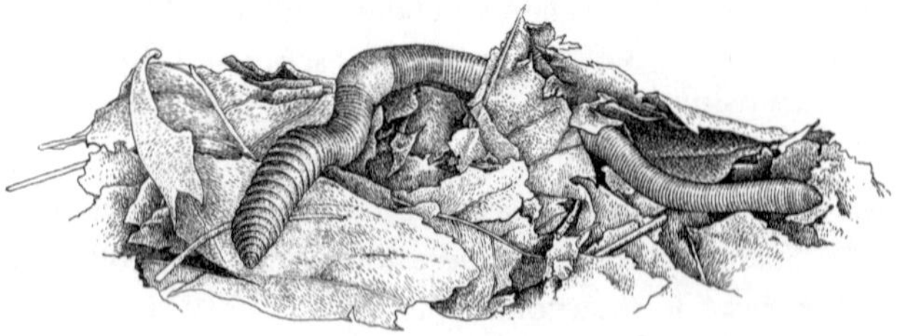

Erdwurm

hinein und aus ihnen heraus, sie durchdrangen sowohl das populäre Bewußtsein wie auch die medizinischen Debatten.[42] Sie erweckten die Furcht, in der Dunkelheit des Sargs verzehrt und verdaut zu werden. Würmer spornten die Beichte an, verstärkten die Hoffnungen auf den Himmel und dienten nebenbei noch der Wissenschaft der Zeit. Carlo Ginzburg schildert in *Der Käse und die Würmer*, wie sich die Würmer im Kosmos eines Müllers aus dem 16. Jahrhundert darstellten, der wegen ketzerischer Gedanken von der römischen Inquisition am Pfahl verbrannt wurde. Der Müller Menocchio (der Name bedeutet soviel wie »kleines Auge«) hatte eine anstößige Analogie gebildet: »Aus der perfektesten Substanz der Welt wurden [die Engel] von der Natur erschaffen, genau wie die Würmer aus einem Käse, und als sie erschienen, erhielten sie von Gott, als er sie segnete, Willen, Geist und Erinnerung.« Der Müller vertrat die Auffassung, Gott selbst sei spontan aus dem Chaos erzeugt worden, dem ersten »großen und rohen Stoff«.[43] Nach Menocchios Sichtweise wurde sogar der Himmel vom unterirdischen Mikrokosmos der Würmer verzehrt.

Menocchio war nicht der einzige, der düstere Bilder unsichtbarer Feinde beschwor, obwohl zumeist ein gewisses Maß an Orthodoxie bewahrt wurde: Man machte geltend, daß selbst Würmer innerhalb eines Körpers dem alles sehenden Auge Gottes oder den Machenschaften des Teufels nicht entkommen könnten. Das Übel, das die Welt irregeleitet hatte, wurde durch unsichtbare Dämonen erklärt, die im Kot schwärten. Diese Dämonen verwandelten sich selbst in Myriaden von Würmern, Fliegen, Spinnen und Fledermäusen. In Gestalt von Plagen und Heuschreckenschwärmen griffen sie die menschlichen Gefilde an. Es sei die List des Teufels, so hieß es, die die Ratten lehrte, aus zusammenstürzenden Häusern zu fliehen, und die Würmer dazu bewegte, den Körper eines Sterbenden zu verlassen. »Ein ganz sicheres Zeichen und Omen für den [Tod] war die Flucht dieser schleimigen und ekligen Bewohner der dunklen, warmen und feuchten Schlupfwinkel des Körpers aus dem sterbenden Fleisch.«[44] Das Kleine und das Unsichtbare verlangte immer nach einer Erklärung und erwies sich als ein breites Medium menschlicher Phantasie.

Die Menschen der vorindustriellen Zeit konnten über die Grenzen von Staub, Dunkelheit und Haut nicht hinausgelangen und daher auch nicht über sie hinaus denken. Das Überschreiten dieser Begrenzungen würde zuerst ein Großes Saubermachen der menschlichen Umwelt erfordern. Wasser und Licht mußten sich gegen Erde und Dunkelheit wenden, und saubere, glänzende Waren mußten in großen Mengen produziert werden. Eine neue Generation neugieriger Männer und Frauen mußte das Bedürfnis entwickeln, mit Hilfe neuer Theorien und Maschinen Wissen über die kleine und unsichtbare Welt zu erlangen. Aber vor allem anderen mußte eine neue und genauere Sicht des Mikrokosmos erschaffen werden, zusammen mit einer fortschrittlichen Entwicklung kleiner Gegenstände und Instrumente. Im späten Mittelalter und in der Renaissance übertraten wißbegierige Wissenschaftler und Denker die Grenzen des Staubs, der Dunkelheit und der Haut in einer Weise, wie es keine andere Zivilisation des Westens je zuvor getan hatte.

KAPITEL ZWEI

Der Mikrokosmos: Alte Metaphern und neue Maße

Col tuo lume me levasti.
Dante, »Paradiso«, I. 74–75

Als die Ideen von Kultiviertheit und Sauberkeit die europäischen Höfe und die aufstrebende städtische Klasse der Kaufleute begeisterten, sah man die Bauern dementsprechend als besonders schmutzig und ungehobelt an. Sie waren auch unbestreitbar die engsten Gefährten des Staubs. Ihnen fehlten die Manieren der Städter und der Höflinge, und es mangelte ihnen sehr an feinen Zierstücken. Obwohl die Natur sie gelegentlich mit hübschen Gegenständen beschenkte – einem Spinnennetz, den Zeichnungen des Frostes auf einem Blatt –, so war doch keines ihrer Besitztümer kultiviert.

Das Kleine im Alltag des Bauern begann mit ihm selbst und setzte sich dann mit der Katze, der Ratte, der Spinne, der Ameise, dem Floh nach unten fort. Das Kleine war all das, was man in die Hand nehmen konnte, was von den Feldern aufgelesen, in die Luft gehoben, zwischen den Fingern gerollt und in den Mund gesteckt werden konnte. Das extrem Winzige schloß all jene Dinge ein, die man kaum sehen konnte: Dinge, die im Blickfeld schimmerten und wieder verschwanden oder die wie Asche in einem verglühenden Feuer flimmerten.

Die Wohnungen der Bauern waren dunkel und staubig. Ihr Brot war grob gemahlen. Jahrhunderte trennten sie von der Erfindung feinkörnigen Zuckers; ihr Süßstoff war der Honig, der in Geschmack und Qualität von einem Ort zum anderen sehr stark schwankte.[1] Ihre Häuser hatten keine Möbel, Fenster oder Toiletten, es gab keine bunten Tücher oder Holzarbeiten als Zierde. Bauern saßen selten auf Stühlen, sie lasen nie Bücher; vermutlich sahen sie sogar niemals ein Gemälde. Sie sahen sich selbst nie im Spiegel und schauten durch keine Glasfenster. Sie hatten so gut wie nie, wenn überhaupt, mit Münzen zu tun, und kostbare Edelsteine waren ihnen gänzlich unbekannt.

Dennoch waren sie vom Gold – der Antithese zum schmutzigen Staub – geblendet. Gold heilte Krankheiten, besonders der Augen. Bauern wurden manchmal – wie mittelalterliche Historiker anmerken – von einer Schürfeuphorie heimgesucht, offensichtlich verzückt von der glänzenden und zauberischen Macht des Goldes. Es gab keinen größeren Zauber als den, der gewöhnliche Erde in kostbares Gold verwandeln konnte. Kein anderes Abenteuer war so viele Anstrengungen wert wie die Suche des Kolumbus nach einer Abkürzung zum Orient mit all seinem Gold und seinen Gewürzen.

Die Werkzeuge der Bauern waren so einfach und derb wie ihr Leben. Ihnen fehlte das Wissen und auch der Wunsch, elegante Gegenstände anzufertigen. Wenn sie Musikinstrumente besaßen, dann waren diese ebenfalls einfach – eine schlichte Rohrflöte oder eine Felltrommel. Sie verfügten nicht über die nötigen Werkzeuge, um geschmackvolle Dinge herzustellen. Sie waren weder mit Vergrößerungsgläsern noch Bleistiften ausgestattet und konnten daher winzige Objekte weder wahrnehmen noch aufzeichnen. Sie lebten in einer Welt ohne Miniaturen, und sie teilten eines der häufigsten Vorurteile der alten Ordnung: Alles Kleine ist – von seltenen Ausnahmen abgesehen – unbedeutend, verachtenswert und gewöhnlich wie Staub.

In dieser ländlichen Welt blieben die kleinen Dinge ungemessen. Die Bauern besaßen keine genauen Lineale und Waagschalen, und es bestand für sie auch keine Notwendigkeit, irgendetwas genau zu messen oder zu berechnen. Sie hatten keine Meßgeräte für Druck oder Kraft, keine Detektoren für Rauch oder Gase, keine Thermometer. Sie besaßen keine Mittel, um das Volumen oder die Geschwindigkeit zu berechnen oder die Umwandlungen zwischen Flüssigkeiten, Feststoffen und Gasen zu ermitteln. Sie gehörten zu einer ungehobelten und derben, von Staub und Dunkelheit überschatteten Welt, hatten weder den Wunsch noch das Wissen, mit winzigen Dingen zu hantieren. Die Skala des Kleinen bewegte sich weiterhin zwischen dem Spatzen auf dem Feld und den Haaren auf dem Kopf.

Maßtabellen

Abgesehen davon, daß mittelalterliche Menschen keine Notwendigkeit sahen, etwas genau zu berechnen, standen ihnen auch keine standardisierten Maße zur Verfügung. Messungen unterschieden sich von einem Ort zum anderen gewaltig. Der Handel beruhte auf Schätzungen. Entfernungen wurden nach der Strecke beurteilt, die ein Ochsengespann zwischen zwei Ruhepausen umpflügen oder ein Mann an einem Tag zurücklegen konnte, oder – im alten Französisch-Kanada, in dem mehr als irgendwo sonst in Nordamerika die überkommenen Gepflogenheiten bewahrt wurden – nach der Zahl der Tabakpfeifen, die ein Mann auf dem Weg zu seinem Bestimmungsort rauchen konnte. Längen wurden mittels der durchschnittlichen Größe eines menschlichen Daumens, Haares oder Unterarms bestimmt, wohingegen Mengen durch solch verschiedenartige Maße wie Körbe, Fässer, Tonnen oder Fuhren erfaßt wurden.[2] Die wenigen verbindlichen Standards wurden von den Gemeindeverwaltungen festgelegt. Jeder reisende Händler wußte, daß die Maße zwischen den einzelnen Gebieten extrem unterschiedlich waren.

Die präzisesten Maße setzte man bei den kostbarsten Dingen ein. Diese Einheiten wurden vom feinsten gebräuchlichen Gegenstand der Zeit abgeleitet – dem Getreidekorn. Korn war zum Beispiel eine traditionelle Einheit der sizilianischen Währung. Der englische König Eduard II. bemühte sich um eine Modernisierung und definierte den Zoll, der früher der Dicke eines männlichen Daumens entsprochen hatte, als »gleich drei Gerstenkörnern, die – trocken und rund – der Länge nach aneinandergereiht werden«.[3] Lange vor dem Mittelalter bestimmten die Völker des Mittleren Ostens das Gewicht von Diamanten anhand der Bohnen des Johannisbrotbaums *(qirat)*; so wurde das Karat zur Gewichtseinheit für kostbare Steine.

Auf dem Lande – vor allem abseits der Handelsstraßen – änderten sich die Dinge erst, als die Könige und ihre Vertreter sie in die Hand nahmen. Die Regierenden bestanden darauf, Regeln festzulegen. Die Französische Revolution bescherte Frankreich und dem übrigen kontinentalen Europa das metrische System, das ein standardisiertes mathematisches Raster zum Erforschen, Quantifizieren, Systematisieren und Kontrollieren des Kleinen im alltäglichen Leben bereitstellte. Universelle Maßstäbe kennzeichneten den Triumph einer neuen Gesellschaft, in der man die Güter gleichmäßiger und sorgfältiger zerlegen würde.

Je reicher und spezialisierter die Städte wurden, um so präziser wurden sie auch und um so weiter ließen sie die Bauerndörfer hinter sich. Aber sogar in den Städten ging der Fortschritt vergleichsweise langsam vonstatten, solange die Bewohner an die Landwirtschaft gebunden waren. Große Maschinen und verfeinerte Instrumente blieben bis zur Industriellen Revolution rar.

Erste Erklärungen des Mikrokosmos

Das mittelalterliche Verständnis des Mikrokosmos – also all dessen, was kleiner als der Mensch war – gründete sich auf eine Mischung aus Erfahrung und Tradition. Die ersten

Annahmen über das Kleine wurden aus den griechischen und christlichen Sichtweisen des Makrokosmos, des Himmels, abgeleitet; dort offenbarten Sonne, Planeten und Sterne die Herrlichkeit Gottes.[4] Die Kirche als beherrschende Autorität des geistigen Lebens zeigte wenig Interesse daran, was die Philosophen über die kleinen Dinge auf Erden spekulieren mochten, solange Gott als Schöpfer, Christus als Retter und der Mensch als der Erlösung würdig nicht verneint wurden.[5]

In der Scholastik – der Mischung aus Philosophie und Theologie, die das höchste Niveau mittelalterlichen Denkens darstellte – hießen die vier irdischen Elemente Feuer, Luft, Wasser und Erde. Die Planeten, die Sterne und die unsichtbaren Himmelskörper setzten sich aus einem fünften Element zusammen, dem himmlischen Äther, dessen göttliche Eigenschaften ihn zum feinsten Material im Universum machten. Die neue Wissenschaft der Physik, die sich im Mittelalter entwickelte, stimmte mit dieser Sichtweise überein. (Selbst Physiker des frühen 20. Jahrhunderts postulierten den Äther als hypothetisches Mittel zur Übermittlung von Licht und Hitze.) Himmlischer Äther übe kausale Wirkungen auf die Erde aus, da er weniger verderblich und konstanter als die anderen Elemente sei und durchlässiger für das Licht Gottes.[6] Man behauptete, Lebewesen seien höherwertiger als unbeseelte Materie, weil sie den Lebensfunken enthielten (»Eine Fliege, ein Floh und eine Pflanze sind auf jeden Fall edler als die Himmel.«). Nichtsdestotrotz leugnete dieser Glaube nicht den Einfluß des Himmels auf die Erde und alle ihre Geschöpfe. Im allgemeinen hielt man am aristotelischen Gedanken fest, demzufolge Himmelskörper eine Rolle bei der Fortpflanzung von Lebewesen spielten. Dem entsprach die Übernahme eines zweiten Gedankens, nach dem es zwei Arten von Lebewesen gebe: solche, die »mittels Samen geboren« würden (diese wurden von den Scholastikern »perfekte Tiere« genannt), und solche, die »spontan aus verfaulender Materie gezeugt würden – wie eine Reihe von Insekten –, quasi von innen heraus durch tierische Organsekrete«. Thomas von Aquin behauptete, daß die perfekten Tiere einen Samen benötigten *(virtus particularis)*, wohingegen das unvollkommene Tier – als Zeichen der Macht des himmlischen Lichts über den Staub und die Dunkelheit – von der universellen Kraft der Sonne *(universalis virtus)* gezeugt werde. Das unvollkommene Tier sei eine direkte Folge der Verwesung, die die Sonne verursache.[7]

Da die scholastischen Denker damit zufrieden waren, die niedere Erde – den minderwertigen Mikrokosmos – mittels des mächtigen Himmels – des überlegenen Makrokosmos – zu erklären, ließen sie das Winzige weitgehend unbeobachtet und unerklärt. Irdische Phänomene wie das Wachstum und die Reproduktion von Pflanzen spielten keine Rolle in den himmlischen Belangen der Philosophen; sie gehörten ins Reich von Folklore und Mythologie. Es gab Ausnahmen wie den Scholastiker Adelard von Bath, der behauptete, die Menschen hätten, obwohl Pflanzen gemäß dem Willen Gottes dem Staub entsprängen, kein Recht, ihr Wachstum schlicht für ein Wunder zu erklären und nicht nach tieferem Verständnis zu streben. Adelard betonte, daß die Natur ein System habe, und nur wenn das menschliche Wissen »jämmerlich versagt, sollte man seine Zuflucht bei Gott suchen.«[8]

Wir sollten die Vorliebe der mittelalterlichen Denker, alle Themen rational anzugehen, und ihre Bedeutung für die Entwicklung der Wissenschaft nicht unterschätzen; genau wie wir die Bedeutung der Vernunft bei der Untersuchung des Mikrokosmos nicht unterbewerten dürfen. Die ersten scholastischen Erklärungen des Universums, die natürliche Ursachen in Erwägung zogen, entstanden bereits im frühen 12. Jahrhundert an der Universität von Chartres. Nach den Vertretern dieser Schule, die von Platons *Timaios* inspiriert waren, setzte sich die Welt aus Partikeln der vier Elemente Erde, Wasser, Luft und Feuer zusammen. Obwohl dieser Gruppe der Scharfsinn Demokrits, der die Bewegung unteilbarer Atome als ausschlaggebend für die Wandlung aller sichtbaren Dinge begriffen hatte, fehlte, glaubten sie dennoch, daß die Elemente wechselseitig transformierbar seien. Nach ihrem Entwurf waren die Elemente in konzentrischen Sphären angeordnet, mit der Erde im Zentrum, umgeben von Wasser, Luft und schließlich von Feuer. Auf diese Weise bildeten die Elemente ein endliches sphärisches Universum, in dem sie dazu tendierten, sich als Masse zusammenzuballen.[9]

Dieses Universum enthielt keine Leere. Raum war angefüllter Raum. Bewegung entstand, indem das Kleine das Kleine anstieß. Empfindungen resultierten aus der Bewegung von Partikeln im Körper, und das Sehvermögen entstand durch Strahlen aus dem Auge, die auf von Objekten ausstrahlende Feuerpartikel trafen. Schall war die Bewegung von Luftpartikeln und hatte nichts mit dem Trommelfell zu tun. Geschmacks- und Geruchssinn entstanden ebenfalls durch ausgesandte Partikel.

Im 13. Jahrhundert gelangte eine Reihe naturwissenschaftlicher Texte aus dem Griechischen, Lateinischen und Arabischen in die Hände von europäischen Denkern, die sich mit den unsichtbaren Bereichen der Natur beschäftigten.[10] Zu dieser Zeit machte der Philosoph und Naturwissenschaftler Albertus Magnus (der Mentor von Thomas von Aquin) einige glänzende Beobachtungen zu Tieren und Pflanzen und erforschte Fels- und Gebirgsformationen. Friedrich II., der Kaiser des Heiligen Römischen Reiches, bewies ebenfalls bereits im 13. Jahrhundert empirischen Scharfsinn, als er die Anatomie, den Lebensraum und das Verhalten von Vögeln bemerkenswert genau studierte. Andere Denker interessierten sich stärker für die Elemente und beschäftigten sich vor allem mit unsichtbaren Prozessen wie Schall, Vakuum und Magnetismus; wieder andere betrachteten so natürliche Phänomene wie Kondensation, Schmelzvorgänge und die Verbreitung von Krankheiten. Letztere führten sie auf Dämpfe zurück, eine Erklärung, die bis zur Formulierung der Mikrobentheorie im 19. Jahrhundert populär blieb. Eine Handvoll Denker stellte Mutmaßungen über die Herkunft des menschlichen Sperma an und kam zu dem Schluß, daß seine Quelle exzessives Essen und sein Ursprungsort jeder beliebige Teil des Körpers sei. Sie unterschieden zwei Arten von Blut – arterielles und venöses – und lenkten die Aufmerksamkeit auf das Herz als Sitz der Seele und wichtigste Quelle für die Körperwärme, ein weiteres unsichtbares Phänomen, das sie für bedenkenswert hielten.

Tatsächlich waren es aber Optik und Meteorologie – zu dieser Zeit ein einheitliches Fachgebiet –, in denen das 13. Jahrhundert gedanklich brillierte.[11] Zwischen Erde und Mond gab es die wandelbaren Welten von Feuer und Luft zu sehen. Am Himmel gab es Sternschnuppen und Kometen, die Strahlen der Sonne und das Kommen und Gehen der Unwetter. Existenz und Ursachen von Regen, Schnee, Dürren und Stürmen verdienten eine Erklärung. Die mittelalterlichen Denker befragten Regenbögen, falsche Sonnen und das Licht, das durch Luft und Wasser hindurchströmt. Sie betrachteten so subtile Wirklichkeiten wie Durchsichtigkeit, Brechung, Beleuchtung und Vergrößerung. Diese Aufgaben, für die Beobachtung und Geometrie erforderlich waren, boten das Privileg, mit dem Licht, dem ätherischsten Teil von Gottes Schöpfung, zu arbeiten.

Allerdings vernächlässigte die mittelalterliche Naturwissenschaft – nach den Maßstäben des 20. Jahrhunderts – das Winzige. Die mittelalterlichen Denker leiteten Bedeutung eher aus Metaphern und Analogien her als aus Beobachtungen und Aufzählungen. Mit ihren rationalen Fähigkeiten erkannten und untersuchten sie die Existenz großer und mächtiger Dinge am Himmel; mit ihrem Glauben aber knieten sie vor dem kleinen Jesus, der in ärmliches Heu gebettet war. Sie beschäftigten sich mit so abstrakten Themen wie Theologie, Moral und die Reise der Menschheit zu Gott.[12] Die Erforschung der präzisen Einzelheiten natürlicher Phänomene wurde durch ihre Vorliebe für himmlische Angelegenheiten behindert, die sie mit der klassischen Physik teilten, und durch das Festhalten an der aristotelischen Teleologie, die die Gegenstände aufgrund ihrer Stellung im Kosmos definierte, anstatt ihre tatsächlichen Funktionen zu erkunden.[13]

Vieles bleibt verborgen

Nur weniges in der mittelalterlichen Welt verwies Verstand und Vorstellungsvermögen auf den Mikrokosmos. Der mittelalterlichen Technologie und Industrie ging es nicht um die Beherrschung des Kleinen. Selbst den neugierigsten Wissenschaftlern fehlte es an Instrumenten und Einrichtungen, die ihre Visionen auf das Einzelne hätten richten können. Die Unkenntnis der atomaren und molekularen Theorien hielt auch die fortgeschrittensten Geister in einem Denken gefangen, dem ein weiter Bereich natürlicher Geschehnisse verborgen blieb.

Vieles aus der Welt des Mikrokosmos konnte ohne eine Theorie des Atoms als der Basiseinheit der Wirklichkeit weder begriffen noch artikuliert werden; diese Theorie sollte die Wissenschaft jedoch erst am Ende des 16. Jahrhunderts mit der Renaissance des klassischen Atomismus von Demokrit und Lukrez wiedergewinnen.[14] Ohne Mikroskope, mit denen die Wissenschaftler erst im 16. und 17. Jahrhundert arbeiteten, blieb vieles aus der Welt des Winzigen ganz einfach unbeobachtet. Myriaden von Sphären und Prozessen blieben unentdeckt – bedeckt vom Staub, verborgen von der Dunkelheit, begraben unter Erde und Haut. Selbst als man einen flüchtigen Blick auf Bruchteile des Mikrokosmos werfen konnte, wurden diese im Sinne der bereits existierenden Kosmologie und der Folklore gedeutet. Dennoch stützten die Denker des Mittelalters und der Renaissance mit ihren Überlegungen ein wesentliches Element jeder wissenschaftlichen Untersuchung: Sie verkündeten den Vorrang der Vernunft und nutzten sie, um die Welt zu erforschen und zu erklären; damit errichteten sie das begriffliche Fundament der modernen Wissenschaft.[15]

In der Renaissance verband der philosophische Naturalismus die Wissenschaft mit der Dichtung und verwendete Metaphern und Allegorien, um die verborgene Bedeutung der Natur zu beschreiben. Robert Lenoble weist darauf hin, daß die Natur zu einem Sortiment von Zeichen und Chiffren wurde, vergöttlicht durch Magie und die Wissenschaft der Signaturen.[16] Die Astrologie nahm man sehr ernst. Der Himmel weissagte die Zukunft; Schicksal und Vorsehung offenbarten sich in Sternschnuppen. Nymphen bevölkerten Quellen und Flüsse, und vom Meer glaubte man, es säubere sich selbst im Lichte des Vollmonds. Die Bäume, so hieß es, hätten das gleiche »Blut«, das auch in den Tieren zirkuliere. Die Welt war bewußt und lebendig, »wie ein riesiges Tier, warm und temperiert vom Himmel.«[17] Innerhalb der Erde, in den Adern der Edelsteine, floß ein Lebensgeist, der die Steine nährte und dafür verantwortlich war, daß sie sich vermehrten. Einzelne Steine klassifizierte man nach ihrer Nähe zu Edelmetallen und – wie der Dresdener Johannes Kentmann, ein Geologe aus dem 16. Jahrhundert berichtet – nach den »Markierungen auf ihrer Oberfläche oder nach ihrer Ähnlichkeit mit Sonne, Mond oder Sternen oder natürlichen Gegenständen wie Früchten.«[18]

Auch volkstümliche Heiler und Pflanzenheilkundler pfuschten ein wenig in der Welt des Kleinen herum. Sie vermischten Pflanzen- und Tierteilchen mit Stauben und Ölen in der gleichen Weise, in der sie Wissen mit Aberglauben vermengten. Einige verschrieben sich den Geheimnissen der Alchemie, einem Import aus dem Arabien des 12. Jahrhunderts, und versuchten, aus einfacher, natürlicher Materie kostbare Metalle herzustellen. Mit der Hilfe von Schmelzöfen, Laboratorien und Affinitätstabellen jagten sie einem Glaubenssystem hinterher, das nicht ohne Bedeutung für die Geburt der modernen Wissenschaft sein sollte und sogar gewisse Ähnlichkeiten mit der modernen Periodentabelle der Elemente aufweist. Sie beabsichtigten, die kleinsten Dinge und Prozesse in der Natur zu wiegen und zu zählen.

Das Ziel, Staub und Schmutz in Silber und Gold zu verwandeln, ließ die Alchemie den Experimentatoren der Renaissance als eine Wissenschaft erscheinen, die alle Anstrengungen wert war.[19] Sie gewann laufend an Popularität, bis die Wissenschaft sie als Scharlatanerie entlarvte und die Chemie – eine neue Art »unterirdischer Physik« – im 19. Jahrhundert begann, die Erde Verbindung für Verbindung, Molekül für Molekül auseinanderzunehmen und dabei die Erklärungen und die Mittel zu finden, mit denen sie die kleinsten Dinge der Erde in nützliche Dinge verwandeln könnte.[20] Die Alchemie mit ihrer Vorstellung von der natürlichen Schöpfung und ihrem Versprechen, Metalle zu veredeln, wanderte in den Mülleimer der Geschichte, als sie »der öffentlichen Nutzung Platz machte, ihre Wunder und Kuriositäten von Fakten abgelöst wurden, der Glaube von der Vernunft und *fortuna* von der menschlichen Anstrengung und der staatlichen Disziplin«.[21] Selbst wenn die Nacht nicht in den Tag verwandelt werden konnte, die Dunkelheit nicht in Licht und der Staub nicht in Gold – die neue Alchemie verdeutlichte in ungeheurem Ausmaß, was schon der alte Bergbau lehrte: Man konnte Geld machen, indem man die Erde Klumpen für Klumpen auseinandernahm und sie Stück für Stück verkaufte.

Dieses Wissen lag aber noch in einer fernen Zukunft. Denn noch bis in die jüngste Zeit glaubte man, nur hermetische und magische Prozesse seien dazu imstande, kostbare Metalle aus der Erde herauszulösen und Staub und Schmutz in heilsame und wertvolle Gegenstände zu verwandeln. Die Magie erschien völlig vernünftig in einem Zeitalter, in dem zarte und feine Dinge – die höchsten Güter der Zivilisation – für jedermann knapp waren, in dem die Menschen nur unscharf sehen und grob messen konnten, in einem Zeitalter, in dem sie nicht in der Lage waren, die Schätze von Himmel und Erde zu entdecken und zu kontrollieren. Jenseits von Geist, Maßeinheiten und Maschinen zählte man die Güter der Erde zum gemeinen Staub und Schmutz und zu all den unsichtbaren Wesen, die sich darin verbargen. Erst eine wirklich mächtige Chemie sollte die Welt nach dem Bild menschlichen Wissens gestalten.

KAPITEL DREI

Frühe Einsichten in das Winzige

Da wir diese [schönen] Dinge sehen, ist unsere Seele dank unserer Augen damit zufrieden, weiterhin im Körper gefangen zu bleiben; denn durch die Augen sind alle verschiedenen Dinge in der Natur in der Seele vertreten.
Leonardo da Vinci,
»Tagebücher und Aufzeichnungen«

Von allen Seiten sehe ich nichts als Unendlichkeiten, die mich verschlingen wie ein Atom und wie einen Schatten, der nur einen Augenblick dauert ohne Rückkehr.
Blaise Pascal, »Gedanken«

Einem europäischen Bauern, der zum ersten Mal eine blühende mittelalterliche Stadt betrat, müssen vermutlich die Augen übergegangen sein. In den Kirchen und Palästen der Stadt sah er Elfenbeintäfelchen in herrlichen Diptychen und zierliche Muster bebilderter Evangelien, verziert mit Silber, Gold, Emaille und Edelsteinen. Er war überwältigt von den goldfarbenen Mosaiken und komplizierten Schnitzereien, den Reliefs, Emaillierungen und Einlagearbeiten, die damals zum ersten Mal auftauchten – zum Beispiel auf solchen Kostbarkeiten wie der Krone des Konrad aus dem Jahr 1027 und den Bronzetüren der großen mittelalterlichen Kirchen in Deutschland und Italien.[1]

In den Kirchen bestaunte er farbenfrohe Ornate, die mit leuchtenden Metallfäden durchwirkt waren, und kunstvoll geschnitzte Altäre, Kanzeln und Beichtstühle. Er sah Fresken, deren Technik präziser, deren Farben reicher und deren Linien feiner waren, als er sich je hätte vorstellen können. Er war überwältigt – von der Darstellung des Lebens und seiner Miniaturisierung. In diesen Kunstwerken war das Leben frei von Staub und Schmutz, die die schmerzhaften, körnigen Konturen seines eigenen Alltags zeichneten.

In den Kathedralen, speziell wenn es sich um spätere romanische oder – in Italien – um eine seltene gotische handelte, verzauberten ihn großartige Lichtspiele. Durch die großen Fenster aus dekoriertem Glas strömte das natürliche Licht ins Innere (nicht das düstere Licht von Kerze oder Fackel). Licht verkörperte Ordnung und Wert. Als Antithese zu Dunkelheit, Schmutz und Staub war Licht der reinste Ausdruck von Gottes Gnade und seiner Schöpfung. Licht stand für die unsichtbare Weisheit, die warme Gnade und die reine Liebe Gottes.[2] Da die Kirche frei von Lärm und Schmutz war, suggerierte sie die erleuchtete Schönheit und Ordnung eines ewigen, wenn auch unsichtbaren Königreichs. Die Kirche verkörperte in jeder Beziehung den Gegensatz zum irdischen Leben, das der Bauer kannte, und zu den dunklen, stinkenden Abgründen der Hölle, in denen »der Wurm, der nicht schläft«[3], residierte.

In *Das himmlische Paradies* bekannte sich Dante zum Ideal der Kirchen, die nach der Liebe und dem Licht von Gottes Wohnsitz streben. Synonyme für das Licht bilden darin eine Treppe bis hinauf zum himmlischen Schöpfer – *candore, facella, favilla, fiamma, fiore, folgore, fuoco, lucerna, lumera, raggio, scintilla, sole, splendore, stella.* Licht, so instruiert Beatrice Dante, »ist ein Ausdruck für Gottes Dasein. Jedes Licht ... hat seinen Ursprung in Gott«, und die Himmel und alle Dinge unter ihnen haben ihren Teil an diesem Licht.[4] Dante reist aus der Welt von Streit und Zorn, den Dingen, die die Menschen verletzen und fesseln, in die Höhe und glaubt, daß er dem

Licht folge, welches zur alles aufrechterhaltenden Liebe emporsteigt.

Das Kleine berühren: Feine Werkzeuge und Künste

In den Werkstätten der Zünfte und Handwerker konnte der Bauer Männer an größeren, aber immer noch kunstvollen Gegenständen arbeiten sehen. Das Gravieren von Münzen im 13. und die Herstellung von Würfeln im 14. Jahrhundert spiegelten die wachsenden Möglichkeiten der westlichen Zivilisation wider, Metalle zu handhaben. Ironischerweise gingen die Verbesserungen in der Herstellung von Schwertern und Rüstungen mit der Vervollkommnung der Feuerwaffen und des tödlichen Schießpulvers einher. Die mittelalterlichen Handwerker lernten, eine Reihe von Werkzeugen wie Nadeln, Bohrspitzen und Klammern herzustellen. Wenn diese Werkzeuge auch den Handwerkern keine Kontrolle über Partikel wie den Staub verliehen, so boten sie doch eine Möglichkeit, kleine Dinge zu beherrschen.

Die Fähigkeit, komplizierte Dinge herzustellen, ging Hand in Hand mit der Möglichkeit, Gegenstände genauer zu messen. Die mittelalterlichen Astronomen zogen die Genauigkeit der Meßverfahren den physikalischen und metaphysikalischen Theorien vor und nahmen so die Wissenschaft des 20. Jahrhunderts vorweg. Seeleute und Instrumentenbauer beschäftigten sich mit Vorgängen, in denen ein einziges Grad einen enormen Unterschied ausmachen konnte. Sie verwendeten empirische Messungen und erreichten dabei eine Genauigkeit, die die Methoden der akademischen Wissenschaftler umständlich und weitschweifig aussehen ließen. In ihrem Versuch, Legierungen von beständiger Qualität herzustellen, lernten die Metallurgen, die Dichte von Metallen zu bestimmen. Die Münzprüfer wiederum entwickelten in ihrem Bestreben, Münzen und Juwelen zu schätzen, Präzisionsmessungen von ungefähr 0,1 Milligramm.[5] Feine Dinge und exakte Messungen waren etwas, wovon eine fortgeschrittene Zivilisation niemals genug haben konnte.

Parallel zu ihren Fortschritten im Messen und Kalibrieren entwickelte sich die Zivilisation auch bei der Berechnung eines so abstrakten Gegenstandes wie der Zeit weiter. Nichts bezeugt die Geschicklichkeit dieses Zeitalters im Umgang mit Zahnrädern und Hebeln so sehr wie die mechanische Uhr. Jede große Uhr an einer Kathedrale oder einem Palast erregte ganz sicher das Interesse unseres Bauern – ihre scheinbar automatisierte Bewegung, ihre hellen Farben und die Parade von Figuren, die die vergehenden Stunden maßen. Dieses phänomenale Instrument zur Bestimmung der unberührbaren Zeit war mit seinen kompliziert ineinandergreifenden Zahnrädern zudem die Königin aller Mühlen, die seit dem letzten Viertel des 12. Jahrhunderts den Handel der westlichen Zivilisation kollektiv vorantrieben. Eine Uhr, an der Vorderseite des wichtigsten Stadtgebäudes deutlich sichtbar plaziert, bekundete den Willen dieses Zeitalters, zu quantifizieren und zu herrschen. Die mechanische Uhr des Henry de Vick, die den Tag in 24 gleich lange Stunden einteilte, »wurde 1370 am Palais Royal in Paris angebracht. König Charles V. befahl, daß alle Pariser Kirchen die Stunden und Viertelstunden gemäß der Uhr von de Vick zu läuten hätten.«[6] Lewis Mumford urteilte, die Uhr sei »die Schlüssel-Maschine des modernen industriellen Zeitalters ..., prophetisch gesprochen die präzise automatische Maschine.«[7] Sie läßt das Zeitalter der großen Maschinen erahnen.

In den Werkstätten einer großen italienischen Stadt des 15. Jahrhunderts arbeiteten Handwerker, die das Kleine zähmten – bei der Zimmer- und Lederarbeit, beim Weben und bei der Kleiderherstellung (letztere wurde durch die im 14. Jahrhundert erfundene Flachspresse erleichtert).[8] Ein Kommentator zählt im Jahr 1462 die Gewerbe des »schönen Florenz« auf:

> »[Die Stadt] hat 66 Gewürzläden und 84 Werkstätten, [die] Holzhandwerkern, Herstellern von Intarsien [aus Holz, Metall und Elfenbein] und Holzschnitzern gehören, und sie hat 54 Werkstätten, die auf die Bildhauerei mit Marmor und Sandstein spezialisiert sind; und es gibt Meister, die sehr geschickt sind im Schnitzen und im Erstellen von Reliefs und Flachreliefs und Blattverzierungen, sowohl außerhalb wie innerhalb der Stadt ... es gibt außerdem 30 Werkstätten für Goldpräger und Hersteller von Silberfäden, und es gibt begnadete Meister für Wachsbilder wie auch anderswo in der ganzen Welt ... außerdem gibt es 44 Werkstätten von Gold- und Silberschmieden und Juwelieren in der Stadt.«[9]

Bestimmte Handwerksberufe erreichten im Florenz der Renaissance neue Stufen der Perfektion. Einer davon war die Metallverarbeitung, deren Fortschritte auf spektakuläre Weise in den großartigen Metalltüren von Brunelleschis Duomo und in Donatellis Skulptur des David verkörpert werden. Auch der Buchdruck bestach durch seine Kunst der Verfeinerung und Miniaturisierung; er entwickelte sich im 15. Jahrhundert durch Gutenberg und seine Nachfolger. Mit der Vollendung des Schriftdesigns und dem Gebrauch des Kunstdrucks stillte man die steigende Nachfrage nach Büchern seitens einer wachsenden Zahl lesekundiger Laien. Bücher waren die großartigste menschliche Miniatur, und sie sollten über die Jahrhunderte hinweg das Bewußtsein der Welt in der westlichen Zivilisation verändern. Auf kleinstem Raum, zwischen den Buchstabenreihen und dünnen Seiten, wurden unsichtbare Welten imaginiert. Und obwohl Bücher ihren ganz eigenen Staub produzierten, versprachen sie doch, Autor und Leser vor dem Tod zu bewahren – das hatte noch kein anderer irdischer Gegenstand vermocht. Bücher wurden in immensen Mengen hergestellt und am preiswertesten in Venedig und anderen italienischen Städten verkauft; sie boten – ob in Groß- oder Kleinformat – Einblicke in bislang unbekannte Welten. Ein Buch lud selbst den schmutzigsten Leser in schimmernde Paläste ein, in denen er die schönsten Prinzessinnen treffen würde.

Sollte ein Bauer dieses Venedig besuchen, so traf er auf ein drittes Handwerk, das die Tür zum Kleinen öffnete – die Glasherstellung. Ungefähr in der Mitte des 15. Jahrhunderts stellten die raffiniertesten venezianischen Glashersteller zum ersten Mal reines weißes Glas her, den *cristallo,* eine Weiterentwicklung des mittelalterlichen Farb- oder Rauchglases.[10] Die Glasmacher ließen Licht in eine dunkle und trübe Welt strömen und nahmen so die helle und leuchtende Welt um vier Jahrhunderte vorweg. Eine bessere Beleuchtung ermöglichte es, kleinere Dinge zu sehen. Venedig hütete seine Geheimnisse in der Glasherstellung bis zum Ende des 17. Jahrhunderts; dann produzierten die Franzosen das Spiegelglas, das dem Spiegelsaal des »Sonnenkönigs« Ludwig XIV. in Versailles Glanz verleihen sollte.

Am Ende des 15. Jahrhunderts stellten die venezianischen Glasmacher Spiegel her, in denen man das eigene Bild betrachten und auf jede erdenkliche Weise für die Augen der Welt verschönern konnte. »Zusammen mit der Entwicklung der großen Spiegel im 16. und 17. Jahrhundert erreichten Hand- und Taschenspiegel den Höhepunkt ihrer Popularität. Taschenspiegel waren ein wesentlicher Bestandteil der Kleidung, wie in den Portraits der [spiegelhaltenden] Schönheiten dieser Tage deutlich wird.«[11] Zuerst betrachtete man sich selbst im Spiegel, kurze Zeit später dekorierte man Räume mit ihnen. Wie auch immer: Spiegel offenbarten eine neue Beschäftigung mit der Individualität. Diese neue Perspektive ging einher mit dem wachsenden Wunsch nach einer saubereren, helleren Welt – einer Welt, weit entfernt von jener der schmutzigen Bauern, die ihr Spiegelbild nur in Tümpeln sehen konnten.

Monokel wurden parallel zu Spiegeln und Büchern entwickelt. Ihre Linsen ermöglichten es, winzige und entfernte Gegenstände wahrzunehmen. Obwohl Ursprungsort und -zeit des Monokels unklar sind (allgemein vermutet man die Gegend von Pisa um 1300), so ist doch sicher, daß im 17. Jahrhundert die Europäer Gläser aufsetzten, um Kleines aus der Nähe zu betrachten oder um zu lesen. Im Jahr 1582 erließ der französische König Heinrich IV. Statuten, die das Spiegel- und Glasmacherwesen in den Städten mit aufblühendem Handel regelten. Die armen Glasmacher dagegen zogen zu Fuß über die Dörfer, um mit Glas hausieren zu gehen. Dabei besangen sie ihre Waren:

»Ich hab' Gläser für die Alten,
Monokel, die Wunder tun,
Gläser für Schlangen und Pfauen.
Ich hab' sie für jeden Zweck.
Sie auf die großen Nasen der Weisen zu setzen,
die Sicht der Narren zu verbessern,
die Eifersüchtigen hellseherisch zu machen.«[12]

Künstler dringen in das Dunkel ein

Falls ein Bauer jedoch die feinste aller Arbeiten sehen wollte, dann mußte er einen Blick in das Studio eines Künstlers werfen. Am Ende des 15. Jahrhunderts waren die besten Künstler die Beobachter und Ingenieure ihrer Zeit. Sie waren die treuesten Gefolgsleute des Lichts, durchdrangen die Dunkelheit, beseitigten den Staub und erfaßten bedeutende, aber unergründliche Formen. Mehr als von allen anderen erwartete man von den Künstlern, die Welt zu beobachten und wiederzugeben.[13] Ihre Leistung lag in der brillanten und scharfsichtigen Nutzung und Kontrolle von Materialien in Malerei, Bildhauerei und Musik.[14] Experimente begleiteten ihre Kunst. Die Künstler berücksichtigen so empirisch belegte Angelegenheiten wie die Qualität der Farben, die exakten Eigenschaften von Metallen und die Einzelheiten des Ziselierens, Prägens, Vergoldens und Einlegens.

Die Studios der Künstler waren Laboratorien des Präzisen und Feinen; ihre malerischen Wiedergaben der Realität blieben bis zum Erscheinen der Photographie im 19. Jahrhundert konkurrenzlos. Um das 15. Jahrhundert herum waren die Künstler die schärfsten menschlichen Beobachter.[15] Sie perfektionierten die Art und Weise, die Welt zu sehen und abzubilden. Dabei unternahmen sie alles Mögliche, damit Licht in ihre vollgestopften Läden und Studios und auf ihre Gemälde fiel. Leonardo unterschied zwischen dem Licht im Atelier eines Malers und in dem eines Bildhauers. Er hielt es für wünschenswert, Nordlicht zu haben, wenn man naturgetreu malen wolle.[16]

Die Künstler idealisierten die Natur als staub- und schmutzfrei, sie zeigten die Umrisse des menschlichen Körpers und stellten Tiere, Pflanzen und Städte dar. Sie begaben sich auf die Suche nach dem Charakter einer Person im Spiegel ihres Gesichts – im Funkeln eines Auges, im Kräuseln einer Lippe. Um die Natur genau abzubilden, vervollkommneten sie die Darstellung des Raums, wurden Meister der Perspektive und Verkürzung, erweiterten die Palette ihrer Farben und entwikkelten den Gebrauch von Tönung und Färbung. Diese Fähigkeiten machten sie zu Beherrschern des Mikrokosmos.

In ihrem Streben, aus dem, was das Auge sieht, Schönheit zu erschaffen, widersprachen die Künstler ihren Vorgängern. Frühe Denker wie Robert Grosseteste, der Descartes' und Newtons Arbeiten zur Optik vorwegnahm, erforschten das Licht als die vorrangig körperliche Form von Materie und als wichtigen Aspekt der Bewegung und eines effizienten Kausalprinzips.[17] In einem kühnen Zugriff inszenierten die gotischen Architekten das Licht als Manifestation von Gottes Weisheit, Gnade und Existenz. Im Gegensatz dazu verstanden die Künstler der Renaissance das Licht als etwas, das man in der Welt sieht, und die Welt als etwas, das man durch

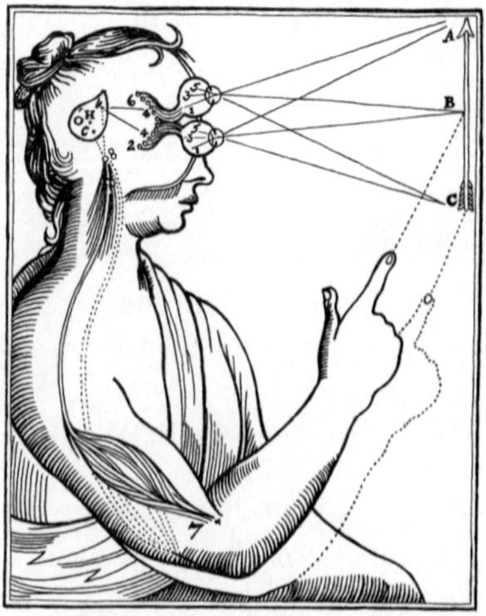

Descartes' Theorie der Wahrnehmung aus dem Jahr 1677 zeigt, wie der Nervenimpuls vom Auge zur Zirbeldrüse und von dort aus weiter zu den Muskeln wandert.

das Licht sieht. Italienische Künstler des 16. Jahrhunderts wie Correggio, Tizian und Raphael entfalteten ihre Meisterschaft des Lichts, indem sie Personen in dunklen Räumen malten, die von Kerzen oder Kaminfeuern angeleuchtet werden, oder indem sie Menschen rund um ein Lagerfeuer versammelten. Sie stellten den Halbschatten in der Dunkelheit dar, das Weißglühen eines Feuers oder das kühle, matte Leuchten der Morgendämmerung.[18]

Zivilisation beruht auf der Kontrolle des Kleinen, welche wiederum die Beherrschung des Lichts erfordert. Das Auge muß sehen, bevor die Hand zeichnen kann. Objekte müssen hinter Staub und Dunkelheit hervorgeholt werden, um in ihrer Schönheit wahrgenommen zu werden. In diesem Punkt machten die Künstler der Renaissance einen großen Schritt in die Welt der kleinen Dinge. Tatsächlich waren sie die ersten und eifrigsten Naturalisten Europas, Chronisten, die jeder Expedition zugute kommen. Zeichnen war eine Kunst, die jeder Wissenschaftler zu beherrschen suchte.[19] Indem der Künstler seine nähere Umgebung mitsamt ihrem Staub und Schmutz genau schilderte, trug er eine interessante Welt kleiner Dinge zusammen.

Das Meisterauge

Leonardo da Vinci – Künstler, Ingenieur und Erfinder – war, was Beobachtung und Illustration betrifft, das Meisterauge schlechthin.[20] Es ist sehr passend, daß er (ein Dörfler mit nur einigen Jahren Schulbildung) seine Lehrjahre mit dem Malen von Engelsflügeln begann. Seine Schöpfungen, wahre Erben von Botticellis schlanken, schönhäutigen, goldhaarigen Cherubim, waren von Luftigkeit und Grazie durchflutet. Für Leonardo schien kein Thema zu subtil – weder Schönheit, Güte oder Laster noch die Bewegungen des Wirbelwinds, weder der Körper eines herabstürzenden Vogels noch die Deformationen der menschlichen Gestalt durch Gewicht oder Alter.

Leonardo konstruierte perfekte Drehbänke und entwarf Maschinen, mit denen die Meerestiefen erforscht und in den Himmel geflogen werden konnte; ebenso durchdrang er den Schutzschild der Haut, um die inneren Vorgänge im tierischen und menschlichen Körper zu verstehen. Seine anatomischen Zeichnungen, die auf mehr als 30 Obduktionen menschlicher Körper beruhten, waren so genau, daß sie zusammen mit den Bildern aus dem Anatomieklassiker *Über den menschlichen Körperbau* von Andreas Vesalius aus dem Jahre 1543 noch Jahrhunderte später in den medizinischen Fakultäten Europas verwendet wurden.[21] Nach George Sarton sind »anatomische Zeichnungen der inneren Weichteile des Körpers ... extrem schwierig, und einige von denen, die

Leonardo vor mehr als 450 Jahren angefertigt hat, sind ohnegleichen. Fotografien, so gut sie auch sein mögen, können sie nicht immer ersetzen.«[22]

Leonardo erweiterte den Kenntnisstand der mittelalterlichen Wissenschaft, der es bereits gelungen war, Seuchen zu beschreiben, Körper zu sezieren und chirurgische Eingriffe durchzuführen.[23] Da das Instrumentarium von Anatomie und Physiologie noch nicht zur Verfügung stand und die Medizin eher der Konvention folgte als sich für Beobachtungen zu öffnen, blieb die innere Welt der Lebewesen damals noch ein verborgenes Königreich – Leonardo aber bestand darauf, es zu erforschen.[24] Er spürte den inneren Geheimnissen der Natur mit Hilfe von Untersuchungen, Autopsien und Beobachtungen nach. Seine *Tagebücher* stecken voller Ermahnungen an sich selbst, zu forschen und zu erklären. In einem Abschnitt über Anatomie schreibt er: »Bestimme die Regel, und gib das Maß jedes Muskels an, und gib eine Erklärung all ihrer Funktionen, in welcher Weise sie arbeiten und was sie arbeiten läßt ...« In einem Abschnitt mit dem Titel »Zoologie und vergleichende Anatomie« spricht er vom »Flug der 4. Art von Schmetterlingen, die geflügelte Ameisen fressen«. An anderer Stelle weist er sich selbst an, »die Placenta eines Kalbs [zu] besorgen« und »die Zunge eines Spechts und den Kiefer eines Krokodils [zu] beschreiben«. In einem weiteren Abschnitt mit dem Titel »Über die Augen der Tiere« schreibt er: »Bei den Augen aller Tiere sind die Pupillen angepaßt, um sich in Übereinstimmung und im Verhältnis zum stärkeren oder schwächeren Licht der Sonne oder einer anderen Lichtquelle [*sic*] zu erweitern oder zu verkleinern. Bei den Vögeln aber ist die Variation viel größer, und insbesondere bei Nachtvögeln wie den Ohreulen.«[25]

In der Zeit nach Leonardo und der Renaissance ging die Medizin immer mehr zur Beobachtung über, statt lediglich Prinzipien zu befolgen – selbst wenn diese von den einflußreichen Hippokrates, Galen oder Avicenna stammten; dies gilt insbesondere für die Chirurgen, die notwendigerweise empirischer als andere Ärzte arbeiten mußten. Während des 16. Jahrhunderts und bis ins 17. hinein räumten die gelehrten Humanisten, wenn auch widerwillig, den detaillierten Entdeckungen der neuen Anatomen, Physiologen und Kliniker den gebührenden Platz ein.[26] Nachdem das große Tabu der wissenschaftlichen Betrachtung des Fleisches erst einmal durchbrochen war, betraten einige kühne Forscher ein neues Territorium des Kleinen.

Neue Instrumente, neue Wissenschaft

Das Monopol des Künstlers auf das Winzige wurde im 17. Jahrhundert zum ersten Mal von einer Handvoll Wissenschaftler in Frage gestellt. Mit Hilfe von Teleskop und Mikroskop, von Mathematik und Experiment entdeckten und skizzierten sie einen neuen Mikrokosmos. Unterstützt von neuen Instrumenten erkundeten und beschrieben diese Wissenschaftler Bereiche, die Leonardo niemals hätte sehen können.

Selbst ohne die Hilfe des Mikroskops hatte Paracelsus (etwa 1493–1541) den Kern einer neuen Medizin formuliert. Er griff Galens Krankheitstheorie der Körpersäfte an und legte nahe, jede Krankheit habe eine genaue Ursache und ein besonderes Heilmittel. Dieser Ansatz sollte sich als eine entscheidende Idee in der Entwicklung der Pharmakologie herausstellen, einer der aufstrebenden Wissenschaften von den kleinen Dingen.[27] William Harvey (1578–1657) öffnete später die Tür zum Mikrokosmos – immer noch ohne Mikroskop, nur mit Hilfe scharfer Beobachtung und klarer Beweisführung. Wie die Erforscher der Weltmeere erkundete er ein unentdecktes Land: den menschlichen Körper.[28] Harvey belegte, daß das Herz – und durch Extrapolation auch der Rest des Körpers – wie eine Maschine funktionieren. Er ahnte, daß Zellen wie Fabriken arbeiten und leitete daraus die Funktionsweise des Kreislaufsystems ab; das Herz charakterisierte er als große Pumpe. Harvey schrieb: »[Das Herz] verdient es, die Sonne unseres Mikrokosmos genannt zu werden, genauso wie die Sonne es verdient, das Herz der Welt genannt zu werden.«[29]

Im ersten Jahrzehnt des 17. Jahrhunderts erforschte Galileo den Himmel. Der Kränkung durch die jüngst entdeckte und provozierende heliozentrische Galaxie fügte Galileos Teleskop auch noch eine Beleidigung hinzu, als er zeigte, daß es in dieser Galaxie zudem Unvollkommenheiten gab: Jupiter hatte Monde, es gab Sonnenflecken, und die Milchstraße war nur eine Ansammlung einzelner Sterne. Ferne Flecken am Himmel lösten einen Streit über die Konstruktion der Schöpfung aus. Galileo richtete sein Teleskop aber auch erdwärts und beobachtete das Auge eines Insekts.

Die neuen Instrumente erlaubten es den Wissenschaftlern des 17. Jahrhunderts, weiter in den Mikrokosmos vorzudringen.[30] Die Wissenschaftler machten radikalen Gebrauch von einer Reihe präziser Geräte. William Gilbert verwendete in seinem klassischen Buch *Über den Magneten* aus dem Jahre 1600 den Kompaß eines Seemanns, um aus den mittelalterlichen Mysterien über Magnetsteine und Magnetismus eine Wissenschaft zu erschaffen. Die Erfindung der Luftpumpe wurde durch Saugpumpen ermöglicht, mit denen die Bergleute tiefer unter die Haut der Erde vordringen konnten; Robert Boyle (1627–1691) machte die Luftpumpe der Wissenschaft dienstbar. Boyle führte Experimente durch, um zu beobachten, was mit Dingen geschieht, wenn man ihnen die Luft entzieht. Er bewies, daß Leben, Verbrennung und Klang ohne Luft verlöschen, wohingegen das Licht auch ein Vakuum durchdringt. Auf der Grundlage weiterer Arbeiten über die Transformation von Gasen in Flüssigkeiten verfocht Boyle die »atomare Erklärung der Materie: daß kleine Materie aus kleinen, harten, unzerstörbaren Partikeln besteht, die sich regelmäßig verhalten.«[31] Diejenigen Wissenschaftsstudenten mit der größten Vorstellungskraft begannen zu begreifen, daß das Universum eine Miniaturordnung in sich birgt, die so perfekt ist wie die Ordnung des Himmels.

Andere Meßgeräte wie das Thermometer, das Barometer, die Pendeluhr und vor allem das Mikroskop ermöglichten neue Stufen der Präzision.[32] Das Mikroskop, dessen Erfindung entweder dem holländischen Brillenmacher Zacharias Janssen im Jahr 1590 zugesprochen werden kann oder aber Galileo, der seine Erfindung 1610 bekannt gab, öffnete die Tür zum Königreich des wirklich Kleinen und Unsichtbaren. Im 17. Jahrhundert überschritten die Wissenschaftler mit dem Mikroskop die Grenze des Staubs und bewegten sich in die Regionen des mikroskopischen Lebens. Legionen von Lebewesen, die man nie zuvor gesehen hatte und die den Titel ›mikroskopisch kleine Tierchen‹ erhielten, fraßen, reproduzierten sich und starben unter den Linsen. Die Mikroskopisten zeichneten die äußere Anatomie von Insekten und gaben Fühler, Augen und Beine detailliert wieder. Sie vervollständigten die Karte von Harveys Kreislaufsystem, indem sie sogar die »winzigen und haarförmigen Kanäle« zwischen den Arterien und Venen beobachteten. Und sie zeigten, daß samenlose Pflanzen wie der Farn voll mit fruchtbaren Stauben sind: »Derartig ist der wundervolle und winzig feine Staub, der der Rückseite der Farnwedel anhaftet.«[33]

Marcello Malpighi (1628–1694) war der erste, der das Mikroskop zum Studium der Anatomie verwendete; er beschrieb das menschliche Kapillarsystem. Beim Versuch herauszufinden, ob Frösche aus Eiern schlüpfen oder durch spontane Fortpflanzung entstehen, rekonstruierte Malpighi die Stufen des embryonalen Wachstums eines Frosches. Er sezierte die Seidenraupe und schrieb daraufhin die erste Monographie über ein wirbelloses Tier; er war ein Vorreiter auf dem Gebiet der Insektenanatomie und lieferte klassische Erklärungen für das Keimen von Bohne, Lorbeerbaum und Dattel. Nehemiah Grew (1641–1712) brachte Sex ins mikroskopische Leben. Er vermutete, daß Blüten die Sexualorgane der Pflanzen sind und beobachtete, daß Pollenkörner – diese höchst wertvollen Staube – »die Körper sind, die Bienen sammeln und auf ihren Schenkeln tragen«.[34] Das Werk von Jan

Swammerdam (1637–1680), einem hervorragenden Sezierer und Illustrator, wurde in seiner *Bibel der Natur* zusammengefaßt, die als »die beste Sammlung mikroskopischer Beobachtungen« angesehen wird, »die jemals von nur einem Fachmann zusammengetragen wurde«. In seiner *Bibel* zeichnete Swammerdam die Anatomie der Biene, die Sporenkapseln der Farne und die Entwicklungsstadien von Mücken, Libellen und Kaulquappen.

Antony van Leeuwenhoek (1632–1723) war der berühmteste Mikroskopist. Er verwandte die besten Linsen seiner Zeit und reservierte seine hochwertigsten Mikroskope nur für sich. Er vergrößerte Gegenstände um das 270fache, eine Leistung, die nahezu zwei Jahrhunderte lang unübertroffen blieb. Mit dieser Vergrößerung machte er Bakterien für das Auge sichtbar und lieferte die erste Beschreibung der roten Blutkörperchen, der Protozoen und anderer einzelliger Organismen. Er verfertigte eine scharfe Beschreibung des Insektenauges und zeichnete die Entwicklungsstadien einer Ameise, den Spinn- und Giftapparat der Spinne und die

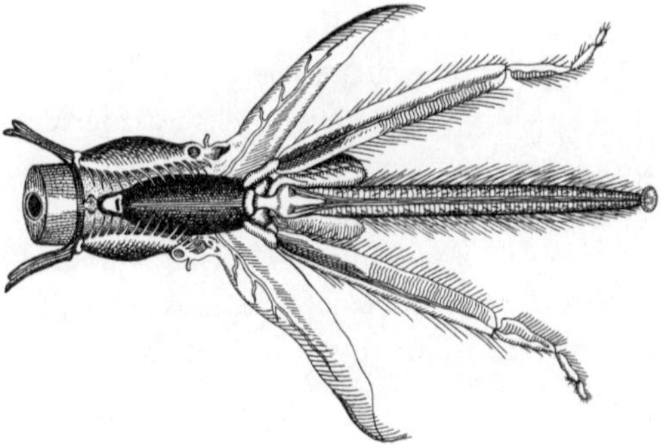

Mundpartie einer Honigbiene nach Swammerdam

Metamorphose der Fliege. Leeuwenhoek brachte neue Königreiche des Lebens buchstäblich zum ersten Mal ans Licht. Staub würde nie mehr primitiv sein.

Als Robert Hooke (1635–1703) die Struktur von Kork untersuchte, entdeckte und definierte er die Zellen. Dies war einer der entscheidenden Schritte in der wissenschaftlichen Definition des Winzigen. Hooke erklärte die winzigen Stechapparate der Nessel und stellte das Wachstum von Moosen und Schimmelpilzen dar, indem er die Unterschiede zwischen den Verwandten des Staubs noch deutlicher herausarbeitete. Er war der erste, der das Moostierchen zeichnete, ein winziges, molluskenähnliches Wassertier, das Kolonien bildet, die bräunlichem Moos oder Tang ähneln. Außerdem entdeckte er die Markierungen auf Fischschuppen, die Struktur des Bienenstachels und die »Zungen« oder »Radulae« von der Molluske. Charles Singer urteilt, das Beste von Hookes *Micrographia* sei »wirklich wunder-

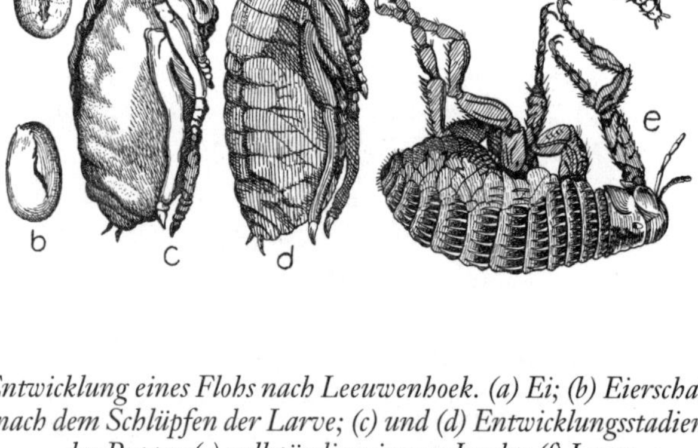

Entwicklung eines Flohs nach Leeuwenhoek. (a) Ei; (b) Eierschale nach dem Schlüpfen der Larve; (c) und (d) Entwicklungsstadien der Puppe; (e) vollständiges junges Insekt; (f) Larve

Hookes Mikroskop

voll«, insbesondere »seine Darstellungen einer Mücke und ihrer Larven, des Facettenauges einer Fliege und zweier perfekter, gigantischer Bilder einer Fliege und einer Laus.«[35] Dieser neuentdeckte Mikrokosmos enthielt ganze Wälder voller Pflanzen- und Tierleben.

Die Unermeßlichkeit des Mikrokosmos

Die klassischen Mikroskopisten bewiesen Pascals Eingebung, daß der Mikrokosmos dort unten in Umfang und Komplexität dem Makrokosmos dort oben ebenbürtig sei. Der Mathematiker Blaise Pascal (1623–1662), der so Gegenstandsloses studierte wie das Gleichgewicht bei Flüssigkeiten, die Natur der Leere und das Gewicht und den Druck von Luft (auch er dachte wie Torricelli vor ihm, daß wir in einem Meer von Luft leben), schrieb über seine Ahnung: »Er sehe darin eine Unzahl von Welten, von denen jede ihr Firmament, ihre Planeten, ihre

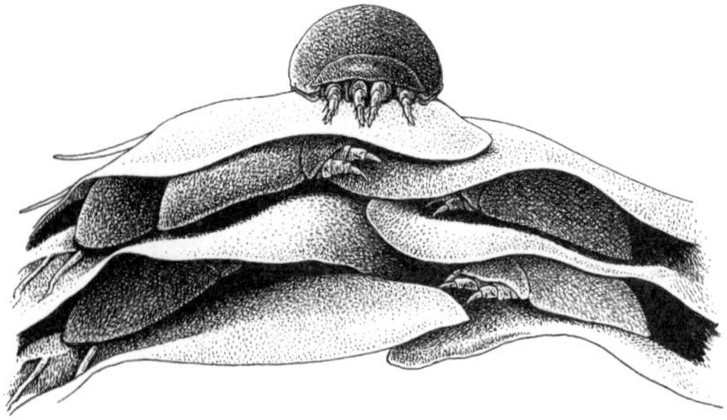

Milben zwischen den Schuppen eines Flohs

Erde hat in gleichem Verhältniß wie die fühlbare Welt, auf dieser Erde Thiere und wieder Milben, in denen er wieder findet, was er in den ersten fand und auch in den anderen findet er eben dasselbe ohne Ende und ohne Aufhören. Er verliere sich in diesen Wundern, eben so erstaunenswerth durch ihre Kleinheit als die anderen durch ihre Ausdehnung.«[36]

Der italienische Naturalist Lazzaro Spallanzani (1729–1799) war einer jener Wissenschaftler, die sich zu den mikroskopischen Welten hingezogen fühlten, obwohl der Beifall seines Zeitalters denjenigen vorbehalten blieb, die den Himmel absuchten. Spallanzani bewies, daß auch die kleinsten Lebewesen Eltern haben, ebenso wie Francesco Redi (1627–1697) ein Jahrhundert zuvor gezeigt hatte, daß die Würmer in verwesendem Fleisch Fliegenlarven sind. Spallanzani widersprach dem herrschenden Glauben an eine spontane Fortpflanzung, der typisch für seine eigene Ära und die Zeit davor war.[37] Er behauptete, daß die kleinsten Lebensformen sich ohne den Einfluß himmlischen Äthers und ohne die Fruchtbarkeit, die der Luft oder der Erde der Umgebung innewohnt, reproduzieren. Spallanzani verglich seine Entdeckung der geheimnisvollen Welt der Mikroben mit der Entdeckung der Neuen Welt durch Christoph Kolumbus.[38]

Zu seiner Zeit hielt niemand sein Werk für so bedeutend wie Spallanzani selbst. Der von Vorurteilen geprägte Zeitgeist gab dem geistigen Aufstieg in die Erhabenheit des Himmels immer noch den Vorrang vor dem Abstieg in das unsichtbare Leben. Oben lebte Gott, und wenn nicht Gott, so herrschte dort doch immerhin eine große Vernunft, die der mathematischen Beschreibung des Makrokosmos Ruhm und Glaubwürdigeit verlieh. Lieber eine Gottheit, die die Uhr in Gang setzt, als Schwärme winziger, wimmelnder Bewohner von Staub, Luft und Wasser. Selbst Jonathan Swift schien die Mikroskopisten seines Zeitalters abzuwerten, als er schrieb:

So naturalists observe, a flea
Has smaller fleas that on him prey;
And these have smaller still to bite 'em;
And so proceed *ad infinitum.* [39]

Trotz solchen Spotts sollte der Mikrokosmos beweisen, daß er weitaus mehr als ein schlechter Scherz war, besonders als in ihm die Ursachen und die Heilmittel für Krankheiten entdeckt wurden. Die Pioniere unter den Mikroskopisten bevölkerten das Unsichtbare mit Kolonien mannigfaltiger Organismen, die vielleicht so zahlreich waren wie die Elfen und Kobolde von ehedem und die Geister der Himmelskörper.

Noch immer gefangen in Staub und Dunkelheit

Für die große Mehrheit der Menschen des 17. und 18. Jahrhunderts lagen winzige Dinge aber weiterhin jenseits der Grenzen von Staub, Dunkelheit und Haut. Es war das Privileg weniger, die unsichtbare Welt zu sehen. Selbst diejenigen, die damals die neuartigen Augengläser trugen, sahen weniger als wir heute. Die normalen Brillen unserer Zeit – hergestellt aus perfekt geschliffenen Linsen, vor beiden Augen getragen und hinter den Ohren befestigt – waren bis zum Ende des 18. Jahrhunderts unbekannt und gingen erst Mitte des 19. Jahrhunderts in Massenproduktion. In der frühen europäischen Moderne benutzte man Monokel, Lorgnetten, Vergrößerungsgläser, Kneifer, Bifokalbrillen, individuelle Schutzbrillen und Teleskope, um kleine Schrift zu lesen, ein bestimmtes Gesicht in der Oper auszumachen oder den Himmel abzusuchen. Trotz der Verbesserungen beim Schleifen von Linsen waren viele Monokelgläser farbig und aus Quartz oder Beryll (daher das deutsche Wort *Brille*) hergestellt.

Ähnlich den heutigen Armbanduhren wurden Augengläser vor dem 19. Jahrhundert von Hand hergestellt; sie waren oft Kunstwerke mit komplizierten Gehäusen.[40]

Die Chirurgie, die scharfe Sicht und feine Werkzeuge benötigt, bietet einen Maßstab für den Präzisionsgrad einer Zivilisation. Bis zum 20. Jahrhundert waren die Chirurgen auf Tageslicht angewiesen. Die Operationssäle waren mit Glaskuppeln ausgestattet. Nach den Standards des 20. Jahrhunderts waren die früheren feinsten chirurgischen Instrumente alles andere als präzise. Sie wurden oft mit Handgriffen aus geschnitztem Holz, Elfenbein oder Schildpatt verziert und waren bis zum Beginn des 19. Jahrhunderts nicht einheitlich geeicht. (Ihre ursprünglichen Hersteller waren Waffenschmiede, die geschicktesten Metallarbeiter in Mittelalter und Renaissance. Später übernahmen Silberschmiede diese Aufgabe, bis im 18. Jahrhundert spezialisierte Instrumentenbauer die Bühne betraten.) Im allgemeinen rosteten diese Instrumente; erst zu Beginn des 20. Jahrhunderts wurde rostfreier Stahl eingeführt.[41] Alles in allem: Die feinsten Instrumente dieser Zeit – die besten Werkzeuge, um das zarte Kleine zu bearbeiten – zerren immer noch an den Nerven des heutigen Beobachters, wenn er sich vorstellt, wie sie in die empfindlichsten Stellen des menschlichen Körpers eindrangen.

Der Mangel an präzisen Instrumenten, Wissen und Licht begrenzte die Möglichkeiten der Europäer, das Kleine zu kontrollieren, und kulminierte in einem erschreckenden Zwischenfall: Johann Sebastian Bach starb bei einer Operation seiner wahrscheinlich vom Abschreiben der Noten überanstrengten Augen.[42] Ganz sicher mußte es eine bessere Kontrolle des Kleinen geben – ein Großes Saubermachen von Staub und Dunkelheit –, um solche Tragödien zu verhindern. Mehr Licht und Wissen und weniger Staub und Dunkelheit waren notwendig, um die Erde zu jenem schönen Ort zu machen, den die Menschen sich erwünschten.

KAPITEL VIER

Das Große Saubermachen

Der grundlegende Punkt ist nicht das Entstehen neuer Ideen, sondern das Auftreten der Bedingungen, die solche Ideen begünstigen.
Maurice Agulhon, zitiert in Eugen Weber, »Peasants into Frenchmen«

Die Geschichte der Begegnung der westlichen Gesellschaft mit dem Kleinen und Unsichtbaren ist facettenreich. Sie handelt von intellektueller Entdeckung und technologischer Kontrolle des Kleinen und Unsichtbaren. Sie handelt von menschlichen Schöpfungen, die immer winziger werden. Sie schildert auch die Flucht der Gesellschaft aus einer Welt, deren Grenzen in allen vorausgegangenen Zeiten Staub, Dunkelheit und Krankheit waren, und ihren Eintritt in eine Welt unerreichten Überflusses und noch nie dagewesener Kontrolle über Wasser und Licht.

Die Geschichte vom Zurückdrängen der Grenzen des Kleinen erwuchs aus der immer größer werdenden Macht Europas, dem Fortschritt des Wissens und der Perfektionierung der Herstellungstechniken. Sie führte – wie wir schon gesehen haben – in Europa zur Verfeinerung der Handwerkstechniken, mit denen Naturstoffe in aufwendige Waren verwandelt werden konnten. Sie entwickelte sich weiter, als die besten chinesischen und arabischen Technologien übernommen wurden. Sie fiel mit der Revolution in Handel und Produktion im 16. Jahrhundert zusammen, wurde von einem dramatischen Anstieg der Bevölkerungszahl begleitet und ging einher mit der Entfaltung der Land- und Holzwirtschaft und der Produktion, mit phänomenalen Fortschritten in Schiffsbau, Bergbau und Metallurgie und mit Europas weltweiter Suche nach Gütern und Märkten.[1] Die europäische Zivilisation zeigte ihre Absicht, in jeder Hinsicht mehr Raum und mehr Dinge in Besitz zu nehmen und zu kontrollieren.

In Europa fiel die Erforschung der vermuteten Horizonte der Welt mit der anschwellenden intellektuellen Neugier auf die Eigentümlichkeiten des Lebens zusammen. Die »anscheinend endlose Zerstückelung der Welt« in der Renaissance – ihre »Freude an der Partikularisierung«, um die Worte von Jonathan Sawday zu verwenden – durchzog gleichermaßen das soziale und das intellektuelle Leben.[2] Sie wurde durch neue Einsichten und Instrumente angeregt und ermöglicht. Das Teleskop – in die eine Richtung – und das Mikroskop – in die andere – hielten Ausschau nach dem Unendlichen.

Der Abstieg Europas in den Mikrokosmos nahm seinen Fortgang dank der Faktoren, die der wissenschaftlichen Revolution des 17. Jahrhunderts im besonderen und der Entstehung der Naturwissenschaften im allgemeinen zugrunde lagen. Zu diesen Faktoren gehörten die Neigung des scholastischen Rationalismus zur Diskussion ebenso wie die drei Modelle der Schöpfung: der aristotelische Begriff der Schöpfung als einer organischen und zweckvollen; die magische und neoplatonische Konzeption des Kosmos als eines Rätsels, das es zu entziffern gelte; und die sich ausbreitende mathematische und mechanische Natursicht, welche die Welt als eine Maschine begreift, eine Menge von Funktionen und Kräften, die mit Zahlen berechnet und als physikalische Gesetze formuliert werden können.[3]

Dennoch änderten all diese Faktoren materiell nichts am alltäglichen Verhältnis der Menschen zum Kleinen. Sie retteten die Mehrheit der Menschen nicht vor Staub, Dunkelheit und Krankheit. Sie stellten der Gesellschaft weder Mittel noch Materialien in dem Umfang zur Verfügung, der nötig gewesen wäre, um das Kleine im Sinne des Allgemeinwohls zu handhaben. Erst die Industrielle Revolution ermöglichte diesen Fortschritt.

Die Industrielle Revolution begann in England in den letzten Jahrzehnten des 18. Jahrhunderts und breitete sich dann in der ersten Hälfte des 19. Jahrhunderts in großen Teilen Westeuropas, der Vereinigten Staaten und Kanadas aus. Sie veränderte nicht nur die Natur, die Nationen und die Welt der Arbeit und der Produktion, sondern auch die winzigen Dinge des alltäglichen Lebens.

Die Industrielle Revolution verkörpert ein Paradoxon. Ungeachtet der Tatsache, daß sie Erde, Wasser und Luft verschmutzte und vergiftete, war sie auch der Motor für ein noch nie dagewesenes Saubermachen innerhalb der Gesellschaft. Sie erlaubte den Massen, Wohnungen und Gemeinschaftsräume von den alten Tyranneien des Staubs, des Schmutzes, der Parasiten und der Krankheit zu befreien. Sie schuf die Voraussetzungen für eine neue Beziehung der Menschen zu den kleinen und unsichtbaren Gegenständen. Kleine Dinge fühlten sich anders an, sie rochen anders und sahen anders aus, und sie wurden plötzlich auf ganz neue Arten genutzt. Die Industrielle Revolution ließ die Menschen zum ersten Mal Dinge verstehen und kontrollieren, die sie weder sehen noch berühren konnten. Der Mikrokosmos wurde den menschlichen Träumen gefügig gemacht wie niemals zuvor.

Die Anfänge einer Transformation

Bis zur Industriellen Revolution akzeptierte die Menschheit die zyklische Natur des Lebens. Die Gezeiten der Natur – das Werden und Vergehen – verwandelten Kleines in Großes und Großes zurück in Kleines. Der gesunde Menschenverstand sagte, daß mit der Zeit alle Lebewesen zum Staub zurückfinden würden und daß der Staub selbst ein Hindernis zwischen dem Sichtbaren und Unsichtbaren bilde, über das die Lebenden nicht verhandeln könnten.

Vor der Industriellen Revolution besaß der Staub eine wirkliche und metaphorische Macht über die menschliche Erfahrung. Es mangelte an Wissenschaft und Technologie, um winzige Wesenheiten zu differenzieren. Ebenso fehlten die Mittel, diese kleinen Dinge zu beleuchten. Sie waren allzu trübe, so schien es, um jemals einheitlich hell zu werden.

Die Erfahrung von Krankheit liefert ein wichtiges Beispiel dafür, auf welch grundlegende Weise menschliche Begriffe vom Kleinen sich im 18. und 19. Jahrhundert wandelten. Carlo Cipolla hat nachgewiesen, wie sehr es selbst den fortschrittlichsten Städten an wirksamen Mitteln für eine öffentliche Hygiene ermangelte.[4] Cipolla beschreibt, indem er der Umwandlung zeitweiliger Gesundheitsausschüsse in permanente Verwaltungen im Italien des 15. und 16. Jahrhunderts nachspürt, wie die italienischen Städte von Behelfsmaßnahmen gegen Epidemien zu einer langfristigen Vorsorgepolitik übergingen. Diese Politik verschwand in den darauffolgenden Jahrhunderten, bis sie von den Engländern und Franzosen im frühen 19. Jahrhundert wieder ins Leben gerufen wurde.[5] Doch selbst in diesen italienischen Städten richteten sich die öffentlichen Gesundheitsmaßnahmen zwar gegen Krankheiten, die sich zu Seuchen entwickeln konnten; doch ihre Ursprünge verstanden die Stadtbeamten nicht. Sie begriffen nicht, daß Flöhe, die durch das Blut einer kranken Ratte oder eines kranken Menschen infiziert waren, Krankheiten auf den Menschen übertrugen. Ihnen blieb auch verschlossen, daß die von einer Seuche infizierten Menschen diese Krankheiten weiterverbreiten konnten, indem sie husteten oder infizierten Schleim ausspuckten.[6]

Ohne Kenntnis von Mikroben oder Krankheitsüberträgern verließen sich die Menschen früherer Jahrhunderte auf die unangefochtene Theorie von den Körperflüssigkeiten und den Miasmen verseuchter Luft. Sie wischten Staub und Schmutz auf, weil diese zu Gerüchen führten, und produzierten damit die Krankheitsstoffe, die sich unter bestimmten Bedingungen zu einer Pest entwickeln konnten.[7] Selbst Edwin Chadwicks einflußreicher *Report on the Sanitary Conditions of the Labouring Population of Great Britain* aus dem Jahre 1842 beruht auf dieser Gleichsetzung von Geruch und Krankheit. In Europa und dem Rest der Welt lebten die Menschen, in jedem Stadtviertel bedrängt vom Dreck, in dauernder Furcht vor Seuchen. Sie glaubten, daß der Schmutz (Aborte, die in Brunnen und offene Höfe abflossen, und Kothaufen von Tieren) die Bedingungen für die faulige Luft schaffe, die die Seuchen verursache.

In ihrer frühesten Phase schien die Industrielle Revolution nichts für die menschliche Gesundheit und Sauberkeit zu tun. Im Gegenteil, die Industrie schuf für einen Betrachter, dem es nur um Reformen in der Stadt ging und der die Bedingungen auf dem Land vergaß, anscheinend eine stinkendere und staubigere Welt. Von der Aufklärung inspirierte Sozialkritiker sahen im Wirrwarr und Rauch der neuen Industriestädte nur Staub und Krankheit.

Berichte aus der ersten Hälfte des 19. Jahrhunderts über das ländliche und das städtische Britannien veranschaulichen, wie die Bedingungen, die man einst als normal, wenn nicht sogar als universal und vorherbestimmt betrachtet hatte, nun die Gefühlswelt der neuen Eliten erschütterten. Richard Cobden beschrieb im Jahr 1844 im Unterhaus die Lebensbedingungen walisischer Landarbeiter in aufschlußreicher Weise:

> »Sie leben in schmutzigen Hütten mit nur einem Raum zum Schlafen und Kochen und Leben – unterschiedliche Altersstufen und Geschlechter leben gedrängt zusammen. Ihre Hütten haben keine Fenster, sondern nur ein Loch in der schmutzigen Wand, um Luft und Licht hereinzulassen; in dieses Loch wird in der Nacht ein Bündel Lumpen oder Torf gesteckt, um es zu

> verschließen. Die spärlich gedeckten Dächer sind selten wasserdicht, und der schmutzige Fußboden wird daher feucht und nass und fast so schlammig wie die Straße; und um das elende Bild zu vollenden: In einer Ecke liegen Lumpen und Stroh aufgehäuft, aus denen die Betten gemacht werden.«[8]

Die neuen industriellen Zentren wurden als schmutzig und überbevölkert beschrieben, ein Refrain, den man auch schon in Macbeths »Verpestet sei die Luft ...« vernommen hatte und dessen Echo seit dem Mittelalter zu hören gewesen war. Stadtluft, gaben die Kritiker zu bedenken, befreie die Menschen nicht von der Tyrannei des Staubs. Vielmehr bedeute das Stadtleben den Verlust von Raum, frischer Luft und moralischer Rechtschaffenheit. Ein Bericht hält Liverpools Geschichte des Abstiegs fest: Im Jahre 1790 lebten 25 Prozent der Bevölkerung in Kellern und Hinterhäusern; eine Inspektion von 26 Straßen im Jahr 1840 »offenbarte, daß nicht weniger als 804 von insgesamt 1200 ›Vorderhäusern ... ohne irgendwelche Höfe, Toiletten oder Aschegruben‹« waren. In den 40er Jahren wurde Liverpool als »die ungesündeste Stadt in England« eingeschätzt, die eine enorm hohe Todesrate hatte: »Die mittlere Lebenserwartung betrug ungefähr 26 Jahre, wogegen die entsprechenden Zahlen für London und Surrey 37 und 45 lauteten.«[9] Da die Industriestädte in der ersten Hälfte des Jahrhunderts eher durch örtliche Verordnungen als durch nationale Gesetze regiert wurden, waren sie von »einem verfaulenden Miasma« überflutet. Die Städte besaßen weder Parks noch gepflasterte Straßen, und jeder Regen verwandelte sie in morastigen Dreck.

Der industrielle Arbeitsplatz war grausam und tödlich. Chadwick schrieb: »In einigen der ›staubigen Berufe‹ rechtfertigt die unangemessen hohe Rate verfrühter Sterblichkeit ein Eingreifen.« Er empfiehlt deshalb, die Verordnungen des Pariser Conseil de Salubrité anzuwenden. Diese verlangten eine gute Belüftung, forderten die Arbeiter auf, ihre Hände vor dem Essen oder dem Verlassen der Fabrik zu waschen, verboten ihnen, Essen mit in die Fabrik zu bringen, und bestanden darauf, »die Mühlen und Siebe zu verschalen, um so das Entweichen kleinerer Teile zu verhindern»; die Arbeiter sollten bei Produktionsvorgängen, bei denen Bleistaube entstanden, »ihre Nase und ihren Mund mit einem leicht angefeuchteten Taschentuch bedecken.«[10]

»Die ›Schornsteinjungen‹ des 18. und 19. Jahrhunderts stellen« nach Lawrence Wright »eines der traurigsten Kapitel in der Geschichte der Inhumanität dar.« Im Jahr 1817 erfuhr das englische Wahlkomitee die tragische Geschichte eines Jungen, der in einem Schornstein feststeckte: »Ein Maurer wurde geholt, und man drang in den Schornstein ein, wo man den Jungen fand. Sein Kopf war rundherum mit Ruß bedeckt; er war erstickt und tot.«[11]

Schmutz beherrschte die frühindustrielle Ordnung. Zur gleichen Zeit jedoch versuchte eine demokratischere und feinfühligere Gesinnung, die Köpfe der Menschen aufzurichten und aus dem Staub herauszuholen. Sowohl viele Schriftsteller, die an Reformen glaubten, als auch diejenigen, die sich nach den guten alten Tagen sehnten, stellten die Industrie als etwas Schmutziges und Böses dar. John Ruskin beklagt den Verlust der alten Landhäuschen und drückt damit das aus, was kurze Zeit später zu einer allgemeinen Lobeshymne auf sie werden sollte:

> »Es war achtlos in einem Zustand der Zerstörung und des Verfalls zurückgelassen worden; das Gartentor schwang immer noch lose gegen sein Schloß; der Garten lag völlig unter einem Feld von Asche begraben, nicht einmal Unkraut wuchs dort; das Dach war übersät von häßlichen Rissen; die Läden hingen um die Fenster als Fetzen verrotteten Holzes; vor dem Tor sikkerte der Fluß, einst der Stolz des Hauses, nun

> langsam vorüber, tiefschwarz und dick von geronnenem Schaum; das Ufer war zertrampelt zu öligem, rußigem Schleim: weit voraus, zwischen dem Haus und den alten Hügeln, schäumte aus den Hochöfen der Stadt immerfort die Pest einer schwefligen Dunkelheit.«[12]

In *Der Antiquitätenladen* liefert Dickens eine der zahllosen Beschreibungen der schmutzigen Menschen dieser neuen Ordnung. Als Nelly und der Großvater heimatlos bei Nacht umherwandern, nähert sich ihnen »ein ärmlich gekleideter Mensch, mit rauchgeschwärztem Gesicht, aber scharfen Zügen«. Er bietet ihnen eine Zuflucht an: »Sie blickten auf und bemerkten am dunkeln Himmel ein glänzendes Licht wie von einem entfernten Feuer. ›Weit ist es nicht‹, sagte er, ›wenn Ihr mitkommen wollt? Ihr dachtet auf kalten Steinen zu nächtigen; wenn's auch bloß ein Lager von warmer Asche ist, das ich Euch bieten kann, besser als kalte Steine ist's noch immer. Was Beßres hab ich freilich auch nicht.‹«[13] Die Asche war das Bett der Armen und der Staub immer noch ihr täglicher Begleiter.

Die öffentliche Gesundheitsvorsorge faßt Fuß

Es gab einige Versuche, den Schmutz der neuen industriellen Städte zu verringern. Die neu eingerichteten öffentlichen Gesundheitsorganisationen untersuchten die Lage in der industriellen Gesellschaft sehr genau; dabei achteten sie besonders auf die Gefährdung durch Verunreinigungen und den wachsenden Abfall. Ihre Beamten gehörten mehrheitlich der Oberklasse an und identifizierten Krankheit mit der Arbeiterklasse und den Exkrementen, die in den Slums auf allen Gehwegen herumlagen. Alain Corbin meint, im Laufe des Jahrhunderts sei die Oberklasse zur »Geruchspolizei der Gesellschaft«[14] geworden. Sie war Bewußtsein und Feingefühl des Großen Saubermachens.

Die Geschichte des Großen Saubermachens als die einer einzigen Klasse oder sogar eines einzelnen Zeitalters zu erzählen, würde jedoch die Kontinuität der Geschichte des Abendlandes ignorieren. Die öffentliche Wasserversorgung und die Abwasserbeseitigung hatten bereits das Interesse der Griechen, Römer und der mittelalterlichen Zivilisation geweckt; gleiches trifft auf bestimmte Städte der Renaissance wie Urbino zu.[15] Im Zuge der Industriellen Revolution standen den Europäern die Werkzeuge zur Verfügung, mit denen sie sich noch weiter vom Staub distanzieren konnten. Sauberkeit wurde zu einer Angelegenheit guter Manieren. Ein Mensch gewann an Ansehen, wenn er saubere Kleidung und Schuhe trug. Dem Dreck und der Jauche zu entkommen, stellte ein lohnendes Ziel dar.[16]

Im 18. Jahrhundert begannen die zivilen Behörden, Wasser und Abfall zu regulieren und öffentliche Gesundheitsmaßnahmen durchzusetzen, um Epidemien vorzubeugen. Das Bürgertum auf beiden Seiten des Atlantiks war darauf erpicht, es zu Hause und im Kaffeehaus behaglich zu haben.[17] In vielen Bereichen der Gesellschaft kam es zu deutlichen Verbesserungen. Dazu gehörten die Ausweitung des Verkehrs, die Belebung von Handel und Handwerk, der Bau von Straßen und Kanälen, die Stärkung der Gesetze, die Systematisierung von Strafen und die Reform der Regierung. Die utopischen Denker des 18. Jahrhunderts entwickelten – angeregt vom sich ausbreitenden Reformgeist – die Vision eines Volkes, das gebildet und geordnet und auf keinen Fall derb und stinkend war.[18]

Die materiellen und moralischen Reformen des 19. Jahrhunderts erwiesen sich als hilfreiches Mittel, um Staub und Krankheiten zu kontrollieren. Offizielle Gewichte und Maße ersetzten die traditionellen; Wege wurden von Straßen verdrängt, die wiederum der Eisenbahn Platz machten. Politische Helden wetteiferten mit Priestern und Heiligen. Die Bankensysteme, die öffentliche Erziehung, das Zeitungswesen und der Militärdienst stellten Männer und Frauen in Reih und Glied auf und ließen sie Richtung Zukunft marschieren. Das 19. Jahrhundert verwandelte seine Bauern in Nationalbürger.[19]

Die Reformer wollten die Gesellschaft läutern und reinigen. Für die fanatischsten unter ihnen hieß das, den Schmutz an allen Fronten anzugreifen. Es bedeutete, die schmutzige bäuerliche Lebensweise abzuschaffen, das »dunkle und blutige« Vermächtnis des Mittelalters zu bekämpfen, Krieg gegen die ungerechte und willkürliche Herrschaft der Tradition zu führen und es Stück für Stück mit allem aufzunehmen, was schmutzig und verdorben war. Den Schmutz zu bekämpfen war identisch mit dem Vorhaben, alle Hindernisse beiseite zu fegen, die dem Potential der Menschheit im Wege standen. Das Ideal der Aufklärung, eine Symbiose aus moralisch und materiell Gutem, führte die Menschheit in eine völlig neue Ordnung.

Mehr Besen, als man benennen kann

Das Große Saubermachen war nicht einfach eine Angelegenheit von Idealen; es war auch eine Frage der Mittel. Die Industrielle Revolution produzierte zur selben Zeit, in der sie noch nie dagewesene Mengen und Arten von Staub erzeugte, eine Reihe von Erfindungen und Werkzeugen, um die Welt fleckenlos zu machen.

Wenn es etwas gab, was die Industrie gründlich tat, dann bestand es darin, die Natur in Staub zu verwandeln. Bergbau, Holzverarbeitung, Stahlherstellung und Druck – die neuen Industriezweige schufen neue Staube, als sie begannen, die Erde und ihre Rohstoffe zu bearbeiten. Mit Stahlpflügen, benzingetriebenen Traktoren und Baggern durchfurchten sie die Erde. Die Produktion und der Verbrauch dieses Zeitalters werden anschaulich von ihrem Staub dokumentiert, dem Staub, der sich in den Tiefen der Meere anhäufte, auf den Polarkappen und in den äußeren Schichten der Atmosphäre.

Eine mit Wasser angetriebene Saugpumpe in einem Bergwerk, ca. 1561; die Pumpen späterer Generationen sollten die englische Landschaft verwandeln.

Während die industrielle Gesellschaft Staub aufwirbelte, entwickelte sie paradoxerweise ein Arsenal an Werkzeugen und Chemikalien, um Körper, Haushalte und Städte zu säubern.[20] Besen, Bürsten, Schaufeln, Staubwedel, Waschbretter, Seifen und Ätznatron wurden in Massenproduktion hergestellt. Unter Einsatz von Dynamit, Kränen, Planiermaschinen und Bulldozern, die unglaubliche Mengen von Schmutz aufwirbelten, gestalteten die Menschen die Landschaft zu ihren Zwecken. Im Haushalt hingegen hielten der Bissell-Teppichreiniger und der Staubsauger Einzug (der in seinen frühen Varianten den Staub genauso wirkungsvoll verteilte, wie er ihn wegsaugte). Für Parks, Höfe und Straßen gab es Rasenmäher und Schläuche. Und an vorderster Front dieses Arsenals stand die allmächtige Wasserpumpe, die Wasser herbeischaffte, um Staub, Schmutz und Abfall zu entfernen – und die außerdem stehendes oder überströmendes Wasser abtransportieren konnte. Die Pumpe war schon »im England des 17. Jahrhunderts ein Symbol der Erlösung, denn sie war nicht nur die Antwort auf überflutete Bergwerke, sondern sie ermöglichte es auch, Wasser in die Städte zu bringen oder es von potentiellem Ackerland abzuleiten.«[21]

Die Massenherstellung von Kleidung steigerte die persönliche Sauberkeit und den Anspruch der Menschen.[22] Verbesserungen in der Nahrungsmittelherstellung und -verpackung befreiten Geschäfte und Haushalte von Essenskrümeln, Blut, Fliegen und ranzigem Geruch, die Erinnerungen an Schlachthäuser und Bauernhöfe heraufbeschwörten. In den 90er Jahren des 19. Jahrhunderts produzierten die Deutschen das Waschmittel – eine Seife aus Molekülen, die sich nicht mit dem Salz in hartem Wasser verbinden und ausgespült werden können – sowie das Shampoo – eine Seife, die mit dem einen Molekültyp Schmutz und Fett aus dem Haar entfernt, während ein anderer es fortspült.[23]

Mit der Ausbreitung der industriellen Gesellschaft wuchs das Angebot an Reinigungsmitteln und -werkzeugen, Farbstoffen und Farben. Dies waren die ersten Produkte der modernen chemischen Industrie, deren Wachstum sich ab den 80er Jahren rasant beschleunigte.[24] Sie offenbarten die Fähigkeit der Chemie, Rohmaterialien in Hilfsmittel zu verwandeln, mit denen die Erde gereinigt und gefärbt werden konnte. (Sie verstärkten außerdem die moderne Vorliebe, Optimismus mit Licht und Farbe gleichzusetzen und Pessimismus mit Dunkelheit und Schmutz.)

Als innovative Reinigungsinstrumente und -mittel das Alltagsleben neu definierten, wurden Markennamen Bestandteil der Umgangssprache.[25] Eine ganze Reihe der heutigen Industrieriesen haben ihren Ursprung in der Produktion der alltäglichen Güter, die dem Großen Saubermachen dienten. Im Jahr 1806 begann sich zum Beispiel Colgate-Palmolive ausschließlich auf den Verkauf von Kerzen, Seifen und Stärke zu konzentrieren. Procter & Gamble, eine Kerzen- und Seifen-

Seifenwerbung, ca. 1900

firma, die 1837 gegründet worden war, blühte in den 1870ern auf, als sie ihren ersten Chemiker einstellte; bald darauf wurde die weiße Seife erfunden; diese Entdeckung beförderte die Firma an die Spitze der Seifenindustrie. Samuel Curtis Johnson begann 1882 mit dem Verkauf von Wachs zur Pflege der Parkettfußböden, die er in seiner Racine Hardware Company anbot. Dieses Wachs wurde landesweit als Johnson's Wax bekannt. Ein anderer Johnson, ein Drogist aus Neuengland, schloß sich im Jahre 1886 seinem Bruder an und produzierte keimfreie Wundverbände; angeregt wurde er durch Joseph Listers Entdeckung, daß Keime in der Luft die Ursache von Infektionen sind. Die Brüder begannen mit der Herstellung eines medizinischen Pflasters, bald aber produzierten sie einen weichen, saugfähigen Gaze-Verband aus Baumwolle. Und so entstand Johnson & Johnson. Als Beispiel für die Verbindung von Reinigung und Verschönerung möge der junge Unternehmer David H. McConnell dienen, der 1888 beobachtete, daß die Kunden sein Werbeparfüm seinen Büchern vorzogen. Was McConnell in seiner Vorratskammer zusammenbraute und erfolgreich von Tür zu Tür verkaufte, entwickelte sich zu den ersten Produkten der Avon Corporation.[26] Eines Morgens im Jahr 1895 kam einem anderen ehrgeizigen Handelsvertreter, der sich über sein stumpfes Rasiermesser ärgerte, die Idee der auswechselbaren Rasierklinge. Sechs Jahre später gründete er mit der Hilfe eines ausgebildeten Maschineningenieurs die American Safety Razor Company, die schließlich als Gillette Company berühmt wurde.

Die Liste von Erfindungen legt nahe, daß die Geschichte des Großen Saubermachens nicht nur eine der Reformer und Hausfrauen ist. Sie dreht sich ebenso um Technologie und Business; ihre Protagonisten – fast ausschließlich Männer – beschäftigten sich mit Werkzeugentwicklungen, neuen Energiequellen (insbesondere mit der Perfektionierung der Dampfmaschine und des Benzinmotors), Metallurgie und neuen Baumaterialien.

Die Geschichte des Staubsaugers ist ein Teil der Erzählung vom Großen Saubermachen, den die neueren feministischen Geschichtsbücher über das Säubern ignorieren.[27] Diese Geschichte beläuft sich auf 150 Jahre vorwiegend männlicher Erfindungen, die darauf zielten, Schmutz und Staub auf Bürgersteig, Fußboden und Teppich zu bekämpfen. Sie beginnt bei riesigen, tragbaren Straßenstaubsaugern und klobigen Teppichfegern mit Bürsten, setzt sich mit unzumutbar schweren Hausstaubsaugern fort und endet beim abwechslungsreichen Angebot leichter Elektrosauger von heute, die Steine und Wasser genauso aufsaugen wie Staub. Sie schließt längst vergessene Namen ein: Booth und Booth (zwei Engländer), Herricks (ein Amerikaner), McGaffey (der als erster einen nicht-elektrischen Staubsauger patentieren ließ), Bissell (ein Mann aus Grand Rapids, Michigan, mit einer Allergie gegen Strohstaub), Dufour (eine Frau, die 1902 ein frühes Patent für einen einfachen Staubsauger besaß) und Spangler (ein Hausmeister aus Canton, Ohio, dessen starkes Asthma ihn dazu trieb, einen elektrischen Staubsauger zu erfinden). Spangler besuchte seine Cousine, Mrs. William H. Hoover, die ihren

Ehemann, der sich für Technik und Geschäfte interessierte, dafür begeistern konnte, die Maschine zu produzieren. Hoover wurde 1908 Präsident der neuen, nach ihm benannten Staubsaugerfirma, Spangler war sein Direktor.

Die Geschichte des Staubsaugers schließt auch Erfindungen ein, die zu recht vergessen sind – so »der Staubsauger, der durch einen Blasebalg angetrieben wurde, der an einem Schaukelstuhl befestigt war. Der Hausherr sollte – so die Idee – beim Schaukeln seine Abendzeitung genießen, während seine Frau staubsaugte.«[28]

Wasser, Licht und andere Elemente des Großen Saubermachens

Der Beitrag der Industriellen Revolution zum großen Saubermachen läßt sich in fünf Rubriken einteilen: neue Waren, neue Materialien, schmutz- und wasserresistente Oberflächen, Wasserkontrolle und Beleuchtung.

Die neuen Waren hatten viele Formen. Zu ihnen gehörten die Plastikzahnbürste, schwimmende Seife, Schuhcreme, Straßenreinigungsmittel sowie verpackte und gefrorene Lebensmittel. Letztere folgten dem Triumph des Kühlschranks und der Tiefkühltruhe über die Eisbox in den 30er und 40er Jahren des 20. Jahrhunderts. Zusammen mit der zunehmenden Menge verpackter und konservierter Lebensmittel bedeuteten tiefgefrorene Nahrungsmittel sauberere Geschäfte und Haushalte, da es in den Küchen, Höfen und Kellern weniger verdorbenes Gemüse, undichte Fässer und rostende Käfige gab; auch wurden dort weniger Tiere getötet. Auf der anderen Seite erzeugten all diese neuen Verpackungen Abfall, woraus sich ein Gesetz des Großen Saubermachens ableiten läßt: Wenn Staub und Schmutz verbannt werden, vervielfachen sich Abfall und Müll.

Mit dem Beginn der Massenproduktion von Baumwollkleidung erzeugte die Industrielle Revolution eine Reihe synthetischer Gewebe wie Nylon und Reyon. Diese Gewebe waren viel leichter zu pflegen als Wolle. Die Bekleidungsindustrie, die zur Herstellung von Leder und Pelzen reichlich Tiere tötete, kleidete die Massen in bunte, billige Kleidung und Schuhe. Die Massenherstellung von Unterwäsche wurde hochprofitabel: Im Jahr 1868 verdienten die britischen Hersteller nach eigenen Angaben mit dem Verkauf von 3 Millionen Korsetts 1 Million Pfund.[29] Die französischen Erzeuger wollten konkurrenzfähig bleiben und steckten die große Mehrheit der Französinnen erfolgreich in Unterhosen. Die chemische Industrie schuf nicht nur neue Gewebe für Kleidung, Bettwäsche und Vorhänge, sie produzierte für sie auch Fleckentferner und Farbstoffe.

Dank der neuen Materialien entwickelten die Chemiker außerdem neue Oberflächen.[30] Diese waren heller, glatter, widerstandsfähiger gegen Hitze, weniger durchlässig für Flüssigkeiten und zudem weniger empfänglich für Staub und Schmutz. Beton, Gußeisen, Stahl, Aluminium, Chrom, Wachstuch, Gummi, Plastik, Bakelit, Vinyl und Teflon waren die Namen der frischen, leuchtenden und farbigen Oberflächen, zwischen denen die Städter des Westens zu leben und arbeiten begannen.[31] Linoleum (das in England seit 1860 und in den USA seit 1925 hergestellt wurde) und andere synthetische Bodenbeläge erleichterten das Wischen der Fußböden. Verputz machte die Wände glatter; billigere Farben und Tapeten verdeckten Risse und schufen sauberere, farbigere Räume. Schließlich wurden sogar die Feldsteine der Kellerwände durch Backsteine, Blöcke oder Betonguß ersetzt. Die neuen Materialien besaßen weniger Zwischenräume, in denen sich Staub und Ruß ansammeln konnten, und sie eigneten sich für einfacheres Säubern. Die Revolution der Haushaltswaren, die die Küche und das Badezimmer in diesem Jahrhundert verwandelten, hing untrennbar mit diesen neuen Materialien und ihren glänzenden Oberflächen zusammen.[32]

Fußbodenbeläge wurden allmählich eine Selbstverständlichkeit. Mit Teppichen, die früher selten gewesen waren, konnten die Menschen ihre Wohnungen bequem und heimisch einrichten und damit die Art von Wohnraum schaffen, die wir Zuhause nennen.[33] (Zweifellos produzierte die ursprüngliche Funktion des Teppichs, nämlich den Schmutz unten auf dem Fußboden zu halten, nicht diese makellose Wirkung, die heutige Teppiche haben.) Um 1900 begannen dann neuartige Fußbodenbeläge mit dem Teppich um dessen Vorherrschaft zu konkurrieren. Ihre Anhänger beschuldigten die Teppiche, »die Luft zu verpesten, weil sie nach unreinem Gas riechen, die feinsten und durchdringendsten Staube unter sich verstecken und andererseits Partikel aus feiner Wolle in die Atmosphäre freisetzen.« Eine Firma für Inneneinrichtungen und künstlerische Holzfußböden aus Pennsylvania stellte die Behauptung auf – sie sollte später zu einem Standardangriff gegen Teppichböden werden –, daß »die besseren Teppichsorten mit Kuhhaaren, Reißwolle und anderen ungesunden Materialien vermischt« seien und deshalb einen möglichen Zufluchtsort für infektiöse »Mikroben und Bazillen darstellen, die in der Atmosphäre umherschwirren.«[34]

Um all diese neuen Oberflächen zu schützen, entwickelte die chemische Industrie eine Reihe neuer Farben und Überzüge. Bereits 1804 erzeugten Chemiker weißes Blei, ein wichtiges Pigment der Farbe, das die industrielle Gesellschaft in die Lage versetzte, die Risse und Kanten einer rauhen Welt zu glätten. Der erste Lack wurde 1815 verkauft; die erste gebrauchsfertige Farbe war 1867 erhältlich; und der erste schnelltrocknende Nitrolack erschien 1923. Während der 40er und 50er Jahre kamen schnelltrocknende Phenole, Farben und Lacke, die aus neuen chemischen Basen hergestellt wurden, auf den Markt und halfen, die Oberflächen der Welt weiter zu verwandeln.

Eines der wichtigsten Werkzeuge im Säuberungsarsenal der Industriellen Revolution war das Wasser, das allererste Reinigungsmittel auf der Welt. Neue Metalle, Gummi- und Plastiksorten versetzten die Menschheit in die Lage, große

Mengen von Wasser zu fördern, pumpen und anschließend durch Rohre zu leiten. Es wurde zügig über riesige Entfernungen und durch Engpässe transportiert. Anders als die unregelmäßigen Steinkanäle, die seit der Antike in Gebrauch waren, und die ausgehöhlten Baumstämme, die seit 1721 Londons Hauptwasserrohre bildeten, ergaben Gußeisen, Stahl und Zement ideale Röhren für große Wassermengen. In den Haushalten und Geschäften erwiesen sich Kupferröhren sowie Gummi- und Plastikschläuche als hervorragende Behältnisse für Wasser.

Die Technologien der modernen Installation verwandelten das Wasser in ein gefügiges Werkzeug und einen mächtigen Verbündeten.[35] In Stadt und Land ging die Kontrolle über das Wasser Hand in Hand mit der Kontrolle von Grund und Boden. Be- und Entwässerung spielten in der modernen Geschichte eine entscheidende Rolle. Wasser machte Felder fruchtbar und Städte und Haushalte komfortabel und hygienisch. Asa Briggs bemerkt in einer Abhandlung über viktorianische Städte in England: »Ihre vielleicht hervorragendste Attraktion war dem öffentlichen Blick verborgen – das versteckte Netzwerk aus Röhren, Abflußrohren und Abwasserkanälen, eine der größten technischen und sozialen Errungenschaften des Zeitalters, ein Sanitär›system‹, das umfassender war als das Verkehrssystem.«[36] David Pinckney bezeichnete das Abwassersystem im Paris des Zweiten Kaiserreiches als einen der technischen Triumphe des 19. Jahrhunderts. Es trug zum entscheidenden Rückgang der durch Wasser verursachten Krankheiten in Paris bei und erlaubte den Parisern des Jahres 1900, die Worte zu wiederholen, die Jean-Jacques Rousseau einst beim Abschied von der Stadt, die er so bewunderte und haßte, gesagt haben soll: »Adieu ville de boue« (Lebewohl, Stadt des Drecks).[37]

In den USA gingen die Fortschritte in den Bereichen Sauberkeit und Hygiene auf Reformen in Politik und Verwaltung zurück. New York mußte bis in die 1840er Jahre auf eine gesunde öffentliche Wasserversorgung warten.[38] Solche Systeme bedurften einer neuen Technologie, wie zum Beispiel riesiger Pumpen und gußeiserner Röhren.[39] Letztere wurden 1817 zum ersten Mal auf einer Länge von circa 130 Metern von den Wasserwerken Philadelphias benutzt; noch in den 1840er Jahren verwandte die Stadt Detroit, die schließlich für ihre großartigen Wasserwerke bekannt werden sollte, ausgehöhlte Lärchenstämme, um Wasser zu transportieren. Obwohl in Hunderten von Städten in den 70er Jahren Wasserwerke installiert worden waren, gab es – worauf Joel Tarr hinweist – nur in wenigen Abwassersysteme, denn man glaubte, daß diese Technologie unnötig, umstritten und zu kostspielig sei.[40]

Am Ende des Jahrhunderts verfügten Schulen und Krankenhäuser über fließendes Wasser, und Schmutz und Staub hatten einen Großteil ihrer Macht über die Gesellschaft eingebüßt. Dank der Verfügbarkeit öffentlichen Wassers wurde das Waschen des ›Großen Ungewaschenen‹ zu einer Möglichkeit, einer Praktikabilität und einer Mission, wie Marilyn Williams in ihrer Geschichte des öffentlichen Bades im städtischen Amerika meint.[41] Im Jahr 1950, als Wasserhähne und Toiletten in die Mehrzahl der Haushalte der westlichen Welt Einzug gehalten hatten, ließen die einfachsten Menschen dieses Jahrhunderts hinsichtlich Wohltat und Behaglichkeit die Aristokraten von Versailles aus dem 18. Jahrhunderts weit hinter sich.[42]

Bevor die Menschen aber sich selbst und ihre Welt säubern konnten, mußten sie erst einmal wahrnehmen, wie schmutzig sie waren. Sie mußten sich des Schmutzes und des Drecks bewußt werden und die Quelle fauliger Gerüche erkennen. Sie benötigten Licht – das fünfte wichtige Werkzeug des Großen Saubermachens.[43] Am Ende des 18. Jahrhunderts betrachteten die Londoner die Straßenbeleuchtung als eine Angelegenheit der öffentlichen Sicherheit. Pius IX., den man heute als den reaktionärsten Papst des 19. Jahrhunderts beschreibt, galt als ziemlich progressiv, als er 1846 in Rom die Straßenbeleuchtung einführte. Licht machte die Nacht zum Tag – und mit dieser Verwandlung gingen die Verschönerung der Ewigen Stadt und das Versprechen, selbst die Dunkelheit zu reformieren, einher. In erleuchteten Städten konnten die Menschen nach Sonnenuntergang noch einkaufen, bummeln und spielen.[44] Kriminelle und unangenehme Elemente wie Staub und Schmutz konnten nicht länger im Dunkeln lauern. Nach dem französischen Denker G. Bachelard »leben wir im Zeitalter des verwalteten Lichts.«[45]

Beleuchtung sorgte für Leben auf den Straßen, sie half bei der Navigation von Schiffen, versorgte Leuchtfeuer und Verkehrszeichen, um die Verkehrsströme der Zivilisation zu regeln, und verlängerte den Arbeitstag. Scheinwerfer wurden auf Autos und Zügen montiert. Die Elektrifizierung, die sich in den 1920er und 30er Jahren verbreitete, bedeutete das Ende der nächtlichen Dunkelheit – und verscheuchte zahllose Bewohner des Dunklen. Mit einem einzigen Drehen des Lichtschalters verschwand die Welt der Vergangenheit.

Das Licht steigerte den Glanz der neuen Waren und Oberflächen. Gas und elektrisches Licht eliminierten den Ruß von Fackeln, Kerzen und Feuern. Dachstuben, Keller und Wandschränke beherbergten nicht länger Dunkelheit und Schmutz. Gasherde wurden nicht nur deshalb gerühmt, weil sie Zeit und Arbeitsaufwand bei der Essenszubereitung verringerten, sondern auch, weil sie die Köchinnen von der ständigen Beseitigung der Asche und Schlacke aus den Kohle- und Holzöfen befreiten.[46] Licht brachte auch die Farben deutlicher zur Geltung. Es ließ neue Metalle und Legierungen (insbesondere Chrom, Stahl und Aluminium) leuchten und Kunststoffe und Emaille strahlen.

Durchsichtiges Glas – nunmehr maschinell hergestellt, gefärbt, homogener, nicht-leitend und hoch widerstandsfähig gegen Witterungseinflüsse – wurde immer populärer, weil es die Innenräume viel heller machte.[47] Glasfenster hielten in immer mehr Haushalten und Geschäften Einzug. Zahllose Fotografien vom Beginn des 20. Jahrhunderts zeigen einen einzelnen Kaufmann und eine kleine Gruppe von Verkäufern im Sonntagsstaat, die in uns heutzutage dunkel und überladen vorkommenden Räumen vor erleuchteten Vitrinen stehen. Glastüren in Schränken und Gebäuden und Glasfenster in Geschäften, Zügen und Autos erlaubten der Welt, nach draußen und drinnen zu sehen. Flaschen aus Glas (und später auch aus durchsichtigem Kunstoff), Gläser und Schaukästen stellten die Waren einer im Überfluß lebenden Gesellschaft zur Schau. Einige Zeit später spielte auch Zellophan eine wichtige Rolle beim Erschaffen einer durchsichtigen Welt.

Die Massenanfertigung von standardisierten Brillen, die immer häufiger aus Glas statt aus Quarz bestanden, gab in der zweiten Hälfte des 19. Jahrhunderts immer mehr Menschen das Rüstzeug, die hellen neuen Dinge tatsächlich zu sehen. Die Ärzte konnten dank beleuchteter Praxen und einer neuen Ära in der Körper- und Labordiagnose Einzelheiten im und am Körper sorgfältig untersuchen. Sie begannen den Körper mit standardisierten, hygienischen und präziseren Instrumenten zu erforschen:[48] Damit führten sie eine neue Herrschaft der Präzision in die Medizin ein.[49] Die Augenärzte blickten tiefer als je zuvor in das menschliche Auge, während die Chirurgen so viel künstliches Licht auf das Innere ihrer Patienten richteten, wie ihnen möglich war. Theaterscheinwerfer beleuchteten Schauspieler und Opernsänger in bislang unbekanntem Ausmaß.

Die Gesellschaft des 19. Jahrhunderts konnte mit all ihren neuen und sauberen Oberflächen prahlen – nun, da ihr das Licht zu Gebote stand. Der Kristallpalast, der für die große Ausstellung des Jahres 1851 im Londoner Hyde Park gebaut wurde, war der vollkommenste Ausdruck des architektonischen Fortschritts dieses Zeitalters. Die Glasmenge, aus der er bestand, entsprach einem Drittel der gesamten englischen Produktion des Jahres 1840. In ihm drückt sich das Selbstvertrauen einer Handelsmacht aus, die bekunden will: »Laßt das Licht auf unsere Waren leuchten.«[50]

Die Produktion noch nie dagewesener Mengen an Waren, Materialien und abwaschbaren Oberflächen in der Industriellen Revolution entfachte die Leidenschaft der Reformer für eine Welt ohne Makel. Sie wurden ermutigt, die Luftschlösser der Zivilisation ernst zu nehmen. Reichlich vorhandene billige Seife half dabei. Nach einer Schätzung stieg der Seifenverbrauch im 19. Jahrhundert um das Vierfache.[51] Deodorants und andere Erzeugnisse der pharmazeutischen Industrie hüllten die Zivilisation in den Duft einer reinen, perfekten Welt.

Schönheit, Hygiene und Gesundheit näherten sich einander immer stärker an. Jede von ihnen spielte eine bedeutsame Rolle bei der Verinnerlichung des Großen Saubermachens. Die neuen Entdeckungen und Erfindungen gingen der Phantasie voraus. Aber als diese erst einmal angeregt war, ließ sie – von Wünschen und Möglichkeiten angetrieben – die Wirklichkeit weit hinter sich: Alles konnte, sollte und würde rein sein.

Auf dem Weg zu Sauberkeit und Sittsamkeit

Diese Wandlung ging natürlich nicht allein durch Wünschen vonstatten; außerdem war sie am Ende des 19. Jahrhunderts bei weitem noch nicht beendet. In den Städten lebten die Menschen immer noch zusammengepfercht. Der Müll wurde nach wie vor auf die Straßen geworfen. Fließendes Wasser und Wasserleitungen blieben weiterhin Luxus, und Badezimmer waren bei weitem noch nicht selbstverständlich. Auch die Bedingungen auf dem Lande waren noch immer erbärmlich. Die Dörfer versanken nach wie vor in Staub und Dreck; Krankheiten grassierten. Abgelegene Ortschaften mußten bis nach dem 2. Weltkrieg auf Wasserleitungen und Elektrizität warten.

Trotzdem hatte sich in Stadt und Land Entscheidendes verändert. Die Pariser Frauen mußten, wie Eugen Weber anmerkt, ihre Röcke nicht mehr lüften; Zigaretten wurden nicht mehr mit der Hand gedreht, und Schnupftabak geriet aus der Mode. Die Menschen spuckten nicht mehr so oft auf die Straße und benutzten seltener die Hand, um sich zu schneuzen. Es gab mehr Linnen, es wurde mehr gewaschen, und es gab auch mehr Taschentücher. Immer mehr Menschen konnten zählen, lesen und die Zeit auf ihren Uhren ablesen. Jede dieser Fähigkeiten war notwendig, um in der Industriegesellschaft zu überleben. Künstliches Licht erlaubte den Menschen, die Tage zu ihrem Nutzen und zu ihrer Freude auszudehnen. Die Abfalleimer aus Wellblech, die 1883 auf Anordnung des Präfekten Poubelle eingeführt wurden, fügten der frühmorgendlichen Symphonie in Paris eine neue Note hinzu. 1894 erließ Poubelle eine Verordnung, nach der sämtliche Abwässer direkt in die Abwässerkanäle einzuleiten waren: *tout à l'égout* - alles ins Abflußrohr![52]

Auch auf dem Land erfuhr das Leben einen dramatischen Wandel. Öffentliche Schulen, Geldwirtschaft und Banken trugen genauso ihren Teil dazu bei wie Besuche von Verwandten aus der Stadt, die in Büros arbeiteten und den Dorfbewohnern neue Möglichkeiten eröffneten. Wehrpflichtige junge Bauern, die in den Städten stationiert waren, entdeckten eine Welt der hellen Lichter. Die Politik verband die ländlichen Orte mit den Städten: Straßen und Eisenbahnen transportierten Waren herbei und lösten damit eine Flut von Wünschen und Neidgefühlen aus. Wie Weber bemerkt, konnten sich die meisten Menschen, obwohl die Bauern immer noch ihre Holzschuhe *(sabots)* getragen haben mögen, um 1900 herum ein zweites Paar Schuhe leisten, das sie in der Stadt oder bei einem Fest trugen. »Um 1920 und danach«, zitiert Weber den bretonischen Schriftsteller Pierre Jakez Hâelias, »gingen die Bauern nicht mehr wie ihre Väter. Der Grund liegt darin, daß sie andere Schuhe tragen; die Straßen sind geteert; es gibt nicht mehr so viele Gefällstrecken.«[53] Das Land wurde allein durch das Angebot an Waren verändert, während die westliche Gesellschaft in eine Epoche der »Akkumulation und Expansion« eintrat.[54]

Susan Hanson hat die in der Umwälzung begriffene neue ländliche Welt skizziert, indem sie Geschäftseinrichtungen, Photographien von Läden und Versandhauskataloge aus dem Staat Virginia vom Ende des 19. und dem Beginn des 20. Jahrhunderts untersuchte.[55] Sie entdeckte, daß die Auslöser des Wandels bescheidener Natur waren: Die Menschen besaßen mehr Bettwäsche und Kleidung, was die vermehrten Verkäufe von Gingan, Flannell und Musselin belegen. Die steigende Anzahl besserer Besen und verzierter Nachttöpfe machte die wachsende Distanz der Menschen von ihren Stauben und Abfällen deutlich. Kochherd und Kerosinlampe – zwei wichtige Faktoren, die das ländliche Leben dieser Zeit neu ordneten – veranlaßten die Landbewohner, mehr Streichhölzer und Dochte für ihre Laternen zu kaufen und mehr Schornsteine zu bauen.[56] Auch Besen und Bürsten aus Fabrikproduktion halfen, das Königreich des Staubs hinwegzufegen. Laugen, Waschbretter und Seifenriegel erleichterten das Wäschewaschen. Fliegenfenster, Insektenpulver, Fliegenpapier und Rattengift kündigten einen verschärften Krieg gegen einige der ältesten Feinde der Landbevölkerung an. In einer energischen Anstrengung, mit den Gebrechen von Körper und Geist aufzuräumen, wurde eine erstaunliche Vielfalt an patentierten Arzneimitteln (oft mit Branntwein oder Rum versetzt) gegen Schmerzen und Leiden aller Art eingesetzt; Opiate wurden benutzt, um geistige Störungen zu behandeln. Zur gleichen Zeit zeigten Männer und Frauen verstärktes Interesse an den schöneren Seiten des Lebens und kauften vermehrt Banjos, Bücher und Petticoats.

Der neue Besen verteilt den Staub neu

Zwischen 1865 und 1925 erfreuten sich die Männer und Frauen auf dem Land eines gesünderen Lebens, obwohl sie noch immer von Staub und Schmutz umgeben waren. Im Jahr 1900 war der Lebensstandard der Europäer und Nordamerikaner enorm gestiegen. Immer mehr Menschen lebten relativ unbehelligt von Krankheiten. Die Sterblichkeitsrate bei Säuglingen begann zu fallen.[57] Verbesserungen in der Hygiene und bei der Wasserversorgung, die auf die beachtlichen Meisterleistungen der Ingenieurskunst zurückgingen, verringerten die Ausbreitung von Typhus und Cholera. Eine umfassendere Versorgung von Mutter und Kind, die steigende Qualität in den Bereichen Hygiene und Wohnbedingungen, gehaltvollere Nahrung, niveauvollere Erziehung und tatkräftige Regierungen – all das ergab zusammen eine gesündere Umwelt.

Wie ein großer Besen fegte die Industrielle Revolution den Staub in die Rinnsteine und an die Ränder des städtischen Lebens. Der Staub nahm einen anderen Charakter an. Statt wie früher aus Dung und Pollen zu bestehen, enthielt er nun immer häufiger Ruß, Asche und Rauch, die von den frühen Unternehmern als Zeichen des Fortschritts gedeutet worden waren. Stadtstaub war eine uneinheitliche Mixtur aus dem Sand der Baustellen und Fabrikabfällen aller Art. Entlang der Bahnstrecken und auf den Fabrikhöfen waren Ruß und Müll so alltäglich, wie Pollen und Dung selten waren. Der Staub setzte sich aus dem zusammen, was die Gesellschaft herstellte und verbrauchte. Er war in zunehmendem Maß mit Metallsplittern und Glasscherben vermischt. Gießereien, Fabriken und Baustellen produzierten ihre eigenen, besonderen Staube. Diese unterschieden sich von Stadt zu Stadt, von Nachbarschaft zu Nachbarschaft und selbst von Arbeiter zu Arbeiter. Kinder erkannten ihr Zuhause und ihre Eltern an deren charakteristischen Stauben.[58]

Im 19. und bis weit in das 20. Jahrhundert hinein produzierte die Industrie außerordentliche Mengen an Staub, die Erde, Wasser und Luft verunreinigten. J. R. McNeill bemerkt in einer Rezension der kürzlich erschienenen *Environmental History of Britain since the Industrial Revolution* von B. W. Clapp: »Die Wasser des Flusses Calder (ein Nebenfluß des Humber) konnte man in den 60er Jahren als graue Tinte verwenden; und ... im gleichen Jahrzehnt amüsierten sich irgendwelche Bengel regelmäßig damit, das Wasser des Bradford Kanals in Brand zu stecken. Im Jahr 1936 war das Wasser des Flusses Trent auf einer Länge von 210 Kilometern für jegliches tierisches und pflanzliches Leben tödlich.«

Nichtsdestotrotz verschwanden in den nächsten 60 Jahren im Westen eine Menge altmodischer Staube nahezu vollständig –zusammen mit ihren Quellen: Frühe Industrieanlagen, defäkierende Pferde, offene Abwasserkanäle und ungepflasterte Straßen machten einer saubereren und ordentlicheren Zeit Platz. Der Staub, der einst ein gewöhnlicher Stoff des Alltagslebens gewesen war, verschwand aus der Stadt wie der Bauer aus dem neuen industriellen, demokratischen Leben.

Der Staub definierte nicht länger das Kleine, und das Kleine war nicht länger identisch mit Staub. Im 20. Jahrhundert wurde das Endliche eine Angelegenheit von Atomen und Mikroben – und ihrer Kontrolle durch den Menschen. Das große Saubermachen bereitete die Menschheit auf ihre Begegnung mit diesen bis dahin unbekannten Wesen vor. Die Industrielle Revolution, die die Gesellschaft mit den Werkzeugen zum Aufwischen und Aufpolieren der Welt ausgestattet hatte, richtete nun den Blick der Menschheit nach innen auf noch nie erblickte Dinge.

KAPITEL FÜNF

Atome und Mikroben: Neue Führer in die Welt des Kleinen und Unsichtbaren

Denn das unendlich Kleine ist dem unendlich Großen gleichwertig.
Maurice Maeterlinck, »Das Leben der Ameisen«

Wenn man einen Tropfen Wasser auf die Größe der Welt vergrößerte, dann wären die Atome in ihm ungefähr so groß wie Kricketbälle.
Lawrence Bragg, »Das Atom«,
in: »A Short History of Science«

Wir teilen die Welt mit einer unglaublich großen Menge unsichtbarer Dinge.
A. L. Baron, »Man against Germs«

Im 20. Jahrhundert gehen Kleinheit und Staub getrennte Wege. Wir haben neue unsichtbare Ordnungen in der Welt und im menschlichen Körper gefunden, und unsere Hoffnungen und Ängste, unsere Industrie und Gesellschaft konzentrieren sich in wachsendem Maß auf diese unsichtbaren Strukturen und Lebensformen. Zwei der mächtigsten, die in diesem Jahrhundert entdeckt wurden, sind die Atome und die Mikroben. Beide besitzen eine Macht, wie sie die mittelalterlichen Menschen allein dem Himmel zuschrieben. Sie haben dem Staub als dem ursprünglichen Vertreter des Kleinen den Rang abgelaufen, und sie haben umgekehrt Staubpartikel voneinander abgegrenzt und definiert.

Auf dem Weg nach 10^{-16}

Zu Beginn des 20. Jahrhunderts dachten nur wenige Menschen in der westlichen Zivilisation über Atome nach oder wußten gar von ihrer Existenz. Die neu entstehenden geistigen Ordnungen des Unsichtbaren hatten die Aufmerksamkeit der Öffentlichkeit noch nicht erregt, und noch viel weniger waren sie zu Gegenständen des Interesses geworden. Selbst wenn einige Menschen wußten, daß 10^{-1} Sekunde (ein Zehntel einer Sekunde) einem Augenblinzeln entspricht, was hätten sie mit der Bemerkung anfangen können, daß 10^{-23} Sekunden die Zeit angibt, die ein Photon, ein Lichtpartikel, benötigt, um den Kern eines Atoms zu durchqueren?[1]

Die Spekulationen des römischen Atomisten Lukrez aus dem 1. Jahrhundert n. Chr. waren der Welt im Jahr 1900 genauso fern wie seiner eigenen Zeit. Nur wenige mögen die Poesie in seinem *De rerum natura* empfunden haben – jenem Gedicht über »[die] Natur, [die] von unsichtbaren Körpern [angetrieben wird]«, diesen »nichtsichtbaren Körpern, welche die Länder und Meere, nicht minder die Wolken des Himmels / Fegen und mit sich reißen in plötzlichem Wirbel verheerend.«[2] Nach Lukrez' Theorie brachen Atome in widersprüchlicher und anthropomorpher Weise aus ihren unwandelbaren Bahnen aus, um die menschliche Freiheit zu beschützen. Sein Hauptanliegen war es, die Ereignisse in der Natur zu ordnen und auf diese Weise die Kräfte und Taten der zahlreichen launischen Götter zu zerstreuen.

Offenbar fand Lukrez selbst in seiner Theorie keinen Trost; denn für Ereignisse nicht die Götter, sondern Atome verantwortlich zu machen, übertrug die Verantwortung für menschliches Elend lediglich vom Himmel auf einen unerbittlichen atomaren Mikrokosmos. Folgerichtig beendet Lukrez sein *De rerum natura* mit einer düsteren Beschreibung der großen Pest von Athen: Diejenigen, die die Kranken pflegten, fanden sich schnell selbst zwischen den Sterbenden. Und so »folgte Tod auf Tod«, Haufen aus Leichen füllten die Dörfer, tote

Eltern lagen auf sterbenden Kindern. In den Städten, in welche die todgeweihten Dörfler strömten, konzentrierten sich die Leichen rund um die Brunnen und die verehrten Schreine gleichgültiger Götter. »Die ganze Nation«, schließt Lukrez, »war außer sich vor Schrecken.«[3] Welcher Trost bestand in dem Wissen, daß Atome all das ohne jede Boshaftigkeit verursacht hatten?

Damals hätte sich niemand für diese unnahbaren kleinsten Lebensformen begeistert – und das gilt auch heute noch. Die Menschen sind nie besonders erpicht darauf, eine Wissenschaft in ihr Herz zu schließen, die lehrt, daß »die Sterne ... blindlings umherziehen«[4], um Tennyson zu zitieren. Mit dem Beginn des 20. Jahrhunderts wandte sich die Wissenschaft nichtsdestotrotz dem Kleinen zu, um das Große zu erklären. Die wichtigsten Schritte auf ihrem Abstieg in den atomaren Mikrokosmos waren die Entdeckung des Sauerstoffs durch Priestley, Boyles Arbeiten über Gase, die triumphale Verwendung der chemischen Nomenklatur durch Lavoisier, Daltons Atom- und Mendelejews Periodentabelle. Dalton erklärte, »der große Gegenstand« seines *Neuen Systems des chemischen Theiles der Naturwissenschaft* sei gewesen, die »Bedeutung der Feststellung der relativen Gewichte der Elementarpartikel von sowohl einfachen wie auch zusammengesetzten Körpern zu zeigen«.[5]

In den letzten Jahrzehnten des 19. Jahrhunderts begann das Atom – der unteilbare Kern, die Nuß, die nicht geknackt werden konnte – allmählich sein Geheimnis zu verlieren. 1895 entdeckte Wilhelm Röntgen die nach ihm benannten Röntgen-Strahlen, 1896 A. H. Bequerel die Radioaktivität im Uran und J. J. Thomson 1897 das Elektron. 1898 entdeckten Marie und Pierre Curie Polonium und Radium, indem sie mühsam ein Gramm Radiumsalze aus acht Tonnen Pechblende isolierten. Bequerel und die Curies zeigten gemeinsam, daß Partikel in Form von Radioaktivität aus »dem unteilbaren Atom« herrührten.

Diese Pionierleistungen waren die Geburtsstunde der Nuklearphysik und eines vollständig neuen Mikrokosmos. Die Bandbreite dieser Miniaturwelt wird durch die Entdeckung des Wasserstoffatoms belegt, das einen Durchmesser von 10^{-10} Metern hat, und einen Atomkern, der ganze 10^{-16} Meter im Durchmesser aufweist. Von letzterem aus bewegten sich die Physiker des späten 20. Jahrhunderts weiter zu den subatomaren Partikeln, die 10^{-30} Meter messen, und zu noch kleineren Dingen. Heutzutage untersuchen die Physiker »Dinge«, die überhaupt keine Masse besitzen und keinen Raum einnehmen.

Für die Physiker des 20. Jahrhunderts schien nichts zu klein, um nicht geteilt zu werden, außer vielleicht das Elektron. Und was ist dieses Klümpchen Existenz anderes als ein winziges Stück negativ geladener Energie? Die Physik versuchte alles, auf das sie stieß, in zwei Teile zu zerschneiden. Fortwährend stellte sie sich die Frage: Was ist jenseits der Grenze? Wenn man die Reise nach innen in den Größenbereich von 10^{-16} Metern einer Reise von 10^{+16} Metern im Weltraum gleichsetzen würde, dann entspräche die Reisestrecke der 3.250fachen Entfernung zur Sonne und zurück. Ein anderes Maß beim mikrokosmischen Abenteuer der Nuklearphysiker ist die folgende unbegreifliche Zahl: In einem Fingerhut existieren in jedem einzelnen Augenblick 1 Million Billionen Billionen Billionen (10^{42}) Elektronen – und Sie bekommen immer noch Ihren Daumen hinein.[6]

Leo Lederman schreibt in *The God Particle* über jene modernen Physiker, die die »etablierten Ganzheiten« wie das Proton und das Neutron hinter sich gelassen haben. Diese Befürworter der »Superstring-Theorie« setzen die Existenz einer neuen Art von Partikeln voraus, die einen Durchmesser von weniger als 10^{-35} Metern haben.[7] Ein einzelnes dieser Partikel ist zu fein in Bewegung und Größe, um es identifizieren zu können; von einem anderen, dem seltensten und schwersten von allen, nehmen die Wissenschaftler an, daß es erst einen Sekundenbruchteil nach dem Urknall vor 15 Milliarden Jahren geboren worden sei. Im Jahr 1994 feierte die Wissenschaft die Entdeckung eines seltenen Mutterpartikels, das man Top-Quark nannte (der Begriff *quark* wurde vermutlich aus *Finnegans Wake* von James Joyce entnommen).[8]

Diese unsichtbare Welt ist alles andere als vorhersehbar. Anders als das alte materialistische Modell der atomaren Welt, das Materie als einen Haufen Billardkugeln postulierte, die um einen leeren Raum kreisen und gelegentlich aufeinanderprallen, ist dieses neue Reich des Unsichtbaren komplex, mannigfaltig und fein; seine Gestalt und seine Bewegungen werden oft nur durch schwache und flüchtige Spuren angezeigt, die auf den empfindlichsten Maschinen aufgezeichnet und dann statistisch verallgemeinert werden. Edward Harrison spekuliert: »Ein Partikel ... ist ein pulsierendes Geschöpf aus einer kleinen, kunstvoll hergestellten Welt.«[9]

Wie Harrisons Zitat zeigt, nehmen die Physiker oft Zuflucht zu Metaphern, um ihr Gefühl für ein Universum zu vermitteln, das zu komplex ist, um in irgendetwas anderem als der komplexesten und geheimnisvollsten mathematischen Sprache beschrieben zu werden.[10] Stephen Hawking hat die Existenz der Schwarzen Löcher populär gemacht, die entstehen, wenn ein Stern unter seiner eigenen Schwerkraft in sich selbst zusammenbricht und sich zu einem Volumen von Null verdichtet.[11] Kürzlich hat Hawking dahingehend argumentiert, daß Schwarze Löcher irgendwie »lecken«. So könnte man sagen, daß immerhin irgendetwas aus dem Nichts kommt. Die abstrakte, ursprüngliche und paradoxe Poesie von alldem ist nicht zu übersehen. Niels Bohr argumentiert dann auch, daß Poesie erforderlich sei, »wenn es um Atome geht.«[12]

In der ersten Hälfte des 20. Jahrhunderts blieb die Sprache der Physik die Domäne einiger weniger Wissenschaftler. Die meisten Menschen vernahmen keinen Wohlklang in den Rotationen des Atoms oder im Tanz der Energie. Sie empfanden keine Wertschätzung für die subatomaren Entdeckungen von Thomson, Röntgen, Bequerel, der Curies oder Ernest Rutherford, obwohl diese Entdeckungen so populäre Innovationen wie Radio und Fernsehen ermöglichten. Das Atom als

Gegenstand von Theorie oder Thema für Metaphern war leicht zu ignorieren. Tatsächlich zog vielleicht die gesamte Galaxie der Atome weniger Interesse auf sich als ein einzelner Ameisenhügel, der, wie Maeterlinck beobachtet, eine verborgene Kopie unserer menschlichen Wege und unseres Schicksals enthält.[13] Aber die Ergebnisse der damaligen Physik konnten nicht auf ewig ignoriert werden. Um es mit den Worten von Charles Gillispie zu sagen: »Physik ist Macht. Sie ist Erziehung. Sie ist Bildung. Zumindest in einem materiellen Sinn enthält sie alle Dinge für alle Menschen, die Hoffnung oder das Ende der Welt.«[14]

Die Bedeutung des Atoms drang der Welt mit dem Blitz der beiden Atombomben, die die USA 1945 auf Japan abwarfen, abrupt ins Bewußtsein. Die im Atom eingeschlossene Kraft wurde blendend sichtbar. Diese Kraft offenbarte sich in den Verwüstungen, die die Bombe anrichtete, in der militärischen Kapitulation, die sie verursachte, und im Wettrennen um Nuklearwaffen, das sie hervorrief. Selbst ohne das Wissen um all die Gefahren und Verwendungsmöglichkeiten von Radioaktivität war die Öffentlichkeit gezwungen, über die Macht des Atoms nachzudenken. Etwas Ungeheures war aus etwas Winzigem entstanden. In den 50er Jahren lernten selbst die Jungen und Mädchen in der Grundschule das Symbol für Radioaktivität kennen und stritten darüber, ob Kettenreaktionen ein Ende haben.

Mikroben: Der unsichtbare Feind

Während die Atombombe eine Schnellerziehung in Sachen Macht des Kleinen auslöste, hatte die Mikrobentheorie bereits begonnen, die Menschen zu lehren, daß Partikel, die für das bloße Auge unsichtbar sind, heilen und töten können. Die Mikrobentheorie besagt, daß alles – angefangen beim größten Organ bis hin zum Staub auf einem Stecknadelkopf – von Mikroorganismen wimmelt. Die Mikroben veränderten das

Bewußtsein der Menschen dafür, welche Kleinstlebewesen die unsichtbaren Welten um und in ihren Körpern bewohnten.

Biologen und professionellen Medizinern eröffnete die Mikrobentheorie eine reichhaltige und faszinierende Welt und neue Möglichkeiten, Krankheiten zu verstehen und zu behandeln. Die Schattenseite dieser Theorie besteht darin, daß alle lebenden Gewebe als ein ständiges Schlachtfeld für Mikroorganismen betrachtet werden müssen – von den Parasiten und Bakterien bis zu den Viren und Phagozyten (Zellen, die andere Zellen verschlingen und verdauen). Jeder Teil des biologischen Königreichs ist der Eßtisch für einen anderen Teil.

Die Mikrobentheorie widerlegte die Vorstellung von der spontanen Fortpflanzung, die seit Aristoteles geherrscht hatte. Die Menschen erkannten, daß Frösche nicht vom Morast ausgebrütet wurden, Aale nicht vom Flußwasser, Würmer nicht vom Dung und Fliegen nicht von verfaulendem Fleisch. Die Theorie ersetzte die Vorstellung der spontanen Fortpflanzung durch das Bild mikroskopisch kleiner Lebewesen, die fraßen, kämpften und sich fortpflanzten, und weitete das Königreich des Lebens bis ins Unsichtbare aus.

Vor der Entdeckung der Mikroben konnten die Ärzte den menschlichen Körper zwar untersuchen, aber die Krankheiten und ihre Auswirkungen auf den Körper blieben eine Angelegenheit von Vermutungen. Labors und Diagnosetechniken existierten nicht. Geeignete Tests und Instrumente waren selten. In den Krankenhäusern lauerten überall Infektionsquellen. Chirurgische Eingriffe fanden unter erschreckenden Bedingungen statt. Im besten Fall wurden sie bei Tageslicht in einem Operationssaal vorgenommen, aber der An- und Abtransport zu diesem Saal, der oft im obersten Stockwerk des Krankenhauses lag, kostete wahrscheinlich einen großen Teil der Patienten das Leben.

Damals herrschte auch jede Menge Unwissenheit. Howard Haggard berichtet, daß Pierre Bayle (1647–1706) die Frage

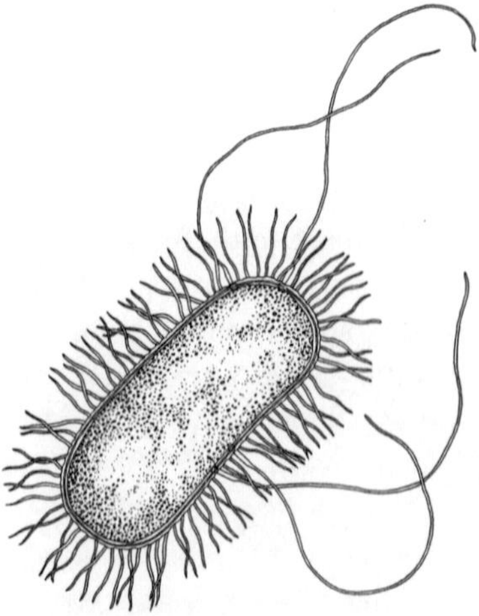

Ein escherichia coli-*Bakterium*

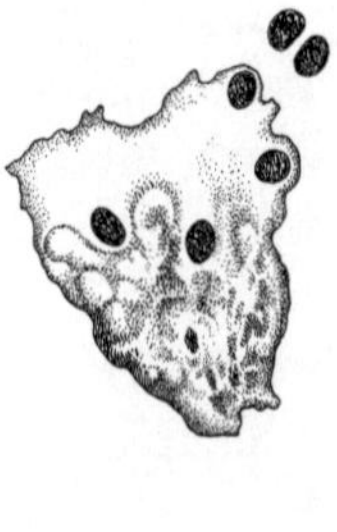

Eine Phagozyte, die Bakterien einkreist, verschlingt, tötet und verdaut

stellte, ob Transfusionen zwischen Menschen deren Temperament veränderten und ob die Transfusion von Schafsblut in einen Hund diesen letztlich in ein Schaf verwandele. Ein früher deutscher Chirurg schlug vor, Bluttransfusionen als Mittel zur Aussöhnung zerstrittener Ehepartner anzuwenden.[15]

Natürlich schritten die Untersuchungen über die inneren Vorgänge des Körpers seit dem späten 17. Jahrhundert voran. Battista Morgagni (1682–1771) betonte die Notwendigkeit, Gewebe pathologisch zu untersuchen.[16] Xavier Bichat (1771–1802) unterschied 21 Arten von Gewebe und wies sie bestimmten Körperfunktionen zu.

Im 19. Jahrhundert wurden die Zellen, die erstmals von den frühen Mikroskopisten identifiziert worden waren, zum Mikrokosmos lebender Organismen. Matthias Schleiden (1804–1881), Theodor Schwann (1810–1882) und Rudolph Virchow (1821–1902) behaupteten, eine Erkrankung stamme nicht aus dem Körper als ganzes und noch nicht einmal aus einem besonderen Organ oder Gewebe, sondern aus einer einzelnen Zelle.

Schleiden, ein Professor der Botanik, verkündete 1838, daß »die Zelle die grundlegende Lebenseinheit aller Pflanzenstrukturen ist«. Er führte die botanische Arbeit weg von der Klassifikation der Pflanzen und verlegte seinen Schwerpunkt auf das Studium einzelner Pflanzen und der Pflanzenembryologie. 1839 weitete Schwann die Zelltheorie auf das Reich der Tiere aus. »Es gibt ein universales Entwicklungsprinzip für die elementaren Teile von Organismen, wie verschieden sie auch sein mögen, und dieses Prinzip ist die Entstehung von Zellen.« Er glaubte, das Leben selbst sei aus einer einzigen Zelle entstanden und habe sich dann durch die Bildung anderer Zellen weiterentwickelt.[17]

Die frühe Mikrobiologie wurde im 19. Jahrhundert durch eine Reihe anderer Entwicklungen unterstützt. Mikroskope wurden in den Labors unentbehrliche Arbeitsgeräte. Die Anatomie machte dramatische Fortschritte, was zum Teil den im Überfluß vorhandenen verstümmelten Körpern und Leichen zu verdanken war, die von den Napoleonischen Schlachtfeldern geliefert wurden. Das Sezieren war so weitverbreitet, daß die Menschen das Armenhaus vor allem deshalb fürchteten, weil sie Angst davor hatten, als Leiche auf dem Operationstisch eines jungen, ehrgeizigen Chirurgen zu enden.[18] Die Anästhesie demonstrierte wirkungsvoll die Macht unsichtbarer Gase, Schmerzen zu lindern und längere, kompliziertere chirurgische Eingriffe zu erlauben. Nadeln und Spritzen (ursprünglich von Pascal für wissenschaftliche Zwecke entwickelt und bei den Ärzten Molières beliebt) wurden zu wichtigen medizinischen Instrumenten. Eine Vielfalt an Endoskopen, die man benutzte, um innere Kanäle und Hohlorgane zu beobachten, waren inzwischen als Standardwerkzeuge nicht wegzudenken. Mit dem Spekulum zum Beispiel – einem kleinen Spiegel, der am Ende eines Stabes befestigt und aus der Entfernung von einer Kerze beleuchtet wurde – studierte man die inneren Hohlräume des Körpers. Das Ophthalmoskop wurde benutzt, um in die menschlichen Augen zu sehen. Das Stethoskop für beide Ohren (um 1840 von Joseph Skoda entwickelt) diente dazu, die Geräusche des Körpers abzuhören. Das s-förmige Sigmoidoskop, ein beleuchtetes röhrenartiges Instrument, brauchte man, um den Mastdarm zu untersuchen, während rektale Zystoskope und Bronchoskope ein entsprechend anderes Eindringen in den Körper erlaubten.[19]

Edward Jenners Erfolg mit Schutzimpfungen bot England und Europa ein überzeugendes Schauspiel von der Macht der Medizin, Unsichtbares zu manipulieren. (Die Chinesen kannten Schutzimpfungen zu diesem Zeitpunkt bereits seit Jahrhunderten.) Jenner benutzte gutartige Kuhpocken, um Immunität gegen die tödlichen Pocken zu erwirken – den ansteckendsten und tödlichsten Mörder, den Europa je gekannt hatte.[20] Jenner bewies, daß derselbe Erreger, der Menschen tötete, sie – bei richtiger Anwendung – rettete: Eine kleine Dosis konnte viel Gutes bewirken.

Immer weitere Entdeckungen verwiesen die Medizin auf die mikroskopischen Welten. Man beobachtete, daß winzige

Parasiten und Pilze Krankheiten verursachten, daß manche Mikroben in Erbrochenem gedeihen; andere, so fand man heraus, verursachten Hautpilzerkrankungen. Lange bevor Joseph Lister sein Antiseptikum entwickelte, bewies im 19. Jahrhundert ein Wiener Arzt namens Ignaz Semmelweis, ohne seine Zeitgenossen überzeugen zu können, daß »Kindbettfieber von einem Patienten auf den anderen übertragen werden kann, und zwar durch eben die Ärzte, die es zu heilen versuchen.«[21] Die Medizin hatte bereits ein gutes Stück der gefahrvollen Küste von Krankheit und Infektion kartographiert, als der Franzose Louis Pasteur und der Deutsche Robert Koch die Art und Weise veränderten, wie die Landschaft des Unsichtbaren zukünftig erforscht werden sollte.

Louis Pasteur (1822–1895) wurde durch seinen lebenslangen Kampf, Mikroorganismen zu verstehen und zu bekämpfen, zum Nationalhelden. Seine frühen chemischen Studien führten zur Entdeckung der molekularen Asymmetrie im Jahre 1848, des Wegbereiters zu seiner einflußreichen Arbeit über die Fermentation. Seine darauffolgende Bakterienforschung widerlegte die Jahrhunderte alte Theorie der spontanen Fortpflanzung. Pasteur entwickelte zu diesen theoretischen Fortschritten auch die passenden praktischen Neuerungen, die die Winzer und Brauer bei der Kontrolle der Gärung, die Seidenraupenzüchter bei der Bekämpfung von Seidenraupenkrankheiten und die Hühnerzüchter beim Kampf gegen die Hühnercholera unterstützten.

Seine Techniken der Schutzimpfung wurden erfolgreich gegen Milzbrand und sogar gegen die gefürchtete Tollwut eingesetzt.[22] Im Ergebnis bot die Mikrobentheorie, deren Vorreiter Pasteur war, klare und wirksame Angriffslinien gegen unsichtbare Feinde.[23] Sie legitimierte die aufstrebenden Kader der Hygieniker, Gesundheitsingenieure, Chirurgen und Militärärzte und wies ihnen die Richtung.

Die Mikrobentheorie definierte die präzisen Auswirkungen von Erkrankungen auf Gewebe und Organe; sie beschrieb ihre Übertragung von einem Lebewesen auf ein anderes; und sie gestattete die Möglichkeit eines vollständigen Berichts über Ansteckungen, Epidemien und Seuchen. Indem sie all dies bewirkte, veränderte sie das öffentliche Verständnis der unsichtbaren und winzigen Dinge. Sie identifizierte neue Feinde – Bakterien, Viren, Hefen und Pilze – und veränderte die allgemeine Wahrnehmung kleiner Dinge, den Staub eingeschlossen. Insbesondere führten Pasteurs Theorien die Öffentlichkeit weg von den Allgemeinplätzen über Schmutz und Staub und fokussierten ihre Aufmerksamkeit auf die Mikroben, die sie bewohnten.

Robert Koch (1843–1910) war jünger als Pasteur und ein großartiger Mikroskopist. Er arbeitete mit einer neuen, von Ernst Abbe erfundenen Beleuchtungstechnik und mit einem Kondensator des deutschen Herstellers Zeiss; außerdem benutzte er neue Techniken bei der Einfärbung seiner Proben. Und so blickte Koch auf eine Art und Weise in die Welt der Bakterien, wie es vor ihm noch nie jemand getan hatte. 1884 entdeckte er die Ursache der Cholera, die die Menschen bereits seit geraumer Zeit terrorisierte.[24] Nach der Seuche von 1883 kehrte er aus Ägypten nach Deutschland zurück – mit Proben »nicht von Giftgasen, nicht von Schmutz oder Wasser, sondern mit einer Mikrobe, die wie ein Komma geformt war.« Diese Mikrobe verursachte, wie Koch bewies, Cholera.[25] 1882 extrahierte Koch Tuberkulose-Mikroben aus dem Körper eines Kranken. Er trennte sie von anderen Mikroben und entwickelte eine Retorten-Ernährungskultur, in der sie sich vermehren konnten. Diese Mikroben injizierte er dann Meerschweinchen und versprühte einen feinen infizierten Nebel in der Luft, die die Tiere einatmeten. Die Meerschweinchen starben.[26]

Koch entdeckte außerdem die bösartigen Mikroorganismen, die für Milzbrand (1876), Wundinfektionen (1878) und die ansteckende Bindehautentzündung, auch ägyptische Bindehautentzündung genannt (1883), verantwortlich sind. Er trug zu einem besseren Verständnis von Schlafkrankheit, Malaria, Beulen- und Rinderpest bei.[27] Gemeinsam verwarfen Pasteur und Koch überlieferte Vorstellungen und widerlegten

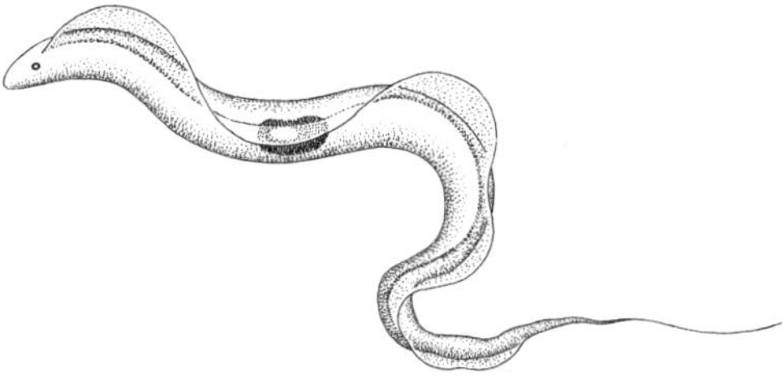

Trypanosoma gambiense, das Protozoon, das die afrikanische Schlafkrankheit verursacht

alte Sprichwörter. Ihre Entdeckungen vermittelten die Erkenntnis: »Was du nicht kennst (und nicht sehen kannst), fügt dir Schaden zu.« Die Mikrobentheorie führte die Gesellschaft zu der Erkenntnis, daß unsichtbare Feinde mit Hilfe von Wissenschaft und Chemie bekämpft werdem mußten. Sie wies den Weg zu neuen Heilmethoden, die in Labors entwickelt und erzeugt werden konnten.

Andere Wissenschaftler, die von dem durch Pasteur und Koch ausgelösten Enthusiasmus angesteckt worden waren, bereiteten den Boden für den aufblühenden Bereich der Mikrobiologie.[28] Sie richteten ihre Mikroskope auf Staub, Schmutz und Dunkelheit und studierten das gesamte Königreich des Kleinen. Sie brachten Krankheiten in Verbindung mit Bakterien, Protozoen, Hefen, Schimmel, Insekten und anderen winzigen Lebensformen. Um 1900 waren schließlich die mikrobischen Ursachen vieler wichtiger Krankheiten nachgewiesen.[29]

Angespornt von der Mikrobentheorie entwickelte sich die Biologie in verschiedene Bereiche. Die Protozoologie, das Studium einzelliger Lebewesen, erforschte und entdeckte die Ursachen von Ruhr, Syphilis und Schlafkrankheit. Die Entomologie, die sich auf die Rolle der Insekten bei der Verbreitung von Krankheiten konzentrierte, wies nach, daß Typhus durch eine bestimmte Laus übertragen wird, die Beulenpest durch Flöhe, Borreliose durch Zecken, die Schlafkrankheit durch eine Fliegenart und Malaria sowie Gelbfieber durch Moskitos.[30] Die Helminthologie, das Studium parasitärer Würmer, erklärte, auf welche Weise bestimmte Würmer Krankheiten auslösen. Jeder dieser Wissenschaftszweige spielte eine Rolle bei der Ergründung des Unsichtbaren und der Unterscheidung der Feinde des Menschen im Mikrokosmos.[31] Und natürlich ermutigten sie die Gesellschaft, ihre Umwelt auch im Bereich des Winzigsten zu verändern.

Im gleichen Jahrzehnt, in dem die Physik den abendländischen Geist mit der subatomaren Wissenschaft bekanntmachte, verkündete die Mikrobiologie die Existenz des kleinsten, am schwersten zu fassenden und geheimnisvollsten Geschöpfs von allen – des Virus. 1892 entdeckte der russische Bakteriologe Dmitrij I. Iwanowsky diese Organismen, die durch seine feinsten Bakterienfilter aus Porzellan schlüpften. Viren sind keine wirklichen Zellen, sondern winzige Partikel, die im Grenzbereich zwischen lebender und nicht-lebender Materie existieren. Iwanowsky konnte seine Neuentdeckungen nicht sehen. Mit einer Größe zwischen 20 und 300 Nanometer (10^{-9} Meter) sind Viren submikroskopisch; das heißt, sie entziehen sich dem traditionellen Lichtmikroskop, das Objekte nur bis zu einer Größe von 1/4 Mikron (10^{-6} Meter) darstellen kann. Es bedurfte des Elektronenmikroskops und der kurzen Wellenlänge des ultravioletten Lichts, um Viren sichtbar zu machen.

Nach ihrer Entdeckung sorgten die Viren für lebhafte Debatten. Da sie keine Zellstruktur aufweisen und parasitär auf lebendem Gewebe existieren, kamen einige Wissenschaftler zu dem Urteil, Viren seien als nicht-lebendes Material zu betrachten, obwohl ihre Fähigkeit zur Reproduktion für das Gegenteil spricht. Ihre Definition blieb fragwürdig, nicht aber ihre Bedeutung. Man entdeckte, daß Viren die Ursache für viele Pflanzen- und Tiererkrankungen und für einige tödliche Krankheiten des Menschen sind – wie Pocken, Gelbfieber, Grippe, Tollwut und Kinderlähmung.

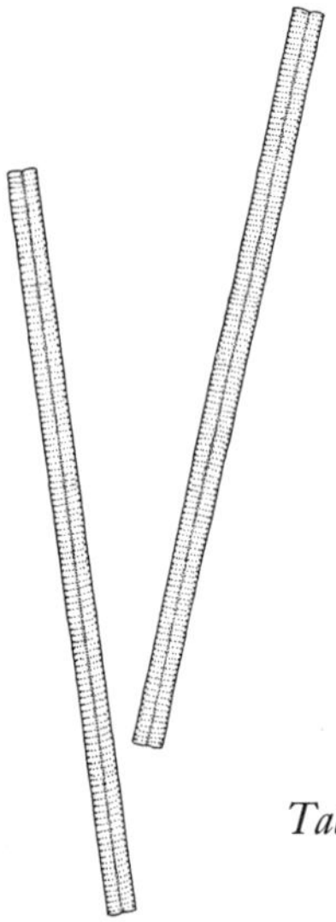

Tabakmosaik-Virus (100 Nanometer)

Zwischen 1880 und 1900 entdeckten die Biologen den Zugang zur Welt der Zelle und der Mikroorganismen. So wie die modernen Atomisten auf dramatische Weise Lukrez überflügelten, überwanden die modernen Biologen die Erkenntnisse von Leeuwenhoek und Hooke. Sie erkundeten das Gebiet des mikroskopischen Lebens und der Materie von den Zellen (10^{-5} Meter) bis zu den kleinsten Viren (10^{-9} Meter).

Die neuen Staube

Während der ersten Hälfte des 20. Jahrhunderts expandierte der Mikrokosmos – dank der Entdeckung der subatomaren Partikel und der Mikroorganismen – in ungeheurer Weise, während der Makrokosmos angesichts der menschlichen Macht, ihn zu miniaturisieren, zusammenzuschrumpfen schien. Die Physik vermittelte gemäß Einsteins Theorie den

Eindruck, der Weltraum krümme sich nach innen. Obwohl das Universum nunmehr in Milliarden Lichtjahren gemessen wird, wirkt es weit weniger furchterregend. Die Astronomen schätzen, daß die sichtbaren Sterne nicht mehr als 10 Prozent der gesamten Materie im Universum ausmachen; und doch nahm die Unermeßlichkeit des Universums mit einer Explosion der kleinsten und kurzlebigsten Partikel ihren Anfang.[32]

Die Wandlung des Staubs veranschaulicht diese Revolution des Mikrokosmos im 20. Jahrhundert. Einst war der Staub in seiner Bedeutung gänzlich unangefochten; er war zugleich die Mischung und die Summe aller kleinen Dinge. Seine Allgegenwart wurde durch die Teilbarkeit der Materie sichergestellt. Im 20. Jahrhundert wurde der Staub – genau wie der Bauer der alten ländlichen Ordnung – an die Ränder des Lebens gefegt. Er hat seine Rolle als der grundlegende und gängigste Maßstab für das Kleine verloren. Er ist nicht länger ein normaler Zustand des Lebens, sondern eine hochdifferenzierte Ansammlung von Partikeln.

Diese Differenzierung des Staubs ging Hand in Hand mit wissenschaftlichen Untersuchungen, industrieller Produktion und öffentlichen Gesundheitsverordnungen. »Es ist das Unsichtbare, gegen das wir uns zu schützen haben,« erklärt Robert Hessler in seinem Buch *Dusty Air and Ill Health* von 1912, das sich zum Ziel setzt, all die Staube zu identifizieren, die Krankheiten verursachen.[33] Auf ganz moderne Weise ordnet er den Staub in das System der Evolution ein. Vor dem Auftreten des Menschen habe es kosmische und vulkanische Staube, Wüstenstaub, Pollen und Staub aus Viehwanderungen gegeben. Mit den frühen Menschen seien Staube aus Zelten, von domestizierten Tieren und aus Dörfern enstanden. (Hessler ignoriert diejenigen Staube, die durch Pflügen, Ernten und Mahlen produziert werden.) Als nächstes seien »der Ladenstaub«, »Staub auf gepflasterten Straßen«, »vielfältige Fabrikstaube«, »Staub von vollgespuckten Bürgersteigen« und »Staub von am Boden schleifenden Kleidern« in Erscheinung getreten; all diese Staube stünden in Wechselbeziehung zu Krankheitsursachen wie »großen Fabriken; überbelegten Mietshäusern; staubiger und rauchiger Luft« und den entsprechenden medizinischen Bedingungen. Mit einfachen Worten: Der Mangel an reiner Luft in den großen Städten habe die damalige Epoche »zum Zeitalter der Krankenhäuser und Apotheken, der Hals- und Brustspezialisten« gemacht.

Wie Hessler, der bestimmte Krankheiten mit bestimmten Stauben in Zusammenhang bringt, so schreibt auch Mitchell Prudden (in größerer Übereinstimmung mit der damaligen Wissenschaft) in seinem Werk *Dust and Its Dangers* von 1903: »[Staub] ist so lange nicht gefährlich oder schädlich, bis sich unter seinen Bestandteilen lebende Keime befinden, die von Personen mit bakteriellen Erkrankungen stammen.«[34] Die Mikrobentheorie teilte die Staube in solche mit und solche ohne tödliche Mikroorganismen ein, die Krankheiten zwischen Menschen und anderen Lebewesen übertragen.

Auch andere Wissenschaftler differenzierten die Staube. Unter den vielen Wissenschaftlergruppen, die sich auf unterschiedliche Partikel konzentrierten, waren Vulkanologen, Meteorologen, Geowissenschaftler, Industrieärzte und Hygieniker. Gerichtsmediziner lösten Kriminalfälle mit Hilfe feinen Staubs, während Archäologen Staube untersuchten, um das Leben früherer Zivilisationen zu rekonstruieren.[35] Betriebsingenieure verfeinerten ihre Analyse der Staube. Ein Text von 1936, *Industrial Dust*, unterstreicht die Wichtigkeit, die elektrischen und optischen Eigenschaften spezifischer Staube zu bestimmen.[36] Dies erfordere chemische und mineralogische Analysen und die Bestimmung von Größe, Geschwindigkeit und Flockungsmuster der Partikel. Der Text enthält eine technische Diskussion der Staubkontrolle (mit besonderen Hinweisen auf Abgas- und Luftreinigungssysteme) und Überlegungen zu Stauben, die schädlich für Sicherheit und Gesundheit sind.

In der ersten Hälfte des 20. Jahrhunderts wurde der Staub permanent untersucht. Das systematische Interesse am Mikrokosmos vervielfachte und beschleunigte sich – vor allem an den Universitäten und in den Industrielabors. Die wissenschaftlichen Disziplinen teilten und vermehrten sich gleich den Zellen und Molekülen, die von ihnen studiert wurden. In der Industrie fand dieselbe Spezialisierung statt. Der jährliche Umsatz an Messgeräten für Forschung, Labors und Militär verdeutlicht das Ausmaß der Beschäftigung mit dem Kleinen und Unsichtbaren im 20. Jahrhundert – und läßt auf die Identifikation der Zivilisation mit der Kontrolle der winzigen Dinge schließen.

Selbst die Stahlherstellung veranschaulicht diese Verbindung. Die Takonit-Industrie Minnesotas auf dem Gelände der staatlichen Mesabi Iron Range bewirkte den Erfolg eines einzelnen Labors an der Universität von Minnesota.[37] Dessen Forscher sahen sich mehreren komplexen Problemen gegenüber. Sie mußten Maschinen und Prozesse finden, um außergewöhnlich festes Hämatit-Erz in feine Staubpartikel zu zerstoßen; anschließend mußten sie ein Mittel entwickeln, diese Partikel zu ausreichend großen Pellets (Kugeln aus Erzstaub und Kalkstein) zu formen, um zu verhindern, daß die Gaszirkulation beim Schmelzprozeß sie – und damit den Profit der Firma – zum Schornstein hinausblies.[38] Der Erfolg, für den sie mehrere Jahrzehnte brauchten, verwandelte Eisenstaub genau in *dem* historischen Moment in Panzer, als man den Armeen der Achsenmächte gegenüberstand.

Die Industrie des 20. Jahrhunderts wurde immer präziser bei der Kontrolle von Stauben und extrem feinen Materialien. Die chemischen und pharmazeutischen Industrien erkannten, manipulierten und erfanden Moleküle. Eine bestimmte Molekülkette, synthetische Polymere genannt, betrachtet man als den Beginn der Plastikindustrie. In jedem Jahr stellen allein die USA 30 Millionen Tonnen Plastik her, ein leichtes, haltbares, wasserresistentes Material, das Glas ersetzen kann, wenn es durchsichtig ist, und der Welt zu einem saubereren, gesünderen und weniger staubigen Image verhilft.

Das Bedürfnis der Industrie, mit winzigen Dingen und

Prozessen zu arbeiten, schuf neue Industriezweige, die sich der Erzeugung von Präzisionsmeßinstrumenten widmeten. Waagen wurden elektrisch, Lineale machten Mikrometern Platz, und man erfand Meßgeräte, um Hitze, Volumen (von Flüssigkeiten, Gasen und festen Stoffen), Druck und Materialien zu messen.[39] Hochkomplexe Industrien von der Art, die man gemeinhin mit Elektrizität und Computern verbindet, arbeiten, wie man es sich früher nie vorstellen konnte: Sie widmen ganze Labors dem Staub und der Kontrolle von Partikeln.[40] Die »sauberen Räume« in den Computerlabors ermöglichen, was kein mittelalterlicher Bauer sich je vorgestellt hätte: Produkte, die völlig staubfrei sind.

Zu den neuen Laborwerkzeugen gehören Röntgenstrahlen, Elektronenmikroskope, Echogramme, Spektrometer und andere hochentwickelte Instrumente. Diese Maschinen erlauben den Eintritt in eine früher nicht sichtbare Welt. In den Labors organisieren die Wissenschaftler das Unsichtbare. Sie verwandeln Bakterien in Reinigungswirkstoffe und zaubern mit Technologien auf Molekularebene.

In dieser Welt hat der Staub keinen Platz, es sei denn, er verfügt über eine Referenz als spezifisches Partikel. Der alte vermischte und undifferenzierte Staub – das kleine Material des Alltagslebens – ist jetzt fehl am Platze. Da wir so viel über das Unsichtbare wissen, kann Staub nie wieder normal sein. Man kann ihn auch nicht mehr als winzig bezeichnen, wenn man ihn mit den kleinsten Strukturen des neuen Mikrokosmos vergleicht. Eine große Kluft zwischen dem Staub und dem Kleinen hat sich im 20. Jahrhundert aufgetan, während die Menschen dem Atom und der Mikrobe in geheimnisvollere und mächtigere Welten folgten.

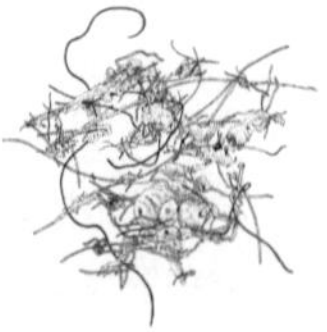

KAPITEL SECHS

Zum Nutzen der Nation: Das Unsichtbare erkennen

> Es ist das Unsichtbare, gegen das wir uns zu schützen haben.
> *Robert Hessler, »Dusty Air and Ill Health«*

Am Ende des 19. Jahrhunderts trieben die ungeheuren Kräfte des Handels, der Industrie, des Nationalismus, der Demokratie und des Reformgeistes die Menschen des Abendlandes dazu, die höchsten Berge der Welt zu besteigen, die dichtesten Dschungel zu erforschen, die unendlichen Weidegebiete von Nord- und Südamerika in Ackerland zu verwandeln und mit anderen Völkern auf dem Globus Geschäfte zu machen, sie zu kolonialisieren oder sie auf andere Weise zu beherrschen. Im eigenen Land veränderten sie gleichzeitig auf dramatische Weise die eigene Bevölkerung und ihre Umgebung. Westliche Wissenschaft, Technologie und Medizin drängten vorwärts in den Mikrokosmos; dabei gingen sie von der Voraussetzung aus, es gebe nichts unter der Sonne – ob groß oder klein –, das nicht beherrschbar wäre. Die Fähigkeit des Westens, das Reich des Mikroskopischen zu verstehen und zu ordnen, begründete seine globale Vorherrschaft und stützte zu großen Teilen sein Überlegenheitsgefühl. Dank der erstaunlich ausgeweiteten Kontrolle von Staub und Mikroben erfreuten sich die Menschen im Westen eines längeren und besseren Lebens: In England und Wales beispielsweise stieg die männliche Lebenserwartung von knapp 40 Jahren im Jahr 1850 auf 68 Jahre im Jahr 1950.[1] Gesündere und glücklichere Menschen wiederum bedeuteten stärkere Nationen. Nach 1900 entwickelte sich die Kontrolle des Kleinen und Unsichtbaren zu einem ernsten Gegenstand individueller Rechte und nationalen Wohlergehens. Die Geschichte der öffentlichen Gesundheitsvorsorge und der Medizin offenbart, wie es den Menschen im Westen in der ersten Hälfte des 20. Jahrhunderts gelang, ihr Leben an eine neue Ordnung der kleinen und unsichtbaren Dinge anzupassen.

Das Unsichtbare bekämpfen

Die öffentliche Gesundheit im 20. Jahrhundert wurde durch die wachsende Beschäftigung mit nationaler Gesundheit und Sauberkeit in früheren Jahrhunderten und durch die bakteriologische Revolution geprägt. Die öffentliche Gesundheitsvorsorge entstand in der ersten Hälfte des 19. Jahrhunderts, und zwar als Antwort auf die neuen Bevölkerungsbewegungen und die Übervölkerung in den Städten; beide Vorgänge wurden von der industriellen Revolution beschleunigt.[2] Ihr psychologischer Ursprung lag sowohl in der Furcht vor den Massen als auch in einem Verantwortungsgefühl gegenüber dem Wohl der Gesellschaft. Verstärkt wurde diese Haltung auf seiten der gesellschaftlichen Elite durch Furcht und Abscheu vor Staub, Unordnung und Krankheit, die in der armen, unmittelbaren Nachbarschaft der neuen Industriestädte zu lauern schienen, und durch den stürmischen Optimismus, daß die utopischen Ziele der Aufklärung, wie die Reinigung von Körper und Seele, verwirklicht werden könnten. Dieses insgesamt beispiellose optimistische Bewußtsein wurde – wie ich in Kapitel 4 dargelegt habe – durch die neuentdeckte Kontrolle über Wasser und Licht und durch innovative Maschinen und Materialien gefördert. Der Dschungel an Röhren, Kabeln und Leitungen in den Städten und das Dickicht an Regeln und Verordnungen stützten dieses Bewußtsein zusätzlich.

Auf beiden Seiten des Atlantiks sah sich die öffentliche Gesundheitsvorsorge angesichts der Bedingungen in den überfüllten Industriestädten mit ihrer größten Herausforderung konfrontiert. Die Zuwanderer lebten auf kleinstem Raum eng beeinander, und die Lebensbedingungen waren extrem düster, schmutzig und gefährlich. Die Reformer lenkten die Aufmerksamkeit auf die Gefahren in den Fabriken und die mißliche Lage der Arbeiterschaft.[3] Die in Barracken zusammengepferchten Soldaten der nationalen Armeen, die erst kürzlich gegründet worden waren, waren ständig dem Risiko ausgesetzt, Opfer einer Epidemie zu werden. In den Schulen, in denen es von Mikroben wimmelte, predigten die Inspektoren, daß eine kranke und schlecht ernährte junge Generation niemals eine große Nation hervorbringen werde.[4] Nationale Größe hing von einer Reform der kleinsten Dinge ab – schwache Augen und Kopfläuse eingeschlossen.

So sehr die Mikrobentheorie – formuliert und entwickelt in den letzten Jahrzehnten des 19. Jahrhunderts – die öffentliche Gesundheitsvorsorge auch beeinflußte, sie durchkreuzte nicht die Anstrengungen des Großen Saubermachens, den einfachen alten Staub und Schmutz auszurotten. Die Mikrobentheorie war auch nicht verantwortlich für die sinkende Zahl infektiöser Krankheiten im 19. Jahrhundert oder für die niedrigere Sterblichkeitsrate – Erfolge, die auf die frühe Gesundheitsreformbewegung zurückgingen.[5] Die öffentliche Gesundheitsvorsorge spaltete sich in zwei unterschiedliche Ansätze der Krankheitsbekämpfung: Die Kontagionisten plädierten dafür, sich eine umfassende Hygiene anzugewöhnen und den Schmutz auszurotten, weil er Keimen Unterschlupf biete; die Infektionisten versuchten zu verhindern, daß sich bestimmte Keime ausbreiteten und verhängten Quarantänen. Beiden Ansätzen verlieh die Mikrobentheorie wissenschaftliche Glaubwürdigkeit.[6] Sie verschaffte dem diffusen und bunten Theoretisieren über Krankheit ein Rückgrat an intellektueller Klarheit; dies galt ebenso für den eklektischen Lehrstoff in der öffentlichen Gesundheitsvorsorge, der aus einem Wirrwarr an Mitteln und Verordnungen bestand.[7]

Die Mikrobentheorie unterstützte jene Beamten in der öffentlichen Gesundheitsvorsorge, die versuchten, Krankheiten durch Vorschriften für Wohnungen, Wasser und Abfall zu verhindern. Sie lieferte ihren Befürwortern präzise Ziele und führte in einigen Fällen zu spektakulären Erfolgen. Dabei geriet sie aber nicht in Widerspruch zu dem allgemein wachsenden Bedürfnis, Gegenstände und Menschen vom Staub zu befreien.

Die Mikrobentheorie sprach jedoch den Staub von der Schuld frei, vorrangiger Verursacher von Krankheiten zu sein. Auf dem jährlichen Treffen der American Public Health Association im Jahr 1902 beschrieb Dr. Charles V. Chaplin, ein bedeutender Professor der Medizin und späterer Autor eines klassischen Lehrbuchs über Infektionen, den bedeutsamen Übergang von der Schmutz- zur Mikrobentheorie im Gesundheitswesen der USA mit folgenden Worten:

> »Als unser verehrter und betrauerter [Walter] nach Havanna ging und entdeckte, daß Gelbfieber durch den Biß eines Moskitos übertragen wird, schlug [er] den letzten Nagel in den Sarg der Schmutztheorie, was die Entstehung von Krankheiten anbelangt ... Man glaubte, für ansteckende Krankheiten sei hauptsächlich die Stadtverwaltung verantwortlich. Reine Luft, reines Wasser und reiner Boden – so ging das allgemeine Geschrei. Die Gesundheitsreform beschäftigte sich vorrangig damit, das Trinkwasser vor organischer Verunreinigung zu schützen, Abwasserkanäle zu bauen, Klempnerarbeiten in eine komplizierte und teure Kunst zu verwandeln, die Straßen zu reinigen, tote Tiere zu entfernen, Abfall einzusammeln, Hausmüll zu entfernen, Mietshäuser zu tünchen und zu reparieren,

> anstößige Gewerbe zu regulieren und allgemein alle Belästigungen zu unterdrücken, die den Geruchssinn betreffen. Natürlich ist ein Stück Wahrheit in der Vorstellung, Schmutz sei der Verursacher von Krankheit ... Aber mit wenigen Ausnahmen ist städtische Sauberkeit kein Allheilmittel. Es gibt zur Gesundheit genauso wenig einen Königsweg wie zur Gelehrsamkeit.«[8]

Die Mikrobentheorie lenkte die Aufmerksamkeit der Gesellschaft – und dabei spiegelte sie deren Tendenz zur Spezialisierung wieder – auf detaillierte Untersuchungen der genauen Ursachen – auf jene Plagen, die, um mit Chaplin zu sprechen, »klar und direkt die Gesundheit bedrohen«.[9] Diese Feinde waren immer verborgen und entzogen sich oft den stärksten Mikroskopen.

Die Beamten der Gesundheitsbehörden machten nun, gewappnet mit der Mikrobentheorie, die Sauberkeit zu einer Angelegenheit öffentlicher Moral. William Allen definiert Gesundheit in *Civics and Health* von 1909 als » eine Bürgerpflicht«. Er fordert verpflichtende »Kurse in Mikrobensoziologie.«[10] Jedes Schulkind solle nicht nur alle Präsidenten der USA kennen, sondern auch die Geschichte der Mikroorganismen und der ansteckenden Krankheiten. Im Jahr 1912 veröffentlichten zwei amerikanische Autoren ein grundlegendes Schulbuch mit dem Titel *The Human Body and Its Enemies.*[11] Im Vorwort stellen sie eine phantastische Verknüpfung zwischen Sauberkeit, menschlicher Rasse und Mikrobentheorie her: »Das wesentliche Prinzip der Hygiene war schon immer die Sauberkeit. Die menschliche Rasse hat einen instinktiven Schrecken vor dem Schmutzigen entwickelt. Seit der Entdeckung der Mikroorganismen als Verursacher von Krankheit jedoch versucht sie, auf eine spezifische und kluge Weise Sauberkeit zu verwirklichen.«[12] Dergestalt sollte den Massen von der Grundschule an eine offizielle Sicht des Kleinen beigebracht werden.

Während des Ersten Weltkriegs glaubte ein Teil der Öffentlichkeit bereits, daß Mikroben genau so real und tödlich wie die Feinde auf dem Schlachtfeld seien. Der Krieg lenkte die Aufmerksamkeit nicht nur auf die schlechte Gesundheit der eigenen Jugend, sondern er konzentrierte die Gefühle der Öffentlichkeit auch auf die vielen Krankheiten, die die eigenen Jungs beim Kampf in den fremden Ländern erwarteten. Der Krieg mobilisierte ein ganzes Bataillon an traditionellen Feinden: Typhus, Skorbut, Ruhr und Geschlechtskrankheiten waren unter den ersten Freiwilligen.[13] Ganze Nationen lernten, was Militärhistoriker schon immer gewußt hatten: Krieg und Seuche sind Waffenbrüder. Der Sieg selbst hing von der Gesundheit ab – und die Gesundheit wiederum vom Sieg im mikroskopischen Gefecht.

Ein Gesundheitshandbuch von 1917 belehrte die amerikanischen Amtsärzte, daß das Wohlergehen der Armee auf mehr beruhe, als die Soldaten lediglich warm und trocken zu halten. Hygiene, betonte das Handbuch, spiele eine wesentliche Rolle.[14] Die Bakteriologie verlangte nicht nur sanitäre Einrichtungen (Unterkünfte, Wasser und Toiletten für Tausende), sie forderte auch, das Augenmerk auf ansteckende Krankheiten und ihre Überträger zu richten. Das Handbuch listete in diesem Zusammenhang eine Reihe gefährlicher Tiere auf – wilde ebenso wie Haustiere. Schiffskapitäne wurden aufgerufen, sich gegen den heimtückischsten Krankheitsüberträger, die Ratte, zu schützen, die damals als Bindeglied zwischen Staub, Dunkelheit, Keimen und Krankheit besonders verhaßt war. Die furchtbare Grippeepidemie von 1918 und 1919, die in den USA und Europa 20 Millionen Menschen das Leben kostete, bewies, daß die Mikroben den Waffenstillstand von Versailles nicht unterschrieben hatten.

Der Krieg verstärkte den Glauben, die eigene Nation sei von keimtragenden Außenseitern belagert. In Deutschland beschuldigte man nach dem Ersten Weltkrieg die Juden, die Gesellschaft zusammen mit den Anarchisten und Kommunisten nicht nur moralisch zu verderben, sondern sie auch physisch zu verunreinigen. Der Rassismus nahm sogar eine noch explizitere biologische Qualität an, denn in ihrem besessenen Streben nach rassischer Reinheit gaben die Nationalsozialisten ihrem Antisemitismus einen medizinischen Anstrich. Ihre pseudowissenschaftliche Propaganda stellte die Juden als Überträger von Keimen dar und assoziierte sie so »mit Ratten und allem, was dunkel, schmutzig, haarig, verseucht und krankheitsbeladen ist.«[15] Die Nationalsozialisten charakterisierten die Juden mit den Begriffen des modernen medizinischen Mikrokosmos neu. Das heraufdämmernde Wissen um das Kleine wurde so in den Dienst einer Ideologie gestellt. Der Haß bewies einmal mehr, daß er fähig ist – um eine alte französische Metapher zu verwenden –, aus jedem Stock einen Pfeil zu machen.

Während des 20. Jahrhunderts unterschied sich die Erziehung, die die Bürger im Abendland zum Thema Mikroben erhielten, beträchtlich nach Klasse, Nation und Ethnie. Populäre Begriffe vom Kleinen rückten ins Zentrum und wieder aus ihm hinaus, wurden verschwommen oder klar, je nach der Schwere der Krankheit und den Erfolgen der Gesundheitsbehörden bei ihrer Bekämpfung. Ohne einen einheitlichen Vorrat an Wissen und eine konsequente Gesetzgebung im Rücken blieb die öffentliche Gesundheitsvorsorge ein Flickenteppich.

Naomi Rogers demonstriert diese Unbeständigkeit am Beispiel der Kinderlähmung zu Beginn des 20. Jahrhunderts. Die Beamten der Gesundheitsfürsorge waren angesichts dieses Killers, der sich sowohl den Mikroskopen der Wissenschaftler wie auch den Hygieneregeln der Vorsorge entzog, sehr verunsichert. Verstörte Beamte fielen in altvertraute Abwehrmaßnahmen zurück und riefen nach Attacken gegen den Schmutz und Kampagnen gegen Fliegen. Sie forcierten Hygiene und Quarantäne, wobei sie in ihren Vorurteilen auf die Klassen der Arbeiter und Immigranten zielten, obwohl die Epidemiologie bewies, daß diese Gruppen zum größten Teil immun gegen die Erkrankung waren. Da es ihnen an

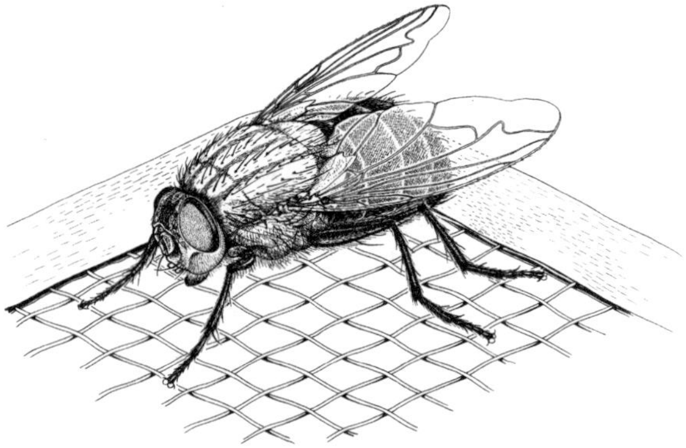

»Schlagt die Fliegen tot!«

neuen Einsichten mangelte, verbreiteten sie nutzlose alte Ansichten. Der Staat New York gestand seine Unzulänglichkeit in einem Mitteilungsblatt für öffentliche Gesundheit praktisch ein. Dieses Blatt enthielt eine Reihe unzusammenhängender Anweisungen und schloß mit einem non sequitur: »Ein Kind, auf das man aufpaßt, ist ein sicheres Kind. Schlagt die Fliegen tot.«[16]

Die Öffentlichkeit reagierte auf diese verwirrenden Informationen in widersprüchlicher Weise. Eltern belehrten ihre Kinder über Schmutz und verunreinigte Luft und verboten ihnen, in öffentlichen Schwimmbädern zu baden. Manche behielten ihre Kinder zuhause, um sie vor jedem Kontakt mit Verunreinigungen zu schützen, während andere ihre Kinder aufs Land schickten, wo die Luft reiner war. Verstört von »diesem Angstgespenst« debattierten die Beamten die Beziehungen zwischen Luft, Schmutz und Krankheit. Die Wissenschaftler bestritten eine Verbindung zwischen Krankheit, Umwelt und individuellem Verhalten. Aber Argumente konnten die Mikroben nicht vertreiben. Das Kleine war immer noch ein Geheimnis – und es konnte tödlich sein.

Diese Reaktion auf die Polio-Epidemie läßt die Strategie der öffentlichen Gesundheitsfürsorge bis circa 1950 erahnen: Die Beamten vermischten Mikrobentheorie und ältere Lehren über persönliche Hygiene und Sauberkeit. Ihr Krieg gegen Schmutz und Staub beinhaltete auch die Schlachten gegen bestimmte Keime. Ein Standardhandbuch zu Hygiene und Vorsorge von 1937 schickte Eltern und Verwalter beunruhigt und gehetzt in so viele verschiedene Richtungen, wie es nur bei Menschen möglich ist, die voller Furcht in einen Kampf gegen einen nicht wahrnehmbaren Feind verstrickt sind. Besonders die Frauen kämpften einen täglichen Kampf gegen Staub und Keime: Er erforderte ihre Aufmerksamkeit bei unendlich vielen Dingen; das begann mit Ernährung und Kleidung, setzte sich mit Sport fort und ließ auch Sex und Körperausscheidungen nicht aus. Im Kampf gegen die Krankheit in den eigenen vier Wänden mußten die Hausbesitzer Beleuchtung, Heizung, Ventilation und Abwassersysteme inspizieren, nicht zu vergessen Dachgesimse, Tröge und Rinnsteine. Die Stadtverwaltungen hatten ebenfalls weitreichende Pflichten, unter anderem die Kontrolle von Luft und Wasser, Badestellen, Abwasserentsorgung, Lebensmitteln und Medikamenten.[17]

Das immer umfassendere Wissen ermöglichte es den Menschen, die Kontrolle über das Kleine und Unsichtbare immer weiter auszudehnen; deshalb benötigte die Gesundheitspflege ein Bestandsverzeichnis von allem, auf und in dem Keime ansässig sein könnten. Das *American Red Cross Text Book on Home Hygiene and Care of the Sick* von 1933 erinnert seine Leser daran, daß »das Mikroskop die Existenz unzähliger kleiner Pflanzen und Organismen aufgedeckt hat, so klein, daß selbst Millionen auf einem Haufen für das unbewaffnete Auge unsichtbar sind.«[18] Mikroben konnten also auf und in allem lauern. Nahezu jede Krankheit oder Infektion hatte vermutlich ihren eigenen Stamm an Mikroben – und wer hätte all ihre Namen beherrschen können, ganz zu schweigen von ihren Merkmalen und den Methoden, ihnen vorzubeugen? Diese Art Erziehung konfrontierte die Menschen mit einem mikroskopischen Reich, das zu groß war, als daß der Verstand es hätte überblicken können. Die Menschen wurden aufgefordert, vertraute Gegenstände anders zu betrachten und zu erklären. Aber sollten sie etwa Mikroskope mit sich tragen, um jede Oberfläche zu inspizieren? Und selbst wenn sie es getan hätten: Man konnte schließlich nicht in einer hygienischen Seifenblase leben.

Die Mikrobentheorie setzte sich schließlich durch, so sehr man sie auch mißverstanden und so inkonsequent man sie auch angewandt hatte. In den späten 30er Jahren konnte ein Arzt behaupten: »In dem kurzen Zeitraum von wenig mehr als einem halben Jahrhundert sind viele Infektionen, die früher beachtliche Risiken darstellten, ungewöhnlich oder selten geworden.«[19] Um 1940 waren infektiöse Krankheiten nur noch für ungefähr 15 Prozent aller Todesfälle in den Vereinigten Staaten verantwortlich. Während die Vorsichtigen aus dieser Zeit befürchteten, daß neue Krankheiten erscheinen oder die alten wiederauftauchen würden, verkündeten die Kühnsten euphorisch den Sieg der Medizin. Der starke Rückgang von Krankheiten, die die Menschheit terrorisiert hatten, deutete für sie darauf hin, daß der Mikrokosmos kurz davor war, besiegt zu werden.

Vielleicht ist kein Sieg des 20. Jahrhunderts entscheidender als die erfolgreiche Bekämpfung der Tuberkulose, die seit Jahrhunderten große Verheerungen angerichtet hatte und am Ende des 19. Jahrhunderts die ansteckendste, zermürbendste und mörderischste Krankheit von allen war. Im Jahr 1900 »war Tuberkulose nicht nur die mit Abstand wesentlichste Todesursache in den Vereinigten Staaten, das Oberhaupt der Todesboten, sondern sie sorgte unter ihren Millionen Opfern auch für eine hohe Rate an chronischer Erkrankung und Erwerbsunfähigkeit.«[20] Die Krankheit überschritt sämtliche Klassenschranken; sie griff die Lungen des Dichters an, die des städtischen Arbeiters und die der Schwestern und Ärzte, die die Kranken behandelten. Sie schwärte in abgegrenzten

Wohngebieten und verbreitete sich buchstäblich so leicht, wie man ein- und ausatmet. Im fortgeschrittenen Stadium husteten ihre Träger infizierten Auswurf in die Luft. Die Bazillen in diesem Sputum überlebten eine beträchtliche Zeit außerhalb des Körpers. Sie wurden leicht von anderen durch die Lungen inhaliert, mit der Nahrung aufgenommen oder sogar durch die Poren absorbiert.

Um 1900 versprachen die Arbeiten von Koch und die wissenschaftliche Hygienebewegung in der Theorie die unmittelbar bevorstehende Niederlage der Tuberkulose. Tatsächlich aber erwiesen sich die Kampagnen gegen die Krankheit als wirkungslos, denn sie betonten die »individuelle Verantwortlichkeit, vernachlässigten aber die tiefsitzenden sozialen und wirtschaftlichen Probleme, die die eigentlichen Gründe für die engen Beziehungen zwischen Armut und Tuberkulose waren.«[21] Die westlichen Nationen wählten unterschiedliche Behandlungs- und Vorsorgestrategien – Impfungen, Spritzen, Sanatorien, Quarantäne. Da schließlich sogar ein »starker Rückgang der Sterblichkeit eintrat, bevor spezifische und wirksame pharmakologische Wirkstoffe ins Spiel gebracht wurden,« sah es um die Mitte des Jahrhunderts so aus, als habe die öffentliche Gesundheitsfürsorge die »weiße Seuche«[22] besiegt. In den 50er Jahren schlossen die Sanatorien reihenweise. Die Vereinigten Staaten berichteten von einem Rückgang der Todesfälle durch Tuberkulose um 95 Prozent in der ersten Hälfte des Jahrhunderts. England sah auf die Tuberkulose, die Geißel des 19. Jahrhunderts, zurück wie auf das Elend einer vergangenen Zeit. Und nachdem die Weltgesundheitsorganisation einen Tuberkulose-Impfstoff an mehr als 50 Millionen Kinder verteilt hatte, schien es, als ob der Westen seinen Sieg mit der Welt teile.[23]

Im Jahr 1950, als der Westen sauberer denn je funkelte, glaubte er an der Schwelle seines Triumphs über die kleinsten Mörder der Welt zu stehen. Die Erfahrungen aus der letzten Hälfte des 19. Jahrhunderts hatten die Erwartungen der Öffentlichkeit und das Vertrauen der fortschrittlichen Denker gestärkt. Hygienische Maßnahmen hatten einen dramatischen Rückgang infektiöser Krankheiten zur Folge, und die Wissenschaft konnte eine bemerkenswerte Reihe von Entdeckungen bezüglich der Krankheitsursachen vorweisen.[24] In der ersten Hälfte des 20. Jahrhunderts setzte sich diese phänomenale Erforschung der verborgenen Welten des menschlichen Körpers fort.[25] Dank der fortdauernden Gesundheitspflege, des Regierungs- und Rechtssystems, der Arbeiten in den Labors und der Gesundheitskampagnen konnten die Menschen in den Industrieländern immer wieder Berichte über aussterbende Krankheiten lesen; gleichzeitig bot man ihnen Erklärungen für die andauerndsten, bedrohlichsten und verwirrendsten Rätsel der Natur und entwickelte wirksame Medikamte.[26]

Es ist kein Wunder, daß die Medizin um 1950 ein enormes Ansehen in der Öffentlichkeit gewonnen hatte. Sie hatte beeindruckende Schlachten gegen unsichtbare Feinde siegreich beendet und war in der Lage, Infektionen zu heilen und Krankheiten auszurotten, statt lediglich Symptome zu kurieren. Ärzte und Krankenhäuser heilten immer mehr Menschen und mußten sich für immer weniger Todesfälle verantworten. Gesundheitsbeamte auf ihrem Kreuzzug, die sich wie Einberufungsbehörden in Kriegszeiten verhielten, kommandierten die Nation herum: Man durfte nicht ausspuken, wo man wollte; man wurde in Quarantäne gesteckt und geimpft; und Fluorid im Trinkwasser sollte den Glanz der Zähne erhalten. Widerstand gegen dieses medizinische Modell gab es nur sehr selten. Die Gegner der Schutzimpfungen, die diese schon vor dem Ersten Weltkrieg auf beiden Seiten des Atlantiks bekämpft hatten, waren nur noch eine historische Kuriosität, die mit vereinzelten, wirkungslosen Geplänkeln gegen das »tyrannische Gesundheitsregime«[27] anrannte.

Das gesteigerte Wohlgefühl wurde durch andere Faktoren noch verstärkt. Glänzende Waren mit glatten, aus Plastik, Bakelit und Vinyl hergestellten Oberflächen waren inzwischen auch für die Massen verfügbar. Waschmaschinen und Kühlschränke gehörten zu den Standardgeräten im Haushalt. Diese Geräte verkörperten eine Mischung aus konvergierenden Ideologien, die allesamt für das Saubere, Frische und Gesunde eintraten, und aus erfolgversprechenden, innovativen Materialien, neuartigen Technologien, Massenfabrikation und Design.[28] Es gab glänzende, leicht waschbare Kleidung. Seifen und Deodorants trugen zur Geruchsverbesserung des Einzelnen und der Menge bei. Schönheit war in der Tat mehr als nur oberflächlich; sie ging unter die Haut.[29] Innentoiletten und Elektrizität hielten selbst auf den abgelegensten Farmen Einzug. Hoch spezialisierte medizinische Dienstleistungen sowie Vorsorge- und Notdienste warfen ihr schützendes Netz über die Menschen im Abendland. Staub, Schmutz und Mikroben waren zwar nicht vollständig vertrieben, aber es war ein neues mikrokosmisches Regime installiert worden – und sein Versprechen war das hellste Leuchtfeuer der Hoffnung, das jemals die dunklen Küsten der leidenden und kranken Menschheit erreichen sollte.

Den Anweisungen der Ärzte folgen

Die Medizin stellte sich als Philosoph und König dieser neuen Ordnung heraus. Immer weniger Menschen starben durch Unfälle, ansteckende Krankheiten, Bisse tollwütiger Hunde (so wie mein Urgroßvater) oder Blinddarmdurchbrüche (wie mein 33jähriger sizilianischer Großvater). Offene Wunden, komplizierte Brüche und schwere Verbrennungen waren das Versuchsfeld, auf dem die Ärzte und Pharmazeutiker ihre Kontrolle des Unsichtbaren bewiesen.

In Anbetracht der gigantischen Verheißung von guter Gesundheit war der Preis für die Zulassung zum Schauspiel der modernen Medizin läppisch. Man mußte lediglich seinen Glauben an die tödliche Macht der Mikroben bekunden, den Verfügungen des Hausarztes oder Spezialisten gehorchen, eine grundlegend gesunde Lebensweise an- und gelegentlich einige Arzneien einnehmen. Die moderne Medizin forderte – als Gegenleistung für ihr großes Versprechen eines weniger schmerzhaften und glücklicheren Lebens – nur ein wenig Glauben und das Einhalten ganz einfacher Rituale. Religionen und Hausmittel hatten denen, die an sie glaubten, sicher viel mehr abverlangt und im Gegenzug weniger geboten. Das einzig Angenehme und Vernünftige für jeden auch nur halbwegs rationalen Menschen bestand darin, an die aktuelle medizinische Lehre zu glauben.

Ihre überzeugendsten Lehrstunden bezüglich der Fähigkeit, das Unsichtbare zu manipulieren, gab die Medizin in der Chirurgie, der Schmerzlinderung und der Pharmazie mit ihrem Angebot an wirkungsvollen neuen Arzneimitteln, wozu auch Antibiotika wie das Penicillin gehörten, das nach dem Zweiten Weltkrieg die Sulfonamide weitgehend ersetzte.[30] Die Medizinschränkchen wurden zu Schreinen, in denen sich Heilpulver, Sprays und Flüssigkeiten stapelten. Die Tablette, eine Kapsel aus feinem Staub, war die Hostie der zeitgenössischen Medizin.

Während die Medizin bemüht war, das Kleine und Unsichtbare mit Blick auf das Hauptinteresse der Menschen – ihr Leben und ihre Gesundheit – zu erklären und zu manipulieren, schulte sie gleichzeitig die Leute darin, ihre Beziehung zum Mikrokosmos neu zu bestimmen. Die grundlegende Lehre der Medizin – die komplexe Wissenschaft einmal beiseite gelassen – beruhte auf einer leicht verständlichen Sicht der Dinge, dem Gesetz der Gegenseitigkeit nämlich, das jeder Bauer kannte: Die Menschen leben von kleinen Wesen, und diese wiederum leben von den Menschen. Die Menschen teilen ihr Leben mit einer Reihe winziger Organismen. Der Trick – und der Erfolg der Medizin – besteht darin, unerwünschte Eindringlinge zu erkennen und zu töten, hilfreiche Wesen dagegen – im wesentlichen Bakterien – zu schützen.[31]

Heutzutage beobachten viele Menschen die Umwelt und ihre Körper durch die Linse der Mikrobentheorie. Staub, Haut, Fingernägel und Körperöffnungen gelten als potentielle Infektionsquellen. Farbe oder Konsistenz von Körperausscheidungen können Aufschluß über die Anwesenheit von fremden Mikroben im Körper geben. Eine Infektion enthält immer Hinweise auf die Präsenz unsichtbarer Prozesse und bildet die Grundlage medizinischer Urteile über unser Wohlergehen.

Unsere Köpfe sind voll mit Vorstellungen über Mikroben. Wir wissen, daß hilfreiche Keime den Boden fruchtbarer machen und das Verdauungssystem gesund erhalten. Andere rufen unangenehme Gerüche hervor. Gefährlichere Mikroben lösen Krankheiten aus: Mykobakterien verursachen Tuberkulose und Lepra, Staphylokokken Geschwüre, Gonokokken sind für Gonorrhö verantwortlich, während Spirochäten (deren biologische Klassifikation umstritten ist) Syphilis auslösen. Und es gibt noch kleinere, unheilvollere Mikroben, die Viren, die außer der gewöhnlichen Erkältung auch Aids und Ebola verursachen können. In der mikroskopischen Welt der Mörder stellen die Viren – bis vor kurzem die kleinsten und am wenigsten verstandenen Mikroben – immer noch die schlimmsten Bösewichter dar: Sie befallen alles, selbst die Bakterien, von denen sie vermutlich abstammen. Manche können noch nach sehr langen Zeiträumen ausbrechen: Der Hühnerpocken-Virus kann noch 50 Jahre nach der Infektion virulent sein und die Gürtelrose auslösen.[32] Und in jüngster Zeit sehen wir uns den Angriffen noch kleinerer Eindringlinge gegenüber – der Prionen, geheimnisvoller Bröckchen aus Protein, die mit BSE und ähnlichen unheilvollen Krankheiten zu tun haben.

Heutzutage verstehen die Menschen, daß die größten Dinge von den kleinsten abhängen – und diese kleinen Dinge werden von Experten definiert, ja sogar kontrolliert. Um es einmal so zu sagen: Die Geschichte wird nicht länger von Kleopatras *Nase* bestimmt, sondern von den Mikroben *in* ihrer Nase. Die Narbe von der Pockenimpfung auf dem Oberarm fast jedes Schulkinds vor ein oder zwei Generationen markiert unseren Eintritt in die zeitgenössische medizinische

Lehrmeinung über das Kleine und Gefährliche. Operationsnarben sind weitere Male unserer Reise in den medizinischen Mikrokosmos. Es gibt auch einfachere Rituale, mit denen wir unsere Zustimmung zur medizinischen Sichtweise des Kleinen und Unsichtbaren signalisieren: Besuche bei Ärzten, Blutdruckmessungen bei der örtlichen Feuerwehr und der Kauf von Schwangerschaftstests in der Apotheke. Jede eingenommene Aspirintablette bezeugt unser Eingeständnis an die Macht der winzigen Dinge.

Die medizinische Ausbildung erfordert eine immer ausgefeiltere pharmakologische Unterweisung. Die Pharmazie, so alt wie Spucke und Kräuter, Stößel und Mörser, hat feinere, komplexere und synthetische Staube geschaffen. In den vergangenen zwei Jahrhunderten ist sie zu einer exakten Wissenschaft gediehen, die sich auf die Anwendung synthetischer Arzneimittel konzentriert hat. Ihre grundlegenden Entwicklungsstufen fallen mit der Gründung der chemischen Industrie, den Anfängen der pharmazeutischen Industrie und der Formulierung der Mikrobentheorie zusammen. Ihre Geschichte gipfelt in der zweiten Hälfte des 20. Jahrhunderts in den beginnenden Immun- und Chemotherapien zur Behandlung nicht-ansteckender Krankheiten und in den Anfängen der experimentellen Gentherapien.[33]

Natürlich gibt es bei der medizinischen Kriegsführung gegen die Mikroben auch Mißerfolge und Rückschläge. Außerhalb des Abendlandes und speziell in unterentwickelten Gebieten endete sie nicht immer mit Siegen. Tatsächlich hat sie – je nach Ort und Krankheit – häufig zu langwierigen Pattsituationen und sogar zu klaren Niederlagen geführt. Es ist allseits bekannt, daß Mikroben sich weiterentwickeln und resistent gegen die Waffen der modernen Medizin werden können. Keime werden immer stärker und trickreicher, und zwar exakt durch die Arzneimittel, die gegen sie eingesetzt werden. So wie sich die Atome in der Mitte des 20. Jahrhunderts in der Gestalt von Bomben als tödlich erwiesen haben, so terrorisieren uns am Ende des Jahrhunderts die Mikroben in der Gestalt neuer Krankheiten und beweisen uns ein weiteres Mal, wie beharrlich und unheilvoll das Unsichtbare sein kann. Aber all das greift meiner Geschichte um einiges voraus. In der ersten Hälfte des 20. Jahrhunderts brachten die Entdeckung und die Kontrolle des Unsichtbaren durch die Wissenschaft der Menschheit viel Gutes – und der Mikrokosmos, den sie mit Namen versah und beherrschte, wurde zu einem Bestandteil allgemeinen Wissens. Die öffentliche Gesundheitsfürsorge und die Medizin vermittelten den Menschen eine völlig neue Sicht der kleinen und unsichtbaren Dinge.

KAPITEL SIEBEN

Den Mikrokosmos erhellen

Die Forschungsgemeinschaft hat eine Stufe noch nie dagewesener Macht erreicht, die Welt verstehen, kontrollieren und manipulieren zu können.
Ivan Amato,
»Stuff: The Materials the World is Made Of«

Wie dem auch sei: Wir stehen am Beginn des Siegeszugs der Moleküle.
B. C. Crandall, »Nanotechnology«

Die westliche Zivilisation des 20. Jahrhunderts versuchte nicht nur, die Oberflächen der Dinge zu kontrollieren – was die immer häufiger werdenden Rasen, Gärten und gepflasterten Straßen belegen –, sie bemühte sich außerdem, die Gegenstände zu erhellen. Gemessen an der Menge und der Vielfalt von Licht, die das 20. Jahrhundert erzeugte, überstrahlt es alle anderen Zivilisationen. Die Beleuchtung stellt sich als eine der erhabensten menschlichen Schöpfungen dar. Elektrische Beleuchtung ist zu einem dauerhaften und beherrschenden Element der meisten Sehenswürdigkeiten geworden – von angestrahlten Brücken und Wolkenkratzern bis hin zum Neonlicht von Las Vegas mitten in der Wüste. Beleuchtung, die so wichtig für Freizeit, Kunst, Sport und Arbeit ist, »machte die neue Wahrnehmung von Landschaften möglich, die man so mit neuer Bedeutung und neuen Möglichkeiten füllen konnte.«[1]

Indem die Beleuchtung das Wünschenswerte erhellt, entblößt sie jedoch gleichzeitig das Unerwünschte. Licht offenbart Staub und Schmutz und ruft nach Besen, Lappen und Schaufel. In seiner modernen Variante als Laserstrahl hat das Licht einen festen Platz in der amerikanischen Reinigungsindustrie mit ihrem Jahresumsatz von 150 Milliarden Mark: Lichtstöße aus Lasergeräten werden benutzt, um Ruß, Rost und Schimmel zu entfernen.[2]

Beleuchtung ist darüberhinaus längst zu einer Sache von Geschmack und Stimmung geworden. Während die Gesellschaft im Interesse von Sicherheit und Handel die Straßen ausleuchtet, wird das Licht zu Hause in wachsendem Maße auf persönliche Vorlieben und herrschende Moden abgestimmt. In dieser ausgeleuchteten Welt treten kleine Unregelmäßigkeiten deutlich hervor; es gibt weniger Raum für Staub und Schmutz. Damit die Oberflächen makellos erscheinen, verbirgt man beispielsweise den Irrgarten von immer kleiner und feiner werdenden Drähten unter ihnen.

Auch unsere eigenen Körper werden bei hellem Licht genauer in Augenschein genommen. Auf glatten menschlichen Körpern treten Mängel und Fehler hervor. In früheren Jahrhunderten waren Grind, Muttermale und Pockennarben zu alltäglich, um Aufmerksamkeit zu erregen. Man sah menschliche Körper auch viel seltener nackt. Es wurde weniger gebadet, geschwommen und sich gewaschen; auch wechselten die Menschen seltener die Kleidung, die zudem sehr viel mehr verhüllte. Es gab weniger Fenster, Spiegel oder Vergrößerungsgläser und folglich weniger Voyeurismus. Selbst im eigenen Haus, in dem Licht und Wärme nur spärlich vorhanden waren und Bade- und private Schlafzimmer fehlten, frönten die Menschen weder permanenter Nacktheit noch ausschweifendem Sex.

Der Medizin fehlte es an Instrumenten, um körperliche Mängel zu erkennen und zu behandeln. Wunden, Verletzungen, Geschwüre, Hautausschläge, Tumore, Polypen und viele andere Gebrechen wurden schlicht als »natürlich« angesehen und nicht untersucht. Einen medizinischen Imperativ für Vorsorgeuntersuchungen gab es nicht, und nur wenige Gesundheitsvorschriften forderten frische Luft, Sonnenlicht oder Bäder. Die Dermatologie existierte noch nicht. Selbstuntersuchungen des Körpers waren nicht vorgeschrieben – und es ist erstaunlich, wie häufig sie dennoch stattfanden. Die Medizin hatte noch nicht einmal eine Reihe unspezifischer – gonokokkaler und nicht-gonokokkaler – urethraler Infektionen diagnostiziert.[3] Viele Absonderungen aus den Genitalorganen, besonders bei Frauen, wurden von der Medizin als natürlich und unvermeidlich akzeptiert. Dabei handelte es sich aber oft um Infektionen wie dem Vaginalsoor (einer Pilzinfektion) und der Salpingitis (einer Entzündung des Eileiterkanals).[4]

Im 20. Jahrhundert fiel ein schärferer und konzentrierterer Lichtstrahl auf den menschlichen Körper – genau wie auf andere Oberflächen. Dieser Strahl erforschte in verschiedenen Formen auch das Innere des Menschen immer genauer und intensiver. Wie die Klingen der frühen Sezierer drang dieser Strahl (heutzutage in einer seiner verfeinerten Formen als Positronenemissionstomographie oder PET) bis in das innerste Gewebe ein, von dem man früher glaubte, es sei der unergründliche Stoff von Gottes Schöpfung. Wissenschaftler aller Disziplinen konnten daraufhin ganze Ordnungen des unendlich Kleinen im Menschen untersuchen; dabei schoben sie die Grenzen des Kleinen und Unsichtbaren immer weiter zurück.

Staub wird zu etwas Besonderem

Auch der Staub entging dieser großen Erhellung nicht. Er verlor seine Referenz als etwas Gottgegebenes oder als Folge menschlicher Betätigung. *Der* Staub, den die Menschen seit Jahrhunderten gekannt hatten, zerfiel in eine heterogene Ansammlung spezifischer Teilchen. Unter dem Mikroskop wurde er in Tausende einzelner Partikel aufgelöst, von denen jedes seine eigene Legion an wissenschaftlichen Experten zugeteilt bekam.

Seit dem Großen Saubermachen und der technologischen Revolution wurden alle Arten von Staub untersucht. Kosmischer Staub, der sich über das Universum verteilt, wurde in Nanogramm (10^{-9} Gramm) und sogar Femtogramm (10^{-15} Gramm) gemessen. Man untersuchte ihn mit Hilfe optischer Teleskope und berechnete ihn mit elementaren Quotienten, Isotopenquotienten und den Spuren kosmischer Strahlung.

Auf der ganzen Welt wandte man sich mit Neugier und Interesse dem Staub zu. Nationale und regionale politische Bemühungen versuchten beispielsweise die Ursachen der Staublunge einzudämmen. Viele Industrien – vom Bergbau über Steinbrüche und Mühlen bis zu Textil- und landwirtschaftlichen Betrieben – setzen feine giftige Staube, Schimmel und Pilze frei, die Atemwegserkrankungen auslösen und mit der Zeit selbst die kräftigsten Arbeiter zum Husten bringen. Und auch landwirtschaftliche Staube bergen Gefahren in sich.

Spezialisten haben die ungünstigen Wirkungen von Staubnebeln, Staubkonzentrationen und biologischen Aerosolen in der Schweine- und Geflügelhaltung geprüft und darüberhinaus die staubbedingte Erosion des Bodens, Staub bei Dürren und die Beziehungen der Dust Bowl zur globalen Erwärmung untersucht.

Einige der tödlichen Wirkungen von Staub treten jedoch viel unmittelbarer ein. In Getreidesilos und anderen industriellen Umgebungen kann ein einzelner Funke eine ungeheure Explosion auslösen (selbst die winzige Menge Elektrizität, die der menschliche Körper abgibt, reicht dafür aus). Zwischen 1900 und 1955 ereigneten sich in den Vereinigten Staaten annähernd 1000 schwere Staubexplosionen, die 650 Menschen töteten und Sachschäden in Höhe von etwa 180 Millionen Mark anrichteten. Diese Staubexplosionen – ausgelöst durch die feine, flüchtige, leichtentzündliche Materie des Staubs – ereigneten sich in Getreidesilos, Mälzereien, thermischen Kohletrocknungsanlagen, Holzverarbeitungs- und Lebensmittelbetrieben. Es gab auch Explosionen in Industrieanlagen, die mit Düngemitteln, Gummi, Papier, Zukker, Baumwolle, pulverisierter Kohle, Metallen, Plastik und anderen organischen und nicht-organischen Materialien zu tun haben.[5]

Staub beschäftigt die Industrie auf jeder Ebene. Flugasche – das sind in der Luft befindliche Teilchen nicht-brennbarer Asche – löst Debatten im US-Kongress aus und muß technisch erfaßt werden. (Wissenschaftler experimentieren zur Zeit mit einem Verfahren, mit dem Uran aus Kohlenflugasche wiedergewonnen werden kann.) Ingenieure suchen fortwährend nach Wegen, Staub aufzunehmen und zu entsorgen; sie setzen sogar Roboter bei diesem Vorhaben ein. Betriebsingenieure streben nach einer Kontrolle der winzigen Staube, die bei mechanischer Reibung und Vibration freigesetzt werden. Die Hersteller von Computerchips schließlich haben den Krieg gegen den Staub bis in den Bereich einzelner Partikel ausgeweitet.

In den letzten Jahrzehnten wurden Staube mit Luftverschmutzung, Säureregen und radioaktivem Fallout in Verbindung gebracht. Sie haben sich von einem Problem örtlicher Betriebssicherheit zu einer Frage regionalen und sogar globalen Umweltschutzes entwickelt. Radioaktive Staube wecken dabei die dramatischsten Sorgen. Nach der Katastrophe von Tschernobyl versuchten Wissenschaftler in ganz Europa die verseuchten Partikel zu messen, die bei der Nuklearschmelze in der Ukraine ausgeworfen worden waren.

Diese neuen Staube zählen, obwohl sie gelegentlich gutartig und manchmal sogar nützlich sind, in ihrer Mehrheit zu den Feinden des Lebens. Staub steht für Erosion, fehlende Vegetation und unfruchtbare Böden. Er dient als Nachweis für Entwaldung und Wüstenbildung und als Beleg für eine destruktive Entwicklung.[6] Vom Staub in seiner bösartigsten Gestalt nimmt man sogar an, daß er die Biosphäre bedroht.

Der überwältigenden Mehrheit der Menschen dürfte inzwischen klar sein, daß die kleinsten Dinge die Achillesferse der bedeutendsten Nationen sein könnten. Winzige Partikel werfen für die meisten Menschen von heute größere Schatten auf unseren Lebensraum als die Bedrohungen des Himmels. Das unendlich Kleine erheischt überall Aufmerksamkeit. Ob es nun Staubpartikel, Viren oder fehlgeleitete Protonen sind – all diese Feinde zwingen uns, unter Aufbietung aller Phantasie Technologien zu finden, mit denen man sie kontrollieren kann.

Die Wissenschaft kontrolliert das Kleine

Der Zweite Weltkrieg beschleunigte das Eindringen von Wissenschaft und Technologie in den Mikrokosmos. Wissenschaftler und Techniker konkurrierten miteinander in ihrem Bestreben, das Mikroskopische zu kontrollieren. Mit Hilfe der Mathematik und einer Unzahl von Theorien definierten sie einen neuen Mikrokosmos. Dank der Weiterentwicklung mechanischer und elektromechanischer Systeme zu Elektronik, Miniaturisierung, Digitalisierung und Softwaresteuerung entwickelten sie extrem genaue Maschinen, mit denen sie die Tiefen der Wirklichkeit ausloten konnten.[7] Mit Präzisions-Schneidegeräten zerlegten sie Dinge und setzten sie anschließend mit Superklebstoffen auf ganz neue Art zusammen.[8]

Ein entscheidender Bestandteil dieser Revolution war der Transistor, der Stromsignale entdecken und verstärken kann. Transistoren ersetzten Vakuumröhren und wurden dann ihrerseits dank der Mikrobauweise maßgeblich miniaturisiert und variiert. Heute kann man Millionen von Transistoren auf einem fingernagelgroßen Halbleiter anbringen. Computer wurden in Abhängigkeit von den Transistoren immer kleiner und schneller. Ihr Herzstück, der Mikroprozessor, ein Gerät, das ursprünglich aus einigen Transistoren zusammengesetzt war, kann inzwischen über eine Million Transistoren enthalten. Computer sind nur *eine* Demonstration der modernen Fähigkeit, Waren kleiner, leichter, komplizierter und nützlicher zu machen – und sie sind der Beweis, daß die Beherrschung des Großen von der Manipulation mikroskopischer Materialien und Prozesse abhängig ist.

Das Zentrum dieser Revolution bildet nicht die schlichte Entdeckung neuartiger Materialien, sondern vielmehr die neu entwickelte Fähigkeit, Materialien Schicht um Schicht, Elektron um Elektron zu entwerfen und herzustellen. Diese Fähigkeit, die sich bereits bei der Erfindung der Polymere bewährt hatte, manifestierte sich bei den Halbleitermaterialien in geradezu überwältigender Weise. In den 80er Jahren entwickelten die Bell Laboratories unter der Leitung von Frederico Capasso eine Technik, die als Molekularstrahlepitaxie bekannt ist und mit der man »einen Kristall ins Leben sprühen kann, und zwar je eine Atomschicht zu einem Zeitpunkt«.[9] In der Welt der Mikroarchitektur verheißen solche Erfindungen eine neue Technologie, die nach Auffassung einiger Leute eine Revolution darstellt, »ähnlich der ersten Zertrümmerung eines Steins vor 2,5 Millionen Jahren oder der Arbeit der primitiven Metallurgen, die vor 10 000 Jahren das erste Metall aus Steinerz schmolzen«.[10] Diese Technologie ermöglicht es, am Computer entworfene Materialien herzustellen, die den menschlichen Wünschen angepaßt sind. Unter diesem Blickwinkel ist die Periodentabelle der Schlüssel zu »jedem Diamanten, jedem Supraleiter, jedem optoelektronischen Kristall, jedem Stäubchen, jedem biologischen Gewebe, jedem Material, das es jemals gab oder geben wird« – wie ein Klavier, das für uns da ist, damit wir darauf spielen.[11]

Zu Beginn des 20. Jahrhunderts erschlossen die Atomtheorie und die Elektrizität Wege in die atomaren und subatomaren Tiefen. Der Telegraf, das Telefon und das Radio bewiesen, daß man unsichtbaren Strom beherrschen kann. Kurz nach der Entdeckung der Röntgenstrahlen entdeckte man, daß sie den menschlichen Körper durchdringen können. (Während des Ersten Weltkriegs verwandte Marie Curie Röntgenstrahlen bei französischen Soldaten, um eingelagerte Schrapnellteile zu lokalisieren.) PET-Abtastung, Ultraschall, Magnetresonanztomographie und andere nicht-invasive Techniken zur Diagnose und Behandlung haben die Tür zu diesem Wissenschaftsbereich noch weiter geöffnet. Die Ärzte diagnostizieren und heilen heutzutage mit Maschinen, die erfassen, was kein menschliches Auge zu erblicken in der Lage ist.

Wissenschaftler und Technologen machten in ihrem Bestreben, in die Geheimnisse von Materie und Energie einzudringen, das Unsichtbare zu ihrem Gegenstand. Sie erforschten das gesamte elektromagnetische Spektrum.[12] Studien über Strahlung führten zur Entdeckung und Anwendung von Mikrowellen. Diese werden von einem elektronischen Wellenverstärker und -beschleuniger erzeugt und sind nicht nur beim Kochen nützlich, sie spielen auch eine wesentliche Rolle für Radargeräte, drahtloses Telefonieren, Rundfunk, Kabelfernsehen und Strahlentherapiegeräte.[13] Teilchenstrahlung – die Alpha- und Betastrahlen bei Radioaktivität und anderen Arten von Strahlungen aus atomaren und subatomaren Partikeln – ist unerläßlich für Strahlentherapie, photoelektrische Zellen und elektronische Augen.

Moderne Wissenschaftler haben ihr Augenlicht durch Maschinen ergänzt, die Wellen und Impulse empfangen, messen und aufzeichnen, die für das menschliche Auge viel zu schnell und zu fein sind. Natürlich hatte die Wissenschaft bereits im 19. Jahrhundert begonnen, Licht aufzufangen und zu kontrollieren: Kameras hielten Bilder fest, die das menschliche Auge nicht aufzeichnen konnte; Radiometer wurden zur Erkennung und Messung von Strahlung eingesetzt; und Lichtmesser, Interferometer genannt, verwendeten Lichtwellen, um sowohl interstellare Entfernungen als auch Dinge zu messen, die so klein wie die Hälfte einer Lichtwelle sind – die Grenze der Meßbarkeit mit sichtbarem Licht.[14]

Wissenschaft und Technologie im 20. Jahrhundert drangen aber noch viel tiefer in die Abgründe des Mikrokosmos ein. Neue Teilchenmikroskope warfen ein weit besseres Licht auf die Versuchsgegenstände als Leeuwenhooks beste Linsen. Das herkömmliche Mikroskop vergrößerte Gegenstände bis zum Zweitausendfachen; das Elektronenmikroskop, das einen beschleunigten Elektronenstrahl verwendet, kann ein Objekt annähernd 1 Million Mal vergrößern. Indem man magnetische »Linsen« verwendet, die Elektronen in der gleichen Weise ablenken, wie Glaslinsen Lichtstrahlen krümmen, leitet eine Art des Elektronenmikroskops Elektronen durch das Objekt hindurch, während eine andere Variante sie vom Gegenstand abprallen läßt, um dessen Bild zu erstellen.[15] Das Rastertunnelmikroskop, das 1981 erfunden wurde, erzeugt »eine miniaturisierte topographische Karte der Hügel und Täler atomarer Ordnungen.«[16] Das Rasterkraftmikroskop aus dem Jahr 1985 verwendet Elektronen aus der Spitze eines Diamantensplitters, um die Oberfläche bestimmter Atome zu erforschen.[17] Die neueste Erfindung, das Positronenmikroskop, 1987 an der Universität von Michigan hergestellt, benutzt Isotope wie das Natrium-22, um die Welt der Atome noch genauer auszumessen. Mit zunehmender Beschleunigung wurde der Mikrokosmos durchbrochen, beobachtet und kontrolliert. Unsere Theorien und Maschinen haben Besitz von dem ergriffen, was unsere Augen nicht sehen und unsere Hände nicht berühren können.

So wie die Physik einen Teil des Mikrokosmos definierte, so erstellte die Biologie ein neues Lexikon der kleinen Lebewesen. Die Entdeckung des Aufbaus der DNA (Desoxyribonucleinsäure) im Jahr 1953, um den vielleicht wichtigsten Fall aufzugreifen, erwies sich als ein wesentlicher Schritt zum Verständnis der Replikation von Genen.[18] Die aus dieser Entdekkung entstandene Molekulargenetik ermöglichte es, die Gene in den Chromosomen verschiedener Spezies zu untersuchen und ein Genom zu beschreiben (die vollständige Menge des genetischen Materials in einem Individuum), was das Tor zum Klonen von Tier und Mensch öffnete. Am 24. Februar 1997 kam das Schaf Dolly auf die Welt, das von einem sechs-

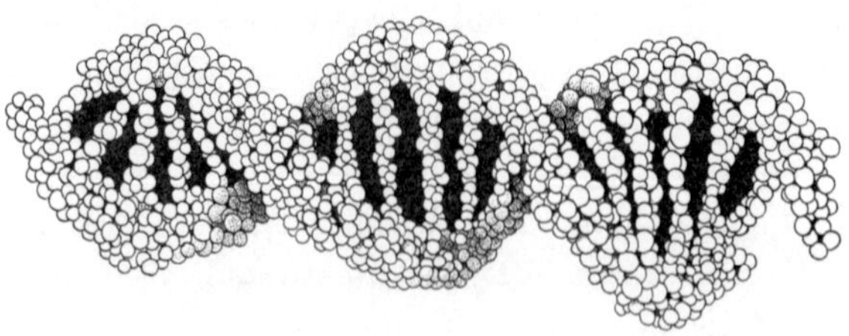

DNA

jährigen Mutterschaf geklont wurde, um ein genetisch identisches Lamm zu erschaffen. Dolly verursachte einen riesigen Aufruhr, an dem Experten und Laien gleichermaßen beteiligt waren, als sie die Konsequenzen menschlicher Manipulation an den verstecktesten, intimsten und winzigsten Teilen der Natur debattierten.[19]

Das Klonen, das als Kern der Miniaturisierung und Manipulation des Lebens verstanden werden kann, fordert unsere Wertvorstellungen heraus und regt unsere Phantasie an wie kaum etwas sonst. In einem gewissen Sinne ist das Klonen, definiert als die nicht-geschlechtliche Fortpflanzung des Zellkerns eines Elternteils, so alt wie das gärtnerische Beschneiden und Veredeln oder – wie etwa bei den Bakterien – die natürliche nicht-geschlechtliche Fortpflanzung von Organismen. Heutzutage heißt Klonen Replikation durch genetische Manipulation. In diesem Sinn übertraf das Klonen von Dolly, das die Aufmerksamkeit der ganzen Welt auf sich zog, alle früheren Formen des Klonens, bei denen Chromosomen von Embryos oder Jungtieren statt von ausgewachsenen Organismen verwendet wurden. Dolly wurde aus einer spezialisierten ausgewachsenen Zelle erzeugt, was sie zu einer exakten Kopie – einem Klon – ihrer Mutter macht.[20]

Das Klonen von Dolly wirft die Frage auf, ob die Kontrolle über das Unsichtbare zu einer genetischen Selbstherstellung des Menschen führen wird. Das Human Genome Project, das mit einem gewaltigen wissenschaftlichen Aufwand alle Gene auf jedem menschlichen Chromosom kartographisch darzustellen versucht, eröffnet die – wenn auch noch vage – Möglichkeit, daß Menschen in Geschäfte gehen können, um dort ihren eigenen Typ einzukaufen. Am Ende dieses 15jährigen Projekts – das anders als die meisten großen Unternehmungen seinem Fahrplan weit voraus ist – wird die Blaupause des menschlichen Lebens für die Menschheit sichtbar sein. Die Wissenschaft beherrscht heute, was sich die Menschen vor wenigen Jahrzehnten noch nicht einmal vorstellen konnten.[21]

Die Manipulation des lebenden und nicht-lebenden Kleinen schreitet heute in einer unfaßbaren Geschwindigkeit voran. Die menschliche Vorstellungskraft erhält Zugang zu verwirrenden und verblüffenden Mikrouniversen. Es gab einmal eine Zeit, da vergnügten sich Königshäuser damit, Fliegen vor Miniaturgeschützen anzuschirren. Heute dienen die Bakterien – von denen Millionen und Abermillionen ungesattelt auf der kleinsten Fliege reiten könnten – nützlicheren Zwecken. Sie führen nicht nur ihre uralten Aufgaben bei der Gärung von Bier und Wein fort, sondern werden außerdem genutzt, um Arzneimittel und Glasfaser herzustellen. Die Mikrobenart, die 1972 in den USA als erste patentiert wurde, vertilgt heute rund um die Welt ausgelaufenes Öl. Bakterien reinigen Flüsse von Zyanid oder bilden Enzyme, um DNA-Segmente zu isolieren, ein erster Schritt auf dem Weg zur Gentechnik. Eine amerikanische Bazillenbank bewahrt einen Vorrat von 55 000 gefrorenen Zellkulturen für zukünftige Arbeiten auf.[22]

Die Medizin war ein wichtiger Bestandteil dieser Neudefinition des Kleinen. Indem sie sich immer ausgefeiltere Techniken, Instrumente und Labors zunutze machte, wurde ihre Beziehung zu den Einzelheiten menschlichen Leben immer enger. Die Allergologen sind bis in die Schlafzimmer vorgedrungen und weisen nicht auf die Milben (die kleinsten bekannten Spinnen), sondern auf deren Ausscheidungen als tückischste Ursache von Allergien und Asthma.

Inzwischen inventarisiert die Medizin die Umwelt der Menschen. Sie zählt die feinsten Pollen (das lateinische *pollen* bedeutet Staub) und belegt, daß 10 000 Pollenkörner auf einem Stecknadelkopf Platz haben. (Bestimmte Pollen sind so »winzig und gleichförmig, daß sie dazu genutzt werden, Instrumente zu kalibrieren, die Tausendstel Zentimeter messen.«)[23] Die raffiniertesten Erfindungen der Pharmakologen – zu denen immer noch so zeitlose Werkzeuge wie Stößel und Mörser und so altbewährte Tätigkeiten wie das Zerkleinern und Mischen gehören – dringen bis ins Gemüt der Menschen und verändern ihre Stimmungen, Freuden und Lebensweisen. Lithium beispielsweise, das leichteste bekannte Metall, das auch bei Fusionsbomben, Keramik und optischem Glas zum Einsatz kommt, wurde in den frühen 70er Jahren – in winzige Partikel zermahlen – häufig gegen manisch-depressive Erkrankungen verschrieben. Heute hilft es (wenn auch nicht ohne Nebenwirkungen) Hunderttausenden von Menschen, ein normales Leben zu führen; Prozac, normalerweise als Puder in einer Kapsel verabreicht und ebenso populär wie umstritten, kam in den 90er Jahren als Medikament zur Behandlung von Depressionen auf den Markt.

Auch andere Wissenschaften beschäftigen sich mit winzigen Dingen. Geologen vermessen Berge und Meere anhand des Bodensatzes feinster Staube. Paläontologen prüfen die Mikrographien von vier Conodonten – die vielleicht die nächsten Nicht-Wirbeltier-Verwandten der Wirbeltiere waren –, die an einem Stecknadelkopf befestigt sind und debattieren dabei die Ursprünge des Lebens.[24] Palynologen – Pollen-Experten – verwenden die nahezu unzerstörbaren Pollenschalen, um die Kontinentaldrift, das Voranschreiten und den Rückzug von Eiszeiten, die Bildung der Meere und das Entstehen und Abnehmen der Berge zu bestimmen.[25] Genetiker haben ermittelt, daß die DNA prähistorischer Termiten in Bernstein stolze 25 Millionen Jahre alt ist.[26]

Termite in Bernstein

In Deutschland übertragen Radioastronomen die Suche nach dem Kleinen auf das Universum in seiner Gesamtheit. Sie suchen den Weltraum nach Molekülen ab, die die Ursprünge des Lebens anzeigen könnten. Das Radioteleskop in Köln, das sie verwenden, »ist so empfindlich, daß es die Spektrallinien einer Kerze registrieren könnte, die auf dem Mond brennt.« Noch beeindruckender ist, daß es Spektrallinien von Photonen erkennt, »die nahe dem Herzen der Milchstraße, 25 000 Lichtjahre entfernt, zu dunklen Wolken werden.« Obwohl die Forscher die theoretische Annahme noch nicht bestätigt haben, daß 90 Prozent der gesamten Masse des Universums sozusagen als der große verborgene Staub der Dinge im unsichtbaren Raum zwischen den sichtbaren Galaxien angesiedelt sind, erklärte ein deutscher Radioastronom, der an dem Projekt beteiligt ist, 1992, daß »aller Wahrscheinlichkeit nach die Atome und Moleküle der gesamten Menschheit die anderen Sterne mehr als einmal durchquert haben.«[27] Der Röntgensatellit bestätigt auf der Grundlage der Strahlen dreier Galaxien, die 150 Millionen Lichtjahre entfernt und so schwer wie 500 Milliarden Sonnen sind, daß 99 Prozent des Universums unsichtbar sind und 90 Prozent davon Partikel enthalten, die auf der Erde unbekannt sind.[28]

Der Computer trägt – ebenso wie unser heutiges Interesse an Messungen und Statistik insgesamt – entscheidend dazu bei, daß wir uns der Anwesenheit kleiner und unsichtbarer Dinge bewußt werden. Mit einer ungeheuren Anzahl einzelner 0-1-Schaltungen führen Computer komplizierte Funktionen aus, um den Kurs eines Raumschiffs zu berechnen, die unsichtbaren Tiefen der Erde auszuloten oder die Flügel eines Flugzeugs zu entwickeln. Je leistungsfähiger die Maschine ist, desto kleiner sind ihre Teile. Oder vielleicht ist es umgekehrt richtig: Je kleiner die Teile, umso leistungsfähiger die Maschine. In der Welt der Computer bedeutet Feinheit fast alles.

Die Nanotechnologie, die molekulare Techniken verwendet und den Traum von der atomaren Technik verheißt, beinhaltet mehrere Wissenschaften, darunter Chemie, Physik, Elektrotechnik und Materialwissenschaften. Ihre Praktiker arbeiten in Dimensionen, die kleiner als die Wellenlänge des Lichts sind (100 Nanometer oder 10^{-9} Meter), sie untersuchen Viren (10 Nanometer) und die DNA (2–3 Nanometer). Einige der Materialien, mit denen sie arbeiten, existieren nur für eine billionstel Sekunde. Eine Voraussetzung für ihre Arbeit ist die moderne Chemie, die jedes Jahr die geschätzte Menge von 12 Millionen spezifischer molekularer Verbindungen um eine halbe Million neuer Verbindungen erweitert.[29] Ihre Vorstellungskraft wird von den Molekularwissenschaftlern forciert, die solche von Grund auf neu konstruierten Materialien wie Nylon, Tyvek, Teflon und Superklebstoff hergestellt haben, aber auch von den Mikro-Maschineningenieuren, die, »nachdem sie 1948 den ersten Transistor gebaut hatten, lernten, logische Maschinen und Rechenmaschinen mit Komponenten im Mikronbereich zu entwickeln; damit schufen sie eine globale Industrie, die nur noch hinter der Landwirtschaft zurücksteht.«[30]

Die Arbeit dieser Wissenschaftler stützt die Behauptung

von Alfred North Whitehead: »Der Grund, warum wir uns auf einer höheren Ebene der Vorstellungskraft bewegen, besteht nicht darin, daß wir eine feinsinnigere Phantasie hätten, sondern darin, daß wir bessere Instrumente haben.«[31] Die Errungenschaften dieser Wissenschaftler beruhen –wie so vieles in der zeitgenössischen Wissenschaft – auf immens verbesserten Meßmöglichkeiten. Atomare und molekulare Detektoren und Sensoren existieren kaum länger als 20 Jahre, und bereits jetzt funktioniert vieles nicht mehr ohne sie: Sie warnen uns vor Rauch, identifizieren betrunkene Autofahrer, öffnen und schließen Türen, lesen und kopieren unsere Schriften und Markierungen. Die komplexesten unter diesen Maschinen ermöglichen es den Wissenschaftlern, räumliche Auflösung mit der Tunnelmikroskopie und der zeitlichen Auflösung ultraschneller Bildgeräte zu kombinieren. Zusammen ergibt all das ein mächtiges Werkzeug zur Untersuchung dynamischer atomarer Phänomene, welches das genaue Verfolgen molekularer Reaktionen erlaubt. Diese Neuerungen weisen, obwohl verläßliche (Herstellungs-)Techniken erst noch entwickelt werden müssen, den Weg zu neuen Materialsystemen mit einzigartigen physikalischen Merkmalen.[32]

Richard Feynman – dessen visionäre Vorlesung »Es gibt jede Menge Platz am Boden« von 1959 die Tür zur Nanotechnologie öffnete – überlegte, ob die Möglichkeit, »Atome nacheinander so anzuordnen, wie wir es wollen«, das Potential in sich berge, Maschinen in atomarer Größe und ultraminiaturisierte Computer zu bauen.[33] Die Nanotechnologie verfügt inzwischen nicht nur über computerisierte Geräte, sondern auch über winzige mechanische Gerätschaften, die mit Lagern, Getrieben, Nocken und Kupplungen in Mikron-Größe ausgestattet sind. Unter den Entwürfen der Enthusiasten finden sich ›Immunitätsmaschinen‹, die »Viren zerstören könnten, indem sie den Blutstrom durchstreifen. Im Innern dieser Roboter gäbe es winzige Gangschaltungen, die nicht größer wären als ein Proteinmolekül.«[34]

Ultrafeine Technologie bedeutet ultrafeines Messen (siehe die Beispiele in Tabelle 1). Um standardisierte Maßeinheiten zu definieren, wurden Linien auf dichten Legierungen durch Lichtstrahlen ersetzt. Zwischen 1945 und 1950 präzisierte das US-amerikanische Bureau of Standards die Lichtmessung durch bessere Längenstandards, indem es das Licht des Quecksilber-198 verwendete, eines Isotops, das bei der Umwandlung von Goldatomen in Kernreaktoren entsteht.[35] Präzision hängt in wachsendem Maß von Strahlung ab.[36]

Tabelle I
Maßeinheiten des Mikrokosmos

Beschreibung	*Länge (in Meter)*
1 Meter	1
Länge einer Katze	7×10^{-1}
1 Zentimeter (cm)	10^{-2}
Länge eines kleinen Insekts	7×10^{-3}
1 Millimeter (mm)	10^{-3}
Durchmesser eines menschlichen Haares	8×10^{-5}
untere Grenze des Sehvermögens eines unbewaffneten menschlichen Auges	4×10^{-5}
rotes Blutkörperchen	7×10^{-6}
Chromosom	10^{-6}
1 Mikron (tausendstel Millimeter)	10^{-6}
kleine Bakterie	2×10^{-7}
Virus	10^{-8}
1 Nanometer (nm)	10^{-9}
Durchmesser eines Atoms	$1\text{-}2 \times 10^{-10}$
1 Ångström (Å)	10^{-10}
1 Pikometer	10^{-12}
Durchmesser des Atomkerns	10^{-14}
1 Femtometer	10^{-15}

Übernommen aus: Herbert Klein, *The Science of Measurement: A Historical Survey*, New York 1974, S. 191f.

Selbst an der Jahrtausendwende wissen die meisten Menschen nichts von den feinsten Meßeinheiten der Wissenschaft. Dennoch lebt jeder von uns inmitten der Produkte und Prozesse, die von diesen Meßmethoden ermöglicht werden. Kraftfahrzeuge, Haushaltsgeräte und die Maschinen am Arbeitsplatz werden von Computerchips betrieben und mit immer präziseren Toleranzen hergestellt. In den Haushalten gibt es Sensoren und automatische Geräte aller Art, die Wärme und Feuchtigkeit regulieren, Lichter an- und abschalten, die Wasserversorgung sicherstellen, Pumpen und Zeitmesser betreiben, vor Feuer warnen und ausströmendes Gas entdekken. In naher Zukunft werden Häuser per Fernbedienung funktionieren, indem man einen Computer benutzt, der an Telefon und Fernsehen angeschlossen ist. Die Kontrollmechanismen werden zunehmend in und unter den Geräten verschwinden und damit unsichtbarer, aber immer beherrschender werden.

Wir haben uns bereitwillig in die Hände des technisch produzierten Unsichtbaren begeben. Unsere Abhängigkeit ist die Folge von Revolutionen. Die landwirtschaftliche, städtische und industrielle Revolution waren die ersten; die elektrische und nunmehr die elektronische Revolution haben uns immer weiter vorangetrieben. Die Zeitspanne zwischen den einzelnen Revolutionen hat dramatisch abgenommen, unser Vertrauen in unsichtbare Dinge dagegen ist umgekehrt proportional gewachsen. Die Knöpfe auf unseren Radio- und Fernsehgeräten, die Timer an unseren Herden und Heizungen, die Impfungen unserer Kinder – diese Dinge machen die Beherrschung des Kleinen zu etwas Gewöhnlichem.

Der Wunsch, das Winzige und Unsichtbare zu organisieren, es zu regulieren und zu manipulieren, hat sich auf die gesamte Welt ausgeweitet. Der ehemalige russische Präsident Boris Jelzin konsultierte zuerst den prominentesten Herzchirurgen Amerikas, bevor er sich einer Bypass-Operation unterzog. Mutter Teresa erhielt die anspruchsvollste medizinische Versorgung, die nur möglich war. Die Kontrolle unserer Welt, besonders wenn es um das körperliche Wohlergehen geht, ist ein begehrtes westliches Gut und mehr als alles andere verantwortlich für die materielle und oft unterstellte kulturelle Vorherrschaft des Westens.

KAPITEL ACHT

Noch immer lauert die Schlange

Der Planet ist nichts anderes als eine Melange aus Mikrobensuppen, die man über die 510 069 150 Quadratkilometer seiner Oberfläche vergossen hat. Wir als Individuen können sie nicht sehen oder ihre Gegenwart in irgendeiner nützlichen Art und Weise fühlen. Die Raffiniertesten ihrer Art haben die Fähigkeit, das einzige mikrobische Fühlsystem, das *homo sapiens* besitzt, zu überlisten oder zu manipulieren: unser Immunsystem.
Laurie Garrett, »The Coming Plague«

In den 90er Jahren erleben wir, daß für jede Krankheit, die besiegt ist, eine andere aufkommt oder zurückkehrt. Die Zahl der Infektionen hat den Traum vom gesunden Utopia zerstört.
Arno Karlen, »Man and Microbes«

Wie paradiesähnlich die Umgebung des Menschen auch geworden sein mag, wie staubfrei, erleuchtet und exakt geeicht – die Schlange ist noch nicht aus ihr verbannt. Sie hat immer noch Legionen winziger Verbündeter, obwohl diese nicht mehr wie früher in eine mit ELEND und SCHICKSAL beschriftete Verpackung gehüllt sind und als unabänderliche Bedingung des Lebens akzeptiert werden müssen. Die neuen Feinde sind einzigartig. Jeder hat seinen eigenen Namen und die Fähigkeit, seine ganz eigene Art von Furcht und Angst hervorzurufen. Der medusenköpfige Krebs zum Beispiel metastasiert in der Phantasie jedes Menschen auf unterschiedliche Weise. (Einer sieht, daß ultraviolette Sonnenstrahlen die Ozonschicht durchdringen und Hautzellen zugrunde richten. Ein anderer sieht seinen Onkel an Lungenkrebs sterben.) Gifte, die man verdächtigt, in der Luft, im Wasser und in den Lebensmitteln zu lauern, machen vielen Menschen Angst. Visionen von Cholesterin, das sich an den Arterienwänden festsetzt und dann wie Eisschollen in einem Fluß losbricht, bis es das Herz lähmt, machen das Kalorienzählen zu einer unheilvollen Selbstbilanz gegenüber dem drohenden Tod von innen.

Die Gesellschaft wiegt die kleinen Dinge inzwischen sehr sorgfältig. Kleines und Unsichtbares kann im Verborgenen wachsen, verletzen und töten. Es bedroht uns am Tisch, in Keller und Schlafzimmer und am Wasserhahn. Gefahren lauern überall dort, wohin unser Wissen und unsere Phantasie reichen. Die Furcht vor Drogen, Giften, Viren, Strahlung und Hunderten von Chemikalien nimmt ständig zu.

Unter den vielen neuen Feinden befinden sich auch Staube. Komplex und vielfältig greifen sie die Welt an. 1962 lenkte Rachel Carson in *Silent Spring* die Aufmerksamkeit auf eine neue Gattung furchtbarer Staube. Sie beschrieb die tödlichen Auswirkungen von Pestiziden wie DDT auf die natürliche Umwelt. Diese Pestizide sollten Fruchtpflanzen von schädlichen Insekten befreien und vergifteten gleichzeitig die Nahrungskette von den kleinsten Bakterien bis zu den größten Säugetieren.

Während die Massen in die Kinos strömten, um sich mit künstlichen Ängsten vor bakterienverseuchten Asteroiden und außerirdischen Sporen unterhalten zu lassen, zählte Carson die wirklich tödlichen *irdischen* Feinde auf. Annähernd 200 Insektizide und Herbizide wurden in den USA produziert, und weitere 500 fanden jedes Jahr ihren Weg in die weltweiten US-Absatzmärkte. Carson warnte, daß sie in wachsendem Maß die Grundlage des Lebens zerstörten. Sie zog eine Parallele zwischen Pestiziden und nuklearer Verseuchung – besonders durch Strontium-90, von dem kurz zuvor festgestellt worden war, daß es sich in Kuhmilch und menschlicher Muttermilch einlagert – und argumentierte, daß Pestizide sich in signifikanten Mengen in Pflanzen- und Tiergewebe akkumulierten. Sie drängen in Zellen ein und »zerstörten oder veränderten eben das Erbmaterial, von dem die Gestaltung der Zukunft abhängt.«[1]

Diese unsichtbaren Mörder, ob in flüssiger oder fester Form, reicherten sich überall dort an, wo sie wahllos eingesetzt würden. »In weniger als zwei Jahrzehnten,« schrieb Carson, »wurden sie gründlich in aller Welt verteilt, und sie kommen praktisch überall vor ... Man findet sie in Fischen abgelegener Gewässer, in Regenwürmern im Boden, in Vogeleiern – und im Menschen.« Sie hätten eine »ungeheure Macht, nicht nur zu vergiften, sondern auch in die vitalsten Prozesse des Körpers einzudringen und diese in unheilvoller und tödlicher Weise zu verändern.«[2] Sie könnten Enzyme zerstören, den Prozeß der Energiegewinnnung im Körper blockieren, Organfunktionen behindern, Krebs auslösen und genetische Mutationen herbeiführen.

Carson, die im Bereich der Ökologie arbeitet, schildert die Geschichte dieser verborgenen tödlichen Prozesse in schrekkenerregenden Bildern von ausgedörrtem Land, verseuchtem Wasser und massenhaft sterbenden Tieren. In »der Ökologie der Welt unserer Körper,« schreibt sie, »haben winzige Ursachen große Wirkungen ... Eine Änderung in einem Punkt, sogar in einem einzigen Molekül, kann im gesamten System widerhallen und Veränderungen in scheinbar nicht betroffenen Organen und Geweben auslösen.«[3] Diese Veränderungen könnten die Zellen »als chemische Fabrik« zerstören und dem Körper eben den Sauerstoff verweigern, den er zum Leben benötigt.

Carson beweist, daß viele dieser Chemikalien mutagen sind: Sie verändern Chromosomen und Zellen. Sie haben das

Potential, Lebendes in Monster zu verwandeln. Für Carson ist die Schlange eine menschliche Schöpfung und kein gefallener Engel: Die Wissenschaft, die viele unsichtbare krankheitserregende Organismen unter ihre Kontrolle gebracht hatte, schuf zugleich auf molekularer Ebene eine krebserzeugende Gesellschaft.[4]

Die apokalyptische Vision Carsons schildert die Rache des Winzigen als Antwort auf die menschliche Eroberung des Kleinen. Die Hybris der Beherrschung schafft die Katastrophe. Carson erklärt, rund um die Erde seien Tausende nützlicher Insektenarten durch Pestizide vernichtet worden, wohingegen sich tödlichere, gegen Chemikalien resistente Schädlinge ausbreiteten. Die chemische Gesellschaft, auf die die Menschheit so viele Hoffnungen gerichtet habe, rufe unabwendbar die perversesten und am schlimmsten fehlgeleiteten Moleküle ins Leben, und so würden die, die vom Gift lebten, durch das Gift zugrunde gehen.

Eine ökologische Vision des Mikrokosmos

Carson hielt es für unabdingbar, in Harmonie mit den winzigsten Teilchen der natürlichen Ordnung zusammenzuleben. Die Natur, so wie Carson sie verstand, konnte nicht länger als etwas Beobachtbares begriffen werden. Vielmehr blieb vieles von dem, was an der Natur wesentlich war, dem Auge verborgen.

Die ökologische Sichtweise versucht das menschliche Denken dahingehend zu beeinflussen, daß es sich um alles auf dem Planeten sorgt. Ihr emotionaler Kern besteht in einer Ehrfurcht vor dem Leben, die viele Gemeinsamkeiten mit der hinduistischen Verehrung für alles Lebende hat. Der Hinduismus vertritt die Überzeugung, daß alle Dinge ihren Platz in einem ewigen Fließen haben; alles hängt von allem ab; die Sterne spiegeln sich in der kleinsten Kräuselung des Wassers.

Carsons Ökologie begründete eine frische Wahrnehmung des Kleinen und Unsichtbaren, die in den 70er und 80er Jahren Gestalt annahm und populär wurde. Sie wurde auf niederdrückende Weise durch bestimmte Ereignisse, insbesondere dem Vietnamkrieg, bekräftigt. Der Krieg bildete die Bühne, auf der die stärkste industrielle, nukleare und chemische Macht der Welt, die USA, den Part des rücksichtslosen Naturzerstörers übernahm. Die Verwendung von Splitterbomben und Entlaubungsmitteln machten die USA und ihre chemische Industrie zu Feinden sämtlichen Lebens bis hinunter auf die Ebene von Zellen und Molekülen.

Weitere Ereignisse unterstützten die ökologische Sichtweise und ihr Verständnis des Unsichtbaren. In den späten 60er Jahren tötete die US-Armee auf dem Dugway Proving Ground in Arizona versehentlich mehrere tausend Schafe mit Nervengas. Viele, die von dem Zwischenfall lasen, fühlten – ganz unabhängig vom Ausmaß ihrer Empörung –, daß die Technologien und industriellen Entwicklungen auch sie selbst in unschuldige Lämmer verwandelt hatten, die jederzeit vom Staat zur Schlachtbank geführt werden konnten. Die Neuigkeiten über das Nervengas – dem düstersten und am meisten verheimlichten Bestandteil des Wettrüstens – riefen Erinnerungen an den Ersten Weltkrieg und die nationalsozialistische Vergasung der Juden im Zweiten Weltkrieg wach, und sie verschlimmerten die allgegenwärtigen Ängste, daß die technologische Zivilisation alles vergiften werde. Die Angst der Öffentlichkeit vor Nervengas hat Bestand, geschürt durch Enthüllungen im Zuge der Abrüstungsverhandlungen, chemische Unfälle wie die Katastrophe von 1984 im indischen Bhopal, den Einsatz von Giftgas durch die Sowjetunion in Afghanistan und den terroristischen Giftgasanschlag in der U-Bahn von Tokio.

Aber auch andere Ereignisse der letzten drei Jahrzehnte haben die menschliche Vorstellungskraft ins Mikroskopische, nach innen und nach unten geleitet. Ölkatastrophen lösen in trauriger Regelmäßigkeit Sorgen, Ängste und Bestürzung aus.

Das Grundwasser ist verseucht, die Flüsse sind verschmutzt, die Seen übersäuert und die Meere vergiftet. Tiere aller Größen und Gattungen – vom Wal bis zum Schreikranich – sind vom Aussterben bedroht. Ganze Regionen – Wälder, Wüsten, Prärien und Feuchtgebiete – sind tot oder von der Vernichtung bedroht. Enthüllungen über giftige und atomar verseuchte Abfallkippen produzieren Bilder einer Welt, die mit Wunden übersät ist, aus denen Flüsse voller tödlicher, unsichtbarer Chemikalien hervorsickern.

Die unsichtbare Verschmutzung von Wasser und Boden droht von unten, die der Luft von oben. Im Jahr 1858 machte London eine Erfahrung, die als Great Stink (Großer Gestank) in die Geschichte einging. Es flossen so viele Abwässer in die Themse, daß das Parlament wegen des Gestanks seine Sitzungen unterbrechen mußte. 1952 schrieb man dem Londoner »Erbsensuppen«-Nebel 4000 Tote zu.[5] Aber erst in den späten 60er und in den 70er Jahren wurde die Luftverschmutzung – bekannt als Smog – zu einer weltweit wahrgenommenen Bedrohung. Bei Smogalarm fordert man inzwischen Personen, die unter Allergien oder Asthma leiden, auf, zu Hause zu bleiben, und Kindern wird verboten, draußen zu spielen.

Als Reaktion auf die wachsende Bedrohung durch Umweltverschmutzung aller Art stürzten sich die Wissenschaftler kopfüber in das Studium der Aerosole, die im wesentlichen atmosphärische Staube sind.[6] Sie identifizierten eine Reihe chemischer Partikel und eine komplizierte Folge chemischer Reaktionen, die zur Luftverschmutzung beitragen. Die Größe von Aerosolen variiert von groben natürlichen Partikeln, wie sie Vulkane und Meerespflanzen ausstoßen, bis zu feinen synthetischen Partikeln, die bei Verbrennung mit hohen Temperaturen entstehen.[7] Viele dieser unsichtbaren Partikel erzeugen durch chemische Reaktionen Legionen von unsichtbaren Feinden, die das empfindliche Ökosystem schädigen.[8]

Die öffentliche Sorge um Boden-, Wasser- und Luftverschmutzung führte zu Regierungsverordnungen bezüglich industrieller Emissionen. Aus dem Einfangen, Filtern und Testen von Partikeln entwickelten sich berufliche Spezialgebiete. Die Kontrolle der Umweltverschmutzung erforderte Sachkenntnis, und so entstanden – beispielsweise in den USA – eine Bundesbehörde und auch zahlreiche Behörden in den einzelnen Bundesstaaten. 1978 verbot die US-Regierung Spraydosen, die Fluorchlorkohlenwasserstoffe (FCKWs) enthalten, da diese die Ozonschicht zerstören, die das Leben auf der Erde vor den ultravioletten Sonnenstrahlen schützt.[9] Die Vorstellungskraft der Menschen wurde arg strapaziert, als sie erfuhren, daß bereits etwas Deo oder Haarspray am Morgen die Atmosphäre schädigen und Kohlenstoffdioxid-Emissionen eine Schicht von Partikeln bilden könnten, die die Wärme in der Atmosphäre binde und so eine globale Erwärmung verursache. Diese wiederum könne aufgrund der schmelzenden Polareiskappen zu weltweiten Überflutungen führen. Aber die Wissenschaft wies die Menschen auch auf die gegensätzliche Möglichkeit hin: Industrielle und landwirtschaftliche Emissionen könnten eventuell eine Glocke entstehen lassen, die – ähnlich den Vulkanstauben in der Vergangenheit – das Sonnenlicht hemmen, die Atmosphäre abkühlen und so eine neue Eiszeit nach sich ziehen würde. Nur die Begriffsstutzigsten überhörten die eigentliche Botschaft: Die Menschheit gräbt sich ihr eigenes Grab, indem sie die natürliche Ordnung irreparabel zerstört und aus dem Gleichgewicht bringt.

Aus Furcht vor einer globalen Umweltkatastrophe entstanden in den USA sehr schnell neue akademische Disziplinen und Regierungsstellen.[10] 1963 verabschiedete der US-Kongress den Clean Air Act. 1970 bildete die Regierung die Umweltschutzbehörde. Die erste Fassung des Clean Water Act passierte 1972 den Kongress. In Europa kam es zu ähnlichen Entwicklungen. Vor allem die Jugend schloß sich begeistert grünen Parteien an, deren Popularität in den 80er Jahren ihren Höhepunkt erreichte. Der Westen war einer Meinung: Kleine Dinge sind große Dinge.

Das neu entstandene Umweltbewußtsein wurde von Ökologen, Umweltschützern, Tierrechtlern, Verfechtern alternativer Energien und Befürwortern einer Bevölkerungskontrolle geteilt und unterstützt. Dieser neue Schlag an Ökologen (der fast einheitlich aus der gebildeten Mittel- und Oberschicht stammte) stand ideologisch und emotional den Traditionalisten aus früheren Tagen recht nahe, die die »authentische« bäuerliche Art gegen die künstliche städtische zu verteidigen versucht hatten. Ihnen allen war eine erschreckende Vision des mikroskopischen Lebens auf der Erde gemein: Die Natur habe nicht genug Kraft, alle unsere Abfälle zu verdauen. Künstliche Schadstoffe schlügen die natürlichen Lösungs- und Säuberungsmittel aus dem Feld. Insekten, Würmer und Bakterien wurden nun – in einer erstaunlichen Kehrtwende der herkömmlichen westlichen Sichtweise des Kleinen – als die letzten Verteidiger der Natur betrachtet. Sie allein, so schien es, konnten den giftigen Schutt der menschlichen Gesellschaft beseitigen.

Ein neues Gitternetz auf dem Unsichtbaren

Die ökologische Sicht des Kleinen überlagerte die Mikrobentheorie, genau wie diese die Theorie der Dämpfe überlagert hatte. Ökologie und Mikrobentheorie, die beide die grundlegende Bedeutung von molekularen Prozessen und Mikroorganismen voraussetzten, riefen gemeinsam eine epidemiologische Überwachung des gesamten Bereichs der organischen Materie ins Leben.

Anders als die Mikrobentheorie setzte die ökologische Sichtweise jedoch das Natürliche mit dem Guten gleich. Diejenigen, die mit der Mikrobentheorie groß geworden waren, befürchteten, daß die neumodischen Ökologen einer Rückkehr zu Schmutz, Krankheit und Keimen huldigten. Viele jüngere Anhänger der sogenannten Umweltbewegung waren Nutznießer der nationalen Gesundheitsbestrebungen und seit einer oder zwei Generationen vor den Erfahrungen einer tödlichen Epidemie geschützt. Sie verdammten Pestizide. Die Hardliner unter ihnen rümpften ihre Nasen über synthetische Reinigungsmittel und verschmähten künstliche Deodorants und Seifen. Sie spülten ihre Toiletten seltener, um Wasser zu sparen. Sie verhielten sich – oft naiv *und* ostentativ –, als ob sie immun gegenüber den Krankheiten wären, gegen die die Generationen vor ihnen so vehement angekämpft hatten. Paraden junger Menschen marschierten wacker unter dem Banner »Zurück zur Natur«. Sie ließen die Dinge über sich hinwegkriechen und -krabbeln und hießen Schmutz und Staub willkommen. Sie vergaßen die Krankheiten früherer Jahre und sahen nicht, daß die winzigen Welten der Natur auch ihre Gefahren bergen.

Unabhängig von den extremen Praktiken und Ideen ihrer fanatischen Anhänger beruhte die ökologische Sichtweise auf einer völligen Neuordnung des Mikrokosmos. Sie definierte Verunreinigung neu und schuf so neue Tabus. Sie bestimmte auf eine komplett neue Art, was verschmutzt und was nicht verschmutzt war. Ihre Hauptdemarkationslinie trennte das Organische vom Anorganischen, das Natürliche vom Synthetischen, das Reine vom Künstlichen. Wenn ein Produkt »natürlich« war, war es nicht nur gesund für den Körper, sondern es brachte den Konsumenten auch geistig in Einklang mit der Ökosphäre.

Den inbrünstigsten Glaubenssätzen der ökologischen Sichtweise folgte ihre fromme Befolgung im Alltag. Wie eine Religion setzte die ökologische Sichtweise viele Sekten und Gefolgsleute in die Welt. Ihre fanatischsten Anhänger zogen sich in die Berge zurück und aßen Beeren und Honig. In den Vorstädten ernährte sich eine große Zahl gläubiger Anhänger aus den Mittelschichten biodynamisch, nutzte ihre Kleinwagen seltener und unterhielt sich auf die gleiche Art über unsichtbare, allgegenwärtige Karzinogene, wie die Bauern sich einst über das Wetter unterhalten hatten. Sie bemühten sich ernsthaft um ein natürliches, reines Leben.

Der Kern dieses Glaubens war Reinheit, und er erforderte eine akribische Beschäftigung mit kleinen Dingen. Wie alle großen Glaubenssysteme erlaubte auch die Ökologie ihren Anhängern, die kleinsten Dinge des täglichen Lebens zu klassifizieren, während sie gleichzeitig ein Gefühl kosmischer Gemeinschaft mit anderen (in diesem Fall allen Lebewesen) anbot. Zwar rief ihr Glaube zu Reformen auf, aber er gewährte auch die ekstatische Vorstellung, die Einzelheiten des Lebens bildeten einen perfekten Miniaturkosmos. Diese Sicht der Dinge ließ sich mit dem Pazifismus der jüngeren Generation in den USA und Europa gut vereinbaren, wohingegen sie mit den Glaubenssätzen der älteren Generation, die stolz auf ihre Schlachten zum Wohle der Nation gegen sichtbare und unsichtbare Bedrohungen war, heftig zustammenstieß.

Allerdings konnten selbst die glühendsten Befürworter der Ökologie ein Paradoxon in ihrem Gefüge nicht auflösen: Denn obwohl sich die Menschen um die Natur sorgen sollten, sorgt sich die Natur nicht immer um die Menschen.

Die Schlange zeigt sich wieder

Die Grenzlinien des Kleinen und Unsichtbaren, wie sie von den Ökologen der 1960er und 70er Jahre gezogen worden waren, überlagerten sich mit den Sorgen um radioaktive Verseuchung. Die Radioaktivität hielt die Menschen immer wachsam für unsichtbare Bedrohungen. Der Unfall in Three Mile Island im Jahr 1979, bei dem eine nukleare Katastrophe drohte, versetzte der Ausbreitung der nuklearen Energie in den USA den Todesstoß. Die dann tatsächlich eintretende Kernschmelze in Tschernobyl 1986 verteilte Radioaktivität über große Teile Ost- und Nordeuropas und war der Auslöser für den weltweiten Ruf nach weitergehenden Studien über die Auswirkungen von Strahlung auf menschliche Zellen.[11]

Die frühen Phasen der sowjetischen und amerikanischen Abrüstung lösten zusammen mit der Ausweitung nuklearer Programme in Irak und Nordkorea Fragen nach dem tödlichsten aller Schwarzmärkte aus – dem mit nuklearen Materialien. Internationale Proteste gegen die Wiederaufnahme von Atomtests im Pazifik durch die Franzosen zeigten deutlich die Vitalität der Ängste innerhalb der Bevölkerung vor subatomaren Partikeln.

Fast alle Menschen haben ein Gespür für das Unsichtbare entwickelt, denn nahezu alles, was wir essen, trinken und atmen, gilt als krebserregend. Überall finden wissenschaftliche Sitzungen statt, bei denen über die Beseitigung radioaktiver Staube und anderer giftiger Materialien debattiert wird. Die Gesundheitserziehung lehrt uns immer häufiger, daß selbst die winzigsten Mengen bestimmter Gifte Millionen Menschen töten können. Die gesamte Bevölkerung, insbesondere die Mittelklasse, die ihr Wohlbefinden inzwischen in Milligramm an Lebens- und Arzneimitteln mißt, schafft sich ein neues Lexikon, das Hoffnungen und Ängste, in tausendstel Gramm gemessen, aufführt.

So sicher das Leben der Städter auch ist – speziell wenn man es mit dem ihrer staubigen bäuerlichen Vorfahren vergleicht –, sie fühlen sich noch immer von winzigen Feinden bedroht. Jede Generation entfernt eine Schicht der Bedrohungen und entdeckt darunter eine neue. Heutzutage mahnen Medien und Regierungen die Öffentlichkeit zur Vorsicht gegenüber chemischen Produkten, Mikrowellengeräten und Allergenen. Ernährungswissenschaftler führen den Verbrauchern vor Augen, daß Nahrungsmittel sie Gramm für Gramm vergiften. Die alten, sichtbaren Feinde wie Würmer und Staub wurden durch geheimnisvollere ersetzt. Man hat ganze Gebäude für »verseucht« erklärt – wegen Asbests in den Wänden oder anderer synthetischer Materialien, die die Bewohner vergiften. Eine Zeitungsschlagzeile entlarvt den »giftigen Arbeitsplatz«. Ein Zeitschriftenartikel behauptet, daß »Mikroben in den Röhren von Heizungen, Belüftungen und Klimaanlagen leben und sich vermehren.«[12] Daß Gebäude »krank machen« können, ist in den 1990er Jahren zu einer stehenden Redewendung geworden – und viele Arbeitnehmer befürchten, täglich von ihren Computern, Handys, Stühlen und Teppichen vergiftet zu werden.

Seit den 60er Jahren haben sich in der Tat neue Horden unsichtbarer Feinde am Horizont versammelt. Viele Menschen, die in der Vergangenheit mehr als andere von der menschlichen Kontrolle über das Kleine profitierten, haben sich inzwischen den Ökologen angeschlossen und kritisieren die Ausbeutung der Natur durch die Zivilisation. Argumente, die schon viele Jahre gegen den westlichen Materialismus, Kapitalismus und Imperialismus ins Feld geführt worden sind, finden nun plötzlich Eingang in die Standardrhetorik der Umweltschützer und Ökologen. In Anbetracht des heute eskalierenden und modischen Moralisierens gegen alles Westliche ist es nur ein kleiner und zudem schicker Schritt von der Kritik der westlichen Gesellschaft als Ausbeuter der Ureinwohner der Welt bis zu ihrer Verdammung als Zerstörer der Biosphäre.

Diese Sichtweise der menschlichen Beziehung zur Natur hat in den letzten Jahrzehnten eine weitere Wendung erfahren: Man glaubt, daß das Kleine zurückschlägt. Laurie Garrett legt in *The Coming Plague* auf quälende Weise nahe, daß man in der Wiederkehr der Pest die Nemesis für den Fortschritt im Mikrokosmos zu sehen habe.[13] In dem Maße, in dem die Bevölkerung auf der Erde zunehme und interagiere, verlören Viren und Bakterien ihre natürlichen Wirte und wichen so auf den Menschen aus. Der Jäger werde zum Gejagten.

Bestimmte Mikroorganismen, deren Ausrottung von den Gesundheitsorganisationen prophezeit worden war, haben sich angepaßt und überlebt. Tödliche Krankheiten früherer Jahre inszenieren, nun resistent gegen die einst wirksamen Arzneimittel, ein erschreckendes Comeback. Syphilis, Malaria und Masern ängstigen einmal mehr die Menschen.[14] Die

Lyme-Borreliose und das Felsengebirgsfieber breiten sich besorgniserregend aus. In den Vereinigten Staaten sind Gelbfieber und Tuberkulose wieder aufgetreten. Selbst Fälle von Beulenpest wurden in Vietnam und den Vereinigten Staaten bekannt. Zähere Spielarten der Erkrankungen zwingen die Medizin, eine neue Generation von Medikamenten zu entwickeln. Die Nationen befürchten tatsächlich, daß die Zivilisation auf dem unsichtbaren Schlachtfeld der Krankheiten, auf dem sie vor einem halben Jahrhundert noch wie der Sieger aussah, besiegt werden könnte.

Neue Krankheiten schaffen neue Ängste. Mitte der 90er Jahre wurde Großbritannien von der Entdeckung erschüttert, daß eine Variante der Creutzfeldt-Jakob-Krankheit, einer seltenen und tödlichen Gehirnkrankheit, durch den Verzehr von Rindfleisch ausgelöst werden kann, wenn das Rind mit BSE (bovine spongiforme Enzephalopathie) infiziert ist. BSE oder Rinderwahnsinn wiederum verbreitet sich durch die Verwendung von Viehfutter, das Fleischabfälle von Schafen enthält, die an Skrapie (der Traberkrankheit) erkrankt sind – eine Krankheit, von der man glaubte, sie sei für andere Tiere nicht ansteckend. Die Bestätigung der Verbindung zwischen Creutzfeld-Jakob und BSE hatte in Großbritannien den Zusammenbruch des Rindfleischmarktes zur Folge und kann bis heute in ihrem Umfang nur erahnt werden. Der Krankheitserreger ist ein Prion, eine Lebensform, die noch kleiner und rätselhafter als die der Viren ist – und zudem eine, die von den konventionellen Sterilisationstechniken unbeeinflußt bleibt.[15] Noch ein angsteinflößendes Mikrowesen lauert also im Unsichtbaren.

Arno Karlen führt in *Man and Microbes* eine Liste von annähernd 30 neuen Krankheiten seit 1951 auf.[16] In den letzten Jahren haben in den USA das toxische Schocksyndrom, die Hongkonggrippe und die Legionärskrankheit öffentliche Aufmerksamkeit erregt. Noch erschreckender ist, daß selbst in den westlichen Staaten die afrikanischen hämorrhagischen Fieber Lassa, Marburg und Ebola aufgetaucht sind.[17]

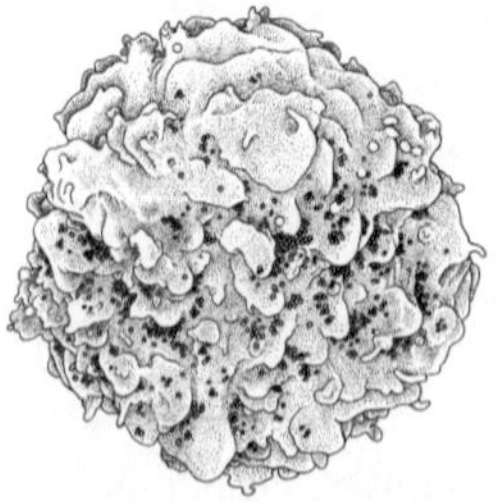

HI-Viren, die ein weißes Blutkörperchen als Brutstätte verwenden. Die Punkte sind Viren im Entwicklungsstadium.

HIV (human immunodeficiency virus) hat bereits Millionen Menschen rund um den Erdball getötet und Millionen weitere infiziert, und das, obwohl es sich nicht so leicht verbreitet und auch nicht so schnell tödlich wirkt wie die neuen hämorrhagischen Fieber. HIV – unsichtbar, aber folgenreich – hat eine leidenschaftliche moralische Debatte ausgelöst. Aber der wirklich heimtückische Charakter von HIV liegt in den mikroskopischen Tricks, die es mit dem menschlichen Immunsystem anstellt. Das Virus wechselt permanent seine Struktur und verschafft sich so Einlaß in die weißen Blutkörperchen, deren Aufgabe es eigentlich ist, unbefugte Eindringlinge einzukreisen und zu vernichten. Wenn die weißen Blutkörper lahmgelegt sind, verläßt das Virus seinen Wirt, der nun Freiwild für alle Arten von Infektionen ist. Mehr als jede andere Krankheit hat HIV die Vorstellungskraft gezwungen, sich den tödlichen Kräften des Mikrokosmos gegenüber wieder zu öffnen. HIV hat sich als die hinterlistigste Schlange bei der Rückeroberung des Paradieses erwiesen.

Unser Leben wird weiterhin von unsichtbaren Feinden aus der Unterwelt bedroht, die grausamer sind als die gleichgültigen Atome von Lukrez. Wir haben keine andere Wahl, als Wissenschaft und Technologie weiterhin zuzutrauen, daß sie die unsichtbaren Wesen kontrollieren werden, denn die Erde, dieser liebliche Garten, ist noch immer kein sicherer Ort.

SCHLUSS

Wer wird zittern beim Anblick dieser Wunder?

Kleine Zahlen zählen. Ein kleines Ungleichgewicht zum Beispiel im Verhältnis von Partikeln und Nicht-Partikeln läßt einen Kosmos von 50 Milliarden Galaxien und einen bewohnbaren Planeten Erde entstehen. Eine kleine Änderung im Cholesteringehalt kann unverhältnismäßig große Änderungen in der Zellfunktion bewirken. Das Schlagen eines Schmetterlingsflügels in Südasien vermag das Wetter in San Francisco zu ändern.
David Toolan, »Praying in a Post-Einsteinian Universe«

Jene Meisterin des Irrthums, die man Phantasie nennt und Meinung, ist umso mehr Betrügerin, weil sie es nicht immer ist ...
Blaise Pascal, »Gedanken«

Die dramatische Begegnung dieses Jahrhunderts mit dem Kleinen und Unsichtbaren deutet auf eine wesentliche kulturelle Revolution hin. »Denn wer«, so die Worte Pascals, »bewundert nicht, daß unser Leib, der eben erst nicht bemerkbar war in dem Universum, das selbst unbemerkbar ist im Schloß des Alls, jetzt ein Koloß ist, eine Welt oder vielmehr ein All im Betracht der letzten Kleinheit, wohin man nicht gelangen kann?« Jeder, der von sich selbst wisse, daß er existiert »zwischen den beiden Abgründen des Unendlichen und des Nichts ... wird zittern beim Anblick dieser Wunder ...«.[1]

Das 19. Jahrhundert hielt es mit den kolossalen Dingen: große Visionen, ungeheure Unternehmungen und erhabene Gebäude. Es gründete profitable Industrien, legte Schienen quer durch Kontinente und öffnete den Sturmwinden weite Flächen voller Staub, Schmutz und Sand. Seine städtischen Errungenschaften verwandelten die Dörfer und machten Bauern zu Nationalbürgern. Das 20. Jahrhundert wandte seine Aufmerksamkeit sehr feinen und mikrokosmischen Dingen zu, obwohl es die Bindung des 19. Jahrhunderts an Großprojekte geerbt hatte. Es erzitterte durchaus nicht in Ehrfurcht vor Pascals zweiter Unendlichkeit, der des Nichts. Vielmehr behandelte es die Fülle des Winzigen als Wildnis, die es zu erforschen und zu unterjochen galt. Es ließ die alten Königreiche des Kleinen neben den neuen Welten des Unsichtbaren verblassen. Das 20. Jahrhundert richtete den Blick des Menschen nach unten.

Nichts war für die Wissenschaft des 20. Jahrhunderts zu klein oder zu abseitig, um es zu studieren. Kaum waren Atom und Molekül, Zelle und Mikrobe definiert, wurden sie schon als Zugänge zu zahllosen anderen Miniaturwelten genutzt. Als ob sie eine endlose Folge von russischen Puppen aus russischen Puppen herausholten, so orteten Wissenschaft und Technologie des 20. Jahrhunderts Unendliches innerhalb des Endlichen. Ihre Ergebnisse vermehrten sich schneller, als Ethik, Politik und öffentliche Meinung sie verstehen konnten. Es schien keinen Boden im Reich der Dinge zu geben. Denen, die hinabspähen, wird noch immer schwindlig.

Das 20. Jahrhundert stellte die herrschende Hierarchie des Seins auf den Kopf. Es widersprach dem, was seit der Antike als gültig vorausgesetzt worden war – daß Sein und Form vom Hohen ausgehen –, und erklärte den Mikrokosmos zum Ursprung des Makrokosmos. Die Wahrheit über das Große finde man im Kleinen.

Zu Beginn des 20. Jahrhunderts lieferte das astronomische Modell der Galaxie – Planeten, die sich um die Sonne drehen – ein Modell für das Atom: Elektronen, die um den Kern kreisen. Nun, am Übergang ins nächste Jahrhundert, wird die Physik des Himmels auf die Wissenschaft von den Partikeln reduziert. Winzige Dinge faszinieren, und das Kleine wird immer noch kleiner. Man hat herausgefunden, daß Atome Partikel und Kräfte beinhalten, die sich – ohne eine Masse zu besitzen – in Impulsen und Wellen bewegen.

Erde, Himmel und Meere wurden erforscht, tierisches und pflanzliches Leben bis ins Detail studiert.[2] Der menschliche Körper (ein Hauptgebiet für die Expansion der Forschung ins Kleine und Unsichtbare) besteht aus regelrechten Kontinenten, die von den verschiedensten Wissenschaften erforscht werden. Die Manipulation ausgewählter Moleküle bildet die Grundlage ganzer Industriezweige.

Der gute alte Staub hat, während Wissenschaft und Technologie nach innen und unten vorgedrungen sind, seine Rolle als Inbegriff des Kleinen verloren, obwohl er – speziell im ländlichen Leben – noch immer reichlich vorhanden ist. Vom Staub nimmt man nicht länger an, daß er die Oberfläche der Dinge bilde. Glatte, mitunter farbige und wasserresistente synthetische Oberflachen überziehen unsere Straßen, Wände, Fußböden und Möbel. Asphalt und Zement (die zugegebenermaßen bei ihrer Gewinnung und Herstellung viel Staub aufwirbeln) ersetzen Erd-, Sand- und Kieswege. Sattgrüne Rasenflächen und Gärten sind an die Stelle von staubigen Höfen und freiem Gelände getreten.

Der Staub bildet nicht länger die Grenze zwischen Sichtbarem und Unsichtbarem. Er ist porös geworden, seit man ihn mit winzigen Instrumenten und zahllosen Theorien vom Mikrokosmos durchdrungen hat. Wie andere Hindernisse für Licht und Wissen – einschließlich der Haut und der Dunkelheit – wurde der Staub in seine Bestandteile zerlegt. Seine realen und magischen Kräfte sind genauso verschwunden, wie Riesen, Engel, Hexen und andere unsichtbare Geschöpfe an den Rand des Erlebens gedrängt worden sind. Der Staub hat seine altertümlichen und metaphorischen Kräfte verloren und ist nur noch ein Objekt von Laboranalysen auf der einen und allen erdenklichen Reinigungsmitteln auf der anderen Seite. Er verkündet nicht länger das Verstreichen der Zeit und die Vergänglichkeit alles Lebenden, verbirgt keinen magischen Stoff spontaner Fortpflanzung in sich und verwandelt nicht augenblicklich, worauf er sich niederläßt. Die Redewendung »Asche zu Asche, Staub zu Staub« hat viel von ihrer Bedeutung verloren, auch wenn sie immer noch wahr ist.

Jenseits des Staubes

Die Errungenschaften des 20. Jahrhunderts führen uns zu der Frage, wie die Menschen der Zukunft das Kleine erfahren und sich das Unsichtbare vorstellen werden. Wie werden die Menschen, da sie den Kontakt mit der traditionellen Ordnung des Kleinen und Unsichtbaren weitgehend verloren haben werden, über neue Ordnungen des Winzigen nachdenken, und wie werden sie sich ausdrücken? Wie wird ihre Beziehung zu den Mikrowelten sein, über die man heutzutage noch nicht einmal Vermutungen anstellt?

In den letzten 150 Jahren hat die urbane Industriegesellschaft den Kontakt mit einer ganzen Reihe von mikroskopischen Dingen verloren, die einst die menschliche Umwelt und das vorherrschende Gefühl für das Kleine definierten. Das menschliche Leben wird heute von abstrakten Gesetzen geformt und von Behörden reguliert. Die meisten Menschen im Westen haben jedes Gespür für die Verarbeitung von Materialien verloren, da die Waren in Massenproduktion hergestellt werden. Sie arbeiten immer weniger – ausgenommen bei Hobbies und künstlerischen Tätigkeiten – mit feinen Gegenständen und in Arbeitsabläufen, die mit Nähen, Töpfern, Holzbearbeitung oder sogar Landwirtschaft zu tun haben. Die Welt, die unsere Vorfahren noch in ihren

Eigenheiten und Details kannten, tritt heute als homogenisiertes Ganzes auf.

Die Gesellschaft hat sich dem Großen Saubermachen unterzogen. Der Staub und seine Verbündeten, die vormals im täglichen Leben etwas Selbstverständliches waren, werden jetzt als Makel des modernen Lebens betrachtet; Gesten, die an Staub und Dreck denken lassen (Kratzen, Spucken, Nasebohren), werden als ungehobelt verurteilt. In der Welt von heute sind vor allem saubere und verfeinerte Gegenstände willkommen. Aufdringliche kleine Dinge – wie Pickel und Fußschweiß, Fliegen und Milben, Unkraut und sogar Moleküle von Pestiziden – werden zu Objekten von Spezialbehandlungen.

Natürlich lehnen einige Menschen die Welt der Hygiene ab, die vom Großen Saubermachen erschaffen wurde. Schmutzige Kleidung, zottiges Haar und Hütten in den Wäldern sind nur einige ihrer Methoden, um Distanz zum sauberen und ordentlichen städtischen Leben der Mittelklasse zu wahren. Sie fühlen sich rein, wenn sie den Staub und den Schmutz umarmen und nicht das Künstliche. Schon innerhalb der Bohème im Paris des 19. Jahrhunderts haben einige Intellektuelle und Künstler Staub und Schmutz favorisiert, um so das Bürgertum zu verhöhnen und die eigene Bindung an die Erde und das unverdorbene Landvolk zu bekräftigen. In einigen Kreisen, die man gewöhnlich mit der politischen Linken gleichsetzt, hat diese Anhänglichkeit eine Identität gestiftet und eine Ideologie entstehen lassen. Die künstlerische Glorifizierung des Einfachen – all dessen, was dunkel, schmutzig, erdig und daher fundamental, überdauernd und leidenschaftlich ist – kann man in den Gemälden von Millet und van Gogh entdecken, insbesondere in denen des letzteren mit ihren starken Pinselstrichen und den dick aufgetragenen Farben. Naturalisten wie Zola, die ein Auge für das Rauhe und Schmutzige hatten, verliehen derselben Sehnsucht mit einem anderen Medium Ausdruck.

Die Künstler sind nicht die einzigen, die sich der Dunkelheit und Unordnung inmitten einer Welt voller Geschwindigkeit, Effizienz, Licht und Sauberkeit verbunden fühlen. Selbst Menschen ohne intellektuelle oder ästhetische Ansprüche genießen es mitunter sehr, zurück zu ihren Wurzeln zu kehren. Dieser Drang des »back to the roots« kann sich im Besuch auf dem Bauernhof eines Verwandten äußern, in einer Woche anspruchslosen Lebens in der Wildnis oder als tüchtiges Schwitzen beim Holzhacken. Für einen Teil jeder Generation der Moderne verschwimmen Staub und Schmutz der vorangegangenen Generationen in einer Aura der Nostalgie. Vieles von dem, was in der Umweltbewegung als Verteidigung des Natürlichen daherkommt, mag eine Suche nach Einfachheit und Gemeinschaft in einer zunehmend komplexen Zeit sein.

Da Staub und Schmutz inzwischen aus dem Zentrum des synthetischen und regulierten Lebens verschwunden sind, wirken die mit ihnen gebildeten Metaphern mittlerweile kurios: »the dust has settled« – »die Aufregung hat sich gelegt«, »throw dust in someone's eyes« – »jemandem Sand in die Augen streuen« oder »dust someone's jacket» – »jemanden vermöbeln (eigentlich: jemandem das Jackett ausstauben)«. In dem Maße, in dem Staub, Sandflöhe und alle Arten ärgerlicher Schädlinge ihren Stachel in der menschlichen Umwelt verloren haben, haben sie auch ihren sprachlichen Zugriff eingebüßt. Ihr Platz wurde von der modernen Sprache der wissenschaftlichen Entdeckungen und technischen Erfindungen eingenommen. Chips, Bits und Bytes, Bakterien, Viren und DNA stellen die Metaphern zur Verfügung, die die täglichen Unterhaltungen anreichern. Falls sich Menschen zu den Worten und Metaphern entwickeln, die sie benutzen, müssen wir uns die Frage stellen: Sind wir Zeugen der Geburt eines neuen Geistes und mithin eines neuen Menschen?

Die neue mikrokosmische Ordnung verabschiedet sich von einer Welt der Bilder, die aus sichtbaren und fühlbaren Dingen gestaltet war. Sie macht die Sprache und die Metaphern zunichte, aus denen die Phantasie einst ein wertvolles und erhabenes Reich des Unsichtbaren erbaute, und stellt neue Arten von Erfahrung und Phantasie zur Verfügung. Moderne Menschen können sich das Kleine und Unsichtbare, wie es von Folklore und Religion dargeboten wird, in der Tat nur noch mit großen Schwierigkeiten vorstellen. Gleichzeitig sind sie von den Mikrowesen unserer Zeit in Anspruch genommen, von denen ihre Behaglichkeit und ihr Überleben abhängen. Kurz gesagt: Moderne Menschen sind mit einem neuen Mikrokosmos verheiratet, der zu eindrucksvoll und umfassend ist, um ihn zu ignorieren, aber zu mannigfaltig und unergründlich, um ihn zu verstehen.

Neue Erfahrungen, neue Menschen, neuer Geist

In der westlichen technischen Gesellschaft des späten 19. Jahrhunderts wurden neue Denkrichtungen von der Vorstellung angezogen, nichts in der Welt sei zu klein, um nicht gesäubert zu werden. Während der ersten Hälfte des 20. Jahrhunderts insistierte das Große Saubermachen nicht nur auf einer ordentlichen und staubfreien, sondern auch auf einer keim- und giftfreien Umgebung. Die materielle Basis, die dieser beispiellosen Erwartung zugrundelag, bestand aus so bescheidenen Dingen wie Wasserrohren, Pumpen und Abwasserleitungen.

Kader öffentlicher Gesundheitskämpfer bildeten zusammen mit den Institutionen, von denen sie für ihren Dienst verpflichtet worden waren, regelrechte Kampftruppen, erpicht darauf, das Mikroskopische zu beherrschen. Leidenschaftlich, ja regelrecht besessen prangerten sie die Anwesenheit von Staub und Mikroben in den intimsten Bereichen von Stadt, Familie und Körper an.

Mit der Verbannung des unerwünschten Winzigen entstand eine neue Ästhetik. Sie basierte auf der Vorstellung, die Leute sollten nur das sehen, was sie zu sehen wünschten. Die neue Ästhetik (mit der einige Einsiedler und viele Künstler nicht übereinstimmten) erklärte, die Welt müsse nicht länger staubig und dunkel sein – noch nicht einmal in der Nacht!

Sie bekräftigte: Das Licht leuchte. Überall sei Farbe. Die Welt sei ein schöner Garten. Jede Frau und jedes Kind sei farbenfroh gekleidet, so hell wie eine sonnenüberflutete Blumenbank. Die meisten Frauen – aber nur wenige Männer – verstanden den Preis dieser Ästhetik. Sie erforderte beständige Wachsamkeit und Bemühung gegenüber dem rebellischen und aufdringlichen Kleinen. Die Frauen, die seit Generationen begriffen hatten, daß sie für die Herstellung von Harmonie und Schönheit das Kleine und Besondere beherrschen mußten, erkannten, daß sie in ihren Haushalten Maschinen, Arznei- und Reinigungsmittel ebenso benötigten wie die Kunst, Pickel und Flecken zu entfernen. Und als ob es nicht schwierig genug wäre, ein fleckenloses Zuhause zu schaffen und zu erhalten, verlangte die Gesellschaft nun auch noch die kunstvolle Verschönerung des eigenen Gesichts und der eigenen Figur. Die amerikanische Hausfrau der 1940er und 50er – die Königin des Saubermachens – war mit Reinigungsmitteln versorgt wie nie zuvor, aber gleichzeitig tyrannisiert vom sozialen Druck, sich selbst und ihr Zuhause auf eine Art zu beherrschen, wie man sie von keiner ihrer weiblichen Vorfahren je verlangt hatte.

In dieser zunehmend durchsichtigen Welt traten Staub und Schmutz umso deutlicher hervor. Der Ruf nach Sauberkeit wurde immer stärker. Die Macht über das Kleine bedeutete, für es verantwortlich zu sein. Was diesem neuen Bewußtsein und den Reinigungsmitteln entkam, versteckte sich in der Wildnis des Nicht-Sichtbaren.

Die Kinder dieser Staub- und Mikrobenbekämpfer zweifelten – getreu ihrer Abstammung – nie daran, daß die Menschen das Kleine kontrollieren könnten und sollten. Die Umweltschützer, ein Zweig dieser Nachkommenschaft, hielten an der These fest, die Menschen könnten mit der Natur sogar auf molekularer Ebene in perfekter Harmonie leben, obwohl sie nie Zweifel daran gehabt hatten, wie sehr menschliche Eingriffe die ökologische Ordnung des Lebens entstellt hatten. Ein weiterer Zweig, den man Kinder des

Lichts nennen könnte, konzentrierte sich leidenschaftlich darauf, alle Makel aus der menschlichen Erfahrung auszuradieren. Ihr übermächtiger Optimismus erstreckte sich vom Ordnen des Mikrokosmos über das Eliminieren von Schmerz und Leid bis hin zum Ausmisten jedes Anzeichens von Korruption und Vorurteil aus dem Augiasstall der Politik. Die Kinder des Lichts gehören wahrhaftig zu einer Zivilisation, die Staub und Schmutz verbannt hat.[3] Sie sind die Erben der radikalen Aufklärung, die – mit der vollen Rückenstärkung der Industriellen Revolution – die Welt läutern wollen, bis sie dem Ideal entspricht, das sie sich vorstellen.[4] Sie nehmen nicht wahr, daß das Gute eher von Pumpen und Röhren abhängt als von Moralpredigten.

Wir alle bekennen unsere Blutsverwandschaft mit diesen beiden Gruppen, da wir daran glauben, das Kleine und Unsichtbare könne erkannt und manipuliert werden. Allen voran erkämpfte die Medizin dank ihrer erfolgreichen Diagnose und Manipulation des Unsichtbaren die entscheidende Verknüpfung zwischen dem modernen Bewußtsein und dem neuen wissenschaftlichen und technologischen Mikrokosmos.[5] Die Medizin stellte die Sprache und die Metaphern für Infektionen, Krankheiten und Mikroben zur Verfügung. Sie machte die Begriffe *Röntgenstrahlen, Angiographie, Computertomographie* und *Magnetresonanz* zum Allgemeingut und verankerte die raffiniertesten medizinischen Verfahren, die zur Hoffnung der Menschen auf Wohlbefinden beitragen, im alltäglichen Sprachgebrauch. Sie bekämpfte neue tödliche, winzige Feinde und lenkte die Aufmerksamkeit auf die Gefahren, die hinter den alltäglichen Verrichtungen lauern, während sie gleichzeitig Gesundheit, Wohlergehen und Langlebigkeit in Aussicht stellte.

In der zweiten Hälfte des 20. Jahrhunderts sensibilisierte auch die Umweltschutzbewegung die Gesellschaft für die Kräfte des Unsichtbaren. Sie warnte vor einer langen Reihe unsichtbarer und tödlicher Feinde, eingeschlossen industrielle Abfälle, giftige Pestizide und radioaktive Staube. Als

Meister des Argwohns gegenüber allem Molekularen vermuteten die Umweltschützer (nicht immer unzutreffend) in allen menschlichen Unternehmungen verborgene Monster. Die Entdeckung resistenter Insekten-, Bakterien- und Virusarten und die Verbreitung schrecklicher Krankheiten wie Aids, Ebola und BSE interpretierten sie als Racheakte der Natur.

Die öffentliche Gesundheitsvorsorge, die Umweltschutzbewegung und die Ökologie waren aber nicht die einzigen Lehrer, die der Gesellschaft des 20. Jahrhunderts die Bedeutung des Kleinen und Unsichtbaren vermittelten. Auch Erfindungen für den Alltag wie Telefon und Fernsehen lieferten einen überzeugenden Beweis für die Macht des Unsichtbaren. Sensoren öffnen heutzutage Türen, toasten perfekt gebräunte Brotscheiben, lesen Lebensmittelpreise an Ladenkassen, setzen Fabriken in Betrieb und starten und beenden Raumflüge. Sie tasten die Oberfläche von Atomen ab und entwerfen die Moleküle neuer Produkte. Maschinen sind die Hände und Augen der modernen Industrie. Ihre innovativsten Denker prognostizieren auf der Grundlage ihrer »Siliziumträume«, daß es in Zukunft molekulare Maschinen geben wird.[6]

Die virtuelle Realität führt die Zivilisation einen Schritt weiter in eine künstliche Welt. Sie ist eine Frucht moderner wissenschaftlicher Phantasie und geleitet die Menschen in eine computererzeugte Kopie der Wirklichkeit. Die Computer, die bereits einer Reihe menschlicher Aktivitäten gute Dienste leisten, könnten, wenn sie erst einmal perfektioniert sind, alle menschlichen Sinne in ihre Simulationen einbeziehen und die Identität von Mensch und Computer besiegeln.

Die virtuelle Realität befindet sich im Einklang mit einer Gesellschaft, in der die Kinder nicht mehr von Videospielen loszureißen und Labors unentbehrlich sind, einer Gesellschaft, in der computererzeugte Szenarien Anweisungen für alles enthalten – vom Fliegen eines einmotorigen Flugzeugs über das Andocken an einer Raumstation bis zum Führen zukünftiger intelligenter Kriege. Virtuelle Realität stimmt mit den Erwartungen einer Welt überein, in der (dank Büchern, Filmen, Fernsehen, CDs und Computern) inzwischen Millionen Menschen mehr Kontakt mit den Darstellungen des Lebens als mit dem Leben selbst haben. Sie paßt zu einer Bevölkerung, die mehr über Computer und Bildschirme weiß als über Böden und Flüsse. Sie ist der logische Höhepunkt einer Gesellschaft, in der Leben und Geist ihrer Mitglieder dem direkten Kontakt mit dem Stoff der Welt – ihrem Staub und Schmutz – entrückt sind und sich stattdessen der Verfeinerung und Manipulation der menschlichen und natürlichen Umgebungen widmen.

Brenda Laurel, eine Anhängerin der virtuellen Realität, hält die Hoffnung aufrecht, daß die virtuelle Realität als menschliche Erfindung die Menschheit nicht von Geschichte, Natur und Kultur abschneiden wird. Virtuelle Realität, so ihre optimistische Argumentation, »kann als Verknüpfung dienen zwischen den technologischen Manifestationen der Menschheit und jener zurückliegenden Welt, die die Technologie scheinbar verdrängt hat ... Und indem sie dies tut, bietet sie vielleicht sogar einen Weg, uns selbst, die Technologie und alles andere als einen Teil der natürlichen Welt vorzustellen.«[7]

Es ist eine offene Frage, ob die menschliche Kontrolle des Mikrokosmos dazu führen wird, daß, wie die schlimmsten Dystopien befürchten lassen, die Menschheit zum Sklaven ihrer eigenen Schöpfungen wird. Wie dem auch sei: Es ist eine unbestreitbare Tatsache, daß die Menschheit in noch nie dagewesenem und sich beschleunigendem Ausmaß von ihrem Wissen über die Mikrowelt und von ihren neukonstruierten Materialien und Gegenständen abhängig ist. Die Welt von heute ist in wachsendem Maße auf die Entdeckung, Herstellung und Kontrolle des Kleinen und Unsichtbaren durch den Menschen angewiesen. Sowohl das Erhabene wie auch das Prosaische sind zunehmend in Codes verschlüsselt, in Chips geätzt oder aus der DNA dechiffriert. Diejenigen, die Kontakt zur modernen Wissenschaft und Technologie haben, wissen, daß das, was sie sehen und berühren, eine bloße Widerspiegelung der mikroskopischen und atomaren Wirklichkeit ist. Wahrheit, so erkennen sie, findet man nicht, indem man hinaufstarrt, sondern indem man hinabblickt. Sie geben zu, daß Lukrez – selbst wenn sie seinen Namen nicht kennen und sich kein Iota um klassische Philosophie scheren – recht hatte: Die Welt dreht sich um Atome. Anders als Lukrez bestehen sie jedoch darauf, daß wir diese Atome studieren und ihren Weg beherrschen sollten.

Die Vorstellung einer neuen Vorstellungskraft

Was sind die Konsequenzen der wachsenden Kontrolle des Winzigen durch die menschliche Vorstellungskraft? Werden die neuen mikrokosmischen Begriffe, Verfahren und Produkte uns ein neues Sortiment an Bildern und Metaphern liefern, die eine neue Vorstellungskraft begründen? Wird die neue Ordnung dazu führen, daß sich die Imagination auf reichhaltige und schöpferische Weise ausbildet und entwickelt?

Sicher werden die Werkzeuge, Maßeinheiten, Produkte und Konzeptionen der zeitgenössischen Wissenschaft und Technologie selbst von den schwerfälligsten Köpfen wahrgenommen. Wissenschaft und Technologie verlangen, das Kleine und Unsichtbare begrifflich neu zu fassen. Sie bauen auf abstrakter Mathematik auf und erfordern Synthesen über viele Fachgebiete hinweg. Die Verbreitung neuer Erfindungen regt zusätzliche schöpferische Untersuchungen an. All dies legt nahe, daß der neue Mikrokosmos neue Formen der Phantasie und vielleicht sogar eine gänzlich neue Vorstellungskraft erfordert.

Die Behauptung, die Revolution des Kleinen und Unsichtbaren im 20. Jahrhundert habe die Auffassung über die Natur und den Platz des Menschen in ihr verwandelt, wurde bereits bestätigt. Wissenschaft und Technologie haben Bezüge zu den unermeßlichen neuen Königreichen jenseits der Grenzen des Staubs hergestellt. Sie lieferten mehr als eine rein theoretische Treppe – vielmehr einen strukturierten Abstieg – hinunter zu Ordnungen, die den Sinnen verborgen sind.

Im Gegensatz zu den Menschen früherer Zeitalter trifft man heutzutage jenseits von Staub und Dunkelheit nicht mehr auf phantastische Geschöpfe. Für die mittelalterliche Vorstellungskraft bestand das »Jenseits« – ob man es nun durch eine mysteriöse Reise, durch Tod, Rausch oder Zauber erreichte – in etwas Lebensgroßem. Man glaubte, es sei von Toten, Heiligen und anderen anthropomorphen und tierischen Wesen bewohnt. Die Bedeutung dieser Wesen wurde später durch die Ausweitung der religiösen Orthodoxie und der politischen Herrschaft stark vermindert. Sogar ihr Lebensraum wurde durch die Umgestaltung von Stadt und Land im 19. Jahrhundert zerstört. Im 20. Jahrhundert haben Wissenschaft und Technologie das Unsichtbare noch weiter domestiziert und ihre eigenen einzigartigen Torwächter und Führer in die Welten erschaffen, die hinter Staub und Dunkelheit verborgen sind.

Schulen, Bücher, Handel und Medien haben die menschliche Vorstellungskraft mit neuen Wesen bevölkert. Der Yeti und das Ungeheuer von Loch Ness wecken immer weniger Interesse. UFOs und ET müssen – in wissenschaftliche Verpackungen gehüllt – schwer drängeln, um in den Köpfen der Menschen, die von den wirklichen Wundern der neuen Mikrowissenschaften und Technologien gefesselt sind, einen Platz zu finden. Science-Fiction-Schriftsteller und -regisseure bedienen sich sehr realer Motive, wenn sie mit Erzählungen von genetischen Mutationen, biologischer Kriegsführung und ökologischen Katastrophen die Phantasie der Massen anregen. Sogar die riesigen Ungeheuer aus *Jurassic Park* verdanken ihre Entwicklung moderner DNA-Forschung.

Werden die neuen winzigen Wesen der Wissenschaft das Unbekannte in der menschlichen Phantasie beherrschen, nun, da die traditionellen unsichtbaren Wesen auf dem Rückzug sind? Ganz sicher ist eine Art Revolution im Gange, die neue Bilder mit sich bringt. Sie ändert das Gefühl der Gesellschaft für das, was tödlich ist. Sie definiert Körper, Gesten und die tägliche Hygiene neu.

Diese Revolution überantwortet einen großen Teil menschlicher Phantasie an wissenschaftliche Institutionen und Experten. Normale Menschen, die mit einem lediglich elementaren Wissen über Atome, Zellen und Chips ausgestattet sind, lernen zumindest teilweise in der Sprache dieser Experten zu sprechen und zu beten. Für die meisten Menschen ist der Preis für den Zugang zu diesem neu zusammengesetzten Mikrokosmos nicht besonders hoch. Er besteht hauptsächlich darin, das zu tun, was sie ohnehin tun – neue und bessere Waren und Dienste zu kaufen, der Hygiene ausreichend Beachtung zu schenken und gelegentlich ihren Arzt zu besuchen. Wer könnte widerstehen, das Reich der neuen Mikrowelt zu betreten, wenn nur so wenig Anstrengung erforderlich ist, um Schmerzen zu besiegen und Bequemlichkeit zu sichern?

Letzte Dinge über kleine Dinge

Stellen wir unsere Frage ein letztes Mal: Wird die Veränderung der menschlichen Beziehung zum Kleinen und Unsichtbaren zu einer Revolution in unserer Vorstellung führen? Ich würde diese Frage gerne bejahen. Es wäre eine Freude für den Autor eines Buches über einen so winzigen Gegenstand wie den Staub, wenn er in der Lage wäre, eine so bedeutende Prophezeiung wie die Entwicklung einer neuen Vorstellungskraft zu machen. Leider ist meine Antwort nicht so eindeutig.

Es gibt mehrere Gründe, warum ich nicht daran glaube, daß der zeitgenössische Mikrokosmos und die mit ihm verbundenen Begriffe, Praktiken und Institutionen einzigartige Formen der Phantasie erschaffen werden.

Erstens: Die Menschen denken und fühlen – und das ist offensichtlich, aber elementar – in anthropomorphen Kategorien. Wir gestalten unsere Bilder von den Dingen so, daß sie zu unserer Körperform, unseren Gefühlen, Interessen und moralischen Ansichten passen. Wir können der Tatsache nicht ausweichen, daß wir uns selbst zum Maßstab für alle großen und kleinen Dinge machen. Unsere grundlegenden Gefühle und Wünsche werden zumindest auf lange Sicht nicht von neuen und subtilen Wissenschaften unterdrückt werden.

Nichts ist zu groß oder zu winzig für ein menschliches Gebet oder Gedicht. Herzen wie Metaphern lassen sich nicht eingrenzen. David Toolan veranschaulicht dies in seinem unlängst veröffentlichten Artikel »Praying in a Post-Einsteinian Universe«, indem er auf anthropomorphe Weise den Platz des Menschen im Universum mit den Staubpartikeln zur Zeit der Entstehung des Universums verbindet:

> »Unsere Verbindung und unser Dazugehörigkeitsgefühl sitzen in der Tat so tief, daß wir noch nicht einmal unsere Identität definieren können, ohne ... die ganze Reichweite der kosmischen Evolution einzuschließen. »Ich bin das,« können wir jetzt mit den hinduistischen Upanishaden sagen – Sternenstaub, irdischer Stoff, ein Wesen, das buchstäblich in fernen Weiten des Universums erdacht und hier auf diesem Planeten ausgesät wurde, um den Kosmos zu verändern, um eine Saite anzuschlagen ... Es ist, als ob all der Sternenstaub in unserer DNA, die Mikroben, die in unseren Zellen schwimmen, die einfachen Algen, die uns eine atembare Atmosphäre gaben, – ja, sogar die gesamte Natur – auf uns gewartet hätten, damit wir die kosmische Symphonie zu einem guten Ende bringen.«[8]

Zweitens: Um des Überlebens willen klammern die Menschen – wie die jüngste psychologische Literatur zeigt – beträchtliche Teile der Realität aus und nehmen andere durch die rosarote Brille wahr.[9] Nur depressive Menschen haben eine realistische Einstellung zu den Möglichkeiten des Lebens, wohingegen die Schizophrenen die Beziehungen und Trennungen im Leben höchst präzise wahrnehmen. Patrioten werfen einen eher verzerrten Blick auf die wirklichen Bedingungen und Motivationen ihrer Landsleute, jedenfalls sehen sie nicht genauer hin als Verliebte. Glückliche Menschen entscheiden sich, nur das zu sehen, was sie sehen wollen.

Yi-Fu Tuan liefert in *Morality and Imagination* eine Reihe von Gründen, warum Menschen ihre große Gabe der Phantasie so selten einsetzen. Für den wichtigsten Grund hält er die Notwendigkeit zur Effizienz: »Effizienz erfordert, daß wir die meiste Zeit die reichhaltige Beschaffenheit der Realität ignorieren und nur einen ihrer Aspekte beachten – den des Nutzens.« Die Werkzeuge, mit denen die Menschen die Welt erkunden, seien bereits eindimensional. Routine mache die Welt schematisch und helfe dabei, vieles aus den Überlegungen auszuschließen. Schließlich führe auch das Gefühl der Erschöpfung dazu, daß die Menschen die Welt auf »Orientierungspunkte und Richtungen« reduzieren, die »notwendig [sind], unseren Weg nach Hause zu finden.«[10]

Drittens: Derselbe menschliche Geist, der sich in einer unglaublichen Weise gegen neue Ideen aufzulehnen und abzugrenzen vermag, heißt aber auch alle Arten neuer bildlicher Vorstellungen willkommen. Nur wenige allerdings werden über die Türschwelle der Empfindung in den Ballsaal des vollen Bewußtseins vorgelassen. Der Geist muß nicht erst das Alte hinauswerfen, um Platz für das Neue zu schaffen, obwohl er mitunter genau das tut. Es gibt Zeiten, insbesondere wenn Leben und Wohlbefinden bedroht sind, in denen das Kleine und das Unsichtbare nicht ignoriert werden können. Dann drängen sie sich in die Vorstellungen hinein, oft inmitten eines Aufruhrs von Gedanken, Bildern und Gefühlen. Gewöhnlich aber beherbergt unser Geist neue und alte, große und kleine, traditionelle und wissenschaftliche Sichtweisen in friedlichem Miteinander, wobei sich die gegensätzlichen Paare so gut wie nie treffen, obwohl bei der einen oder anderen Person oder auch einer gesamten Kultur plötzlich bizarre und idiosynkratische Synthesen aus ihnen auftauchen können.

Viertens: Moralische und religiöse Überlegungen verschließen und öffnen gleichermaßen den Geist für das Unsichtbare. Kleinen und unsichtbaren Dingen kann die Anerkennung versagt bleiben, wenn sie feststehenden moralischen Begriffen zuwiderlaufen. Manche Gruppen lehnen die modernen mikroskopischen Erkenntnisse ab, weil sie beweisen, daß die Welt anders ist, als es ihr Glaubenssystem vorschreibt. Umgekehrt macht die traditionelle Hindukultur ihre Anhänger empfänglich für die Idee, nahezu die gesamte Welt der Dinge, und seien sie auch noch so klein, in reine und unreine einzuteilen, und offen für die Vorstellung, daß die – über Geburt, Lebensweg und Tod bestimmenden – unsichtbaren Seelen aller Lebewesen Teil eines großen und ewigen Prozesses der Reinkarnation sind.

Fünftens: Bestimmte unsichtbare Wesenheiten überleben und beherrschen Elemente der menschlichen Vorstellungskraft. Die Toten bewahren noch immer ihre Macht über die Lebenden, auch wenn man ihretwegen heutzutage weniger häufig betet und sie mehr verdrängt als jemals zuvor. Ihre Verstrickung mit der menschlichen Phantasie hat Reformation und Aufklärung überlebt. Auch andere Bestandteile von Zauber, Aberglauben und Religion geistern immer noch in der menschlichen Vorstellungskraft herum, auch wenn sie dramatisch abgenommen haben.

In den Köpfen der Menschen lebt die starke Neigung weiter, an einen Gott – oder eine andere Macht – zu glauben, der alle Dinge leitet, seien diese nun sichtbar oder unsichtbar, klein oder mächtig. Eine Hymne der Methodisten enthält die aufschlußreichen Worte: »Weil seine Augen auf dem Sperling ruhen / Sorgt er sich um mich.« Der Mensch mit seiner Sehnsucht nach Ordnung, Gerechtigkeit, Liebe und Gnade –

aber auch Glück und Freude – fleht Gott an, die kleinsten Partikel von ihrer Bahn abzulenken oder die rebellischsten Zellen zu zähmen. Wissenschaft und Technologie müssen erst noch etwas finden, das nicht den Drang in den Menschen wachruft, es zu ändern oder es in Quacksalberkuren auszubeuten, bei denen sie sich unsichtbarer Kräfte bedienen. Die Geschichte der radioaktiven Strahlung und der Elektrizität kennt hierfür viele Beispiele.

Menschliche Wesen sind schlicht nicht willens, ihr Leben dem Schicksal oder ihr Schicksal dem blinden Lauf von Atomen zu opfern. Sie bestehen darauf, daß sich Atome, Moleküle, Zellen und Gene menschlichen Geschichten und Gefühlen anzupassen haben. Wenn es um das eigene Wohlbefinden geht oder wenn Menschen bei etwas Wichtigem ihren Willen durchsetzen wollen, dann passen sie ihre Gebete dem an, was erforderlich ist. Sie zögern nicht, den majestätischen Gott im Himmel zu bitten, das Verhalten einer einzelnen Zelle, den Lauf eines einzelnen Moleküls zu ändern. Der Trieb, alles zu vermenschlichen, ist so tief in das menschliche Denken eingegraben, wie der Mensch in seinem physischen Körper verwurzelt ist; ihm sind Tod und Schmerz zuwider.

Die mikroskopischen Ordnungen dienen nicht – wie einst die Toten und Gott – den menschlichen Bedürfnissen. Der neue Mikrokosmos ist zwar furchteinflößend, was Kompliziertheit, Energie und Geschwindigkeit betrifft, aber er bildet kein Pantheon und verspricht weder Gnade noch Trost, weder Gemeinschaft noch Freundschaft. Er kennt keine festen Rituale, keine verläßlichen Priester, keine herrschende Theologie, keine befreiende Botschaft und kein fürsorgliches Geschöpf. Mächtig und einflußreich? Ja. Eine Weltsicht sozusagen? Vielleicht. Eine Religion? Nein.

Die neuen Welten des Kleinen und Unsichtbaren begründen noch nicht einmal eine bestimmte Kosmologie. Durch das fortwährende Entstehen völlig neuartiger Elemente kommt keine Symmetrie zustande. Man erkennt keine kristalline, überdauernde Ordnung, wenn man auf das Gewirr der unendlich vielen Teilchen blickt. Noch nicht einmal einen Boden scheint es zu geben. Den Fachkundigen fehlen noch immer Geräte, um die kleinsten Teilchen zu messen und ihre Verdunstungsgeschwindigkeit aufzuzeichnen. Selbst ihr Wissen ist nicht umfassend. Es ist vielmehr vorläufig, zusammengehalten von komplexer Mathematik, vereinzelten Eingebungen, kühnen Hypothesen, gelegentlichen gemütlichen Metaphern und der Notwendigkeit ebenso ausgefallener wie beharrlicher Beobachtungen. Auf den gesamten Bereich der Physik fiel vor Jahrzehnten der Schatten der Unbestimmtheit. Wenn man Dinge als Wellen mißt, dann stimmen laut Heisenbergs Unbestimmtheitsprinzip ihre Schwingungszahlen nicht mehr; und wenn man sie anhand ihrer Schwingungszahlen berechnet, dann stimmen ihre Wellenlängen nicht. Und als ob das nicht genug wäre: Das Licht selbst verzerrt das beobachtete Objekt. Dieser Umstand gipfelt in der paradoxen Überlegung, wir könnten nicht sehen, was wir sehen wollen, sobald wir erst einmal Licht darauf richten.[11]

Man gewinnt keine Konvertiten für eine Religion oder eine Weltsicht aufgrund von Unsicherheit und Komplexität. Der menschliche Geist wird nicht von Dingen gefesselt, die nicht zu seinen körperbezogenen Metaphern, seinen selbst dramatisierenden Geschichten, seinen erdverbundenen moralischen Vorstellungen oder seinen tief empfundenen emotionalen Bedürfnissen passen. Sterbliche menschliche Wesen – Geschöpfe aus Haut, Knochen und Staub – wollen mehr tun, als über die Unermeßlichkeit der Sandkörner an einem Strand nachzudenken oder die unruhige Bahn eines aufsteigenden Staubflöckchens zu berechnen. Und daher werden die neuartigen Bilder, Begriffe und Praktiken, die mit dem modernen Mikrokosmos verbunden sind, nicht vollständig in die Sprache aufgenommen. Noch immer beruft man sich auf ältere Metaphern, um zu vermitteln, zu beschreiben und zu definieren, was sich unterhalb und jenseits des menschlichen Auges oder der menschlichen Hand befindet. Menschen sind anthropomorph bis auf die Knochen und pressen daher alle Dinge in eine Form, die zu ihren Geschichten paßt. Ihre Unterhaltungen, Interessen und Phantasien bleiben an örtliche Quellen gebunden.

Ganze Armeen von Experten und Spezialisten in den neuen Mikrowelten erleichtern die Menschen von der Last, diese Welten zu ernst zu nehmen und darum kämpfen zu müssen, das zu begreifen, was sie nicht wahrnehmen können. In zunehmendem Maß vertrauen die Menschen auf Ärzte und medizinische Tests, die ihnen sagen, wie sie sich fühlen und was in ihrem Inneren geschieht; genau so vertrauen sie auch den Experten, die die unsichtbaren Welten um sie herum überwachen. Warum sollte das Streben des Menschen über das Begreifbare hinausgehen, es sei denn, das Wissen über das Winzige nutze seiner Gesundheit oder erhöhe die Chancen auf Reichtum?

Ein weiterer Grund, warum die menschliche Vorstellungskraft nicht durch die Mikrowelten der Wissenschaft und der Technologie transformiert werden wird, liegt darin, daß Menschen Körper haben. Ihre Körper stellen die Menschen in eine Welt, in der sie Dunkelheit, Tod und Staub ausgesetzt sind. Der Mensch wird permanent genötigt, das Kleine anhand seines Körpers zu messen – seiner Fingerspitzen, Lippen und Augen. Die Vorstellungskraft kann also nicht sehr weit vom Maßstab der Körperform abweichen. Um es anders auszudrücken: Menschen sind an die alte Ordnung durch Körper und Sinne gebunden, die die vorrangigen Eichmaße für Kleinheit und Größe bleiben. Und diese These ist nichts weiter als eine Paraphrase von Alexander Popes Antwort auf die Mikroskopisten in seinem *Werk vom Menschen:*

»Warum ist unser Blick nicht winzig fein?
Ganz klar: Sonst müßt man eine Fliege sein!
Was nützt, wär fein're Sehkraft uns vermacht,
zu sehn die Milbe, nicht des Himmels Pracht?
Daß schaudernd Schmerz und Kränkung man verspürt

am ganzen Körper, wird man nur berührt?
Und schon der Duft der Rose es vermag,
daß dieses zarte Hirn gleich trifft der Schlag?«[12]

Als ob man den menschlichen Geist auf einer großen Sprungfeder befestigt hätte, kehrt er unweigerlich zur Skala seines Körpers zurück, gleichgültig wie weit man die Feder auseinandergezogen oder zusammengepreßt hat. Kaum hat die brillante Wissenschaftlerin ihr Auge vom Mikroskop zurückgezogen, vertraut sich ihr Geist instinktiv ihren Augen und ihrer Hand an, die sie zurückführen in eine Welt, die sie kennt und in der sie lebt. Kaum hat Rabelais in Gargantuas Maul Geschöpfe entdeckt, da beobachtet er schon, wie sie Kohl pflanzen und Tennis spielen. Swifts Lilliputaner verhalten sich wie Menschen in Lebensgröße, obwohl sie das nicht sind. Der Geist bleibt dem treu, was er ursprünglich mißt, und er vermenschlicht das, was er in größerem oder kleinerem Maßstab darstellt.

Der Geist kann und wird seinen Körper und seine Sinne nicht im Stich lassen. »Die gesamte Lebensführung,« schrieb Descartes, »hängt von unseren Sinnen ab, von denen die Sehkraft die edelste und universellste ist.«[13] Aus den Augen heißt nicht immer aus dem Sinn, aber es bedeutet, daß man leichter vergißt. Menschen vergessen leicht den universellen Wirbel der Partikel. Technische und wissenschaftliche Entdeckungen – und seien sie auch noch so faszinierend – lösen sich schnell auf, wenn sie mit den mächtigen Gefühlen und Bildern des Alltagslebens in Konkurrenz treten müssen.

Es gibt also im zeitgenössischen menschlichen Geist zwei Königreiche des Kleinen (und es wird sie immer geben): das Kleine, wie es vom menschlichen Körper her definiert wird, und das Kleine, wie es von Wissenschaft und Technologie erschaffen wird. Meistens existieren diese zwei Welten unabhängig voneinander. Mit Ausnahme des psychisch Abweichenden (wie dem Menschen, der sich zwanghaft die Hände wäscht) schalten die Menschen zwischen diesen beiden Welten so gedankenlos hin und her, wie sie das Licht an- und ausschalten oder den Wasserhahn auf- und zudrehen.[14]

Es kann kaum verwundern, daß diese dichotomische Sichtweise den Menschen bei ihren Geschäften nicht im Wege steht. In normalen Zeiten leben sie behaglich mit Zweideutigkeiten und logischen Unvereinbarkeiten. Die Aufspaltung von Gedanken und Gefühlen ist ein normales und notwendiges Geschehen. Gedanken folgen ihren eigenen Spuren – und oft überschneiden und kreuzen sie sich ohne jede Kollision. Die linke Hand weiß wirklich nicht, was die rechte tut – und wenn sie es weiß, kümmert es sie nicht. Der Geist kann sogar angesichts massiver Probleme seinen Gleichmut bewahren. Wie viel leichter sind dann Verdrängung und Gleichgültigkeit im Fall der kleinen und unsichtbaren Dinge, wenn man sie selbst bei körperlichen Erfahrungen und persönlichem Los nicht als störend erlebt.

Trotz des immer voluminöser werdenden Lexikons der winzigen und unsichtbaren Gegenstände bestehen die Menschen weiterhin darauf, daß alle Dinge so gemacht sein sollen, wie sie zu ihren eigenen persönlichen und moralischen Erzählungen passen. Selbst wenn die Menschen dereinst die Todesanzeigen für verflossene winzige Dinge geschrieben und die neuen unendlich kleinen und virtuellen Gegenstände in sich aufgenommen haben werden, werden sie immer noch das Todbringende des Staubs für alles Lebende fürchten. Immer wird sie die unendliche Körnigkeit aller Dinge ängstigen – ihr eigenes Selbst, ihr eigener Lebenssinn inbegriffen.

NACHWORT

Jede Familie hat ihre eigene Geschichte des Staubs. Als ich begann, darüber nachzudenken, dieses Buch zu schreiben, fragte ich jeden, den ich traf, nach seiner Beziehung zum Staub – Staub auf dem Körper, bei der Arbeit, zu Hause, auf der Straße. Viele antworteten phantasievoll und intelligent, niemand aber so gut wie meine Mutter. Dank ihrer wunderbaren Erinnerungsfähigkeit für Details lieferte diese gesprächige Frau – von der mein Vater sagte, sie vergesse nie etwas – mir wunderbares Material. In ihrem Bemühen, mir alles zu erzählen, was sie über den Staub und seine Beseitigung wußte, ließ sie keinen Teppich ungewendet.

Meine Mutter machte mir klar, daß jede Generation unserer Familie unterschiedliche Erfahrungen mit Staub gemacht hatte. Sie erzählte mir von dem Staub, den ihre Eltern in Wisconsin vorfanden, als sie zwischen den Papiermühlen am Fox River Valley arbeiteten. Sie versuchte sich vorzustellen, wie die Eltern meines Vaters die Staube in Sizilien erlebt haben mögen, als sie ihren Eseln ausgetretene Bergpfade hinauf folgten, viel mit Stein arbeiteten und unter dem Ruß und der Asche standen, die vom Ätna herabregneten. Sie beschrieb die neuen Staube, denen sie begegnet sein mußten, als sie in das Anthrazit-Bergbaugebiet Pennsylvanias einwanderten, in dem rußgeschwärzte Männer aus den Bergwerken in ihre Häuser zurückkehrten, die zwischen Stein- und Kohlehaufen kauerten. Meine Mutter erinnerte sich daran, daß bei ihren Besuchen bei den Cousins meines Vaters im kleinen Dorf Kelayres in Pennsylvania Kohlenstaub die Häuser durchzog, sich in den Rinnsteinen der wenigen gepflasterten Straßen des Dorfes und auf der Gartenerde sammelte, sich in die rußigen Gesichter der Menschen ätzte und mit dem Schleim alter keuchender Männer wieder ausgehustet wurde.

Ihre Eltern sahen sich neuen Stauben ausgesetzt – die die Familie meiner Mutter ebenso kennenlernen sollte –, als sie nach Detroit in Michigan umzogen, einer Stadt, in der jede Industrie ihren eigenen Rauch und Staub besaß: grauer und schwarzer Rauch aus den Heizkraftwerken, roter Rauch aus den Metallgießereien und verschiedenfarbiger Rauch aus den stromabwärts gelegenen Chemiefabriken. Der Bau neuer Straßen und öffentlicher Wasserwerke fügte den Stauben dieser boomenden Stadt neue hinzu. In der Nähe der Eisenbahngleise und der Fabriken dominierten Kohlenstaub und Metallabfälle. Ein Übermaß an Ölen und Schmierfetten verwandelte den Staub in dieser Stadt der Autoindustrie in Schlamm. Meine Mutter erzählte, daß jeder Fabrikarbeiter – ob nun Gießereiarbeiter, Kornmüller oder Zigarrendreher – mit dem Staub nach Hause gekommen sei, der seinem Gewerbe entsprochen habe.

Sauber zu sein, bedeutete für meine Mutter und meinen Vater unendlich viel. Im Alter von sieben Jahren verkaufte mein Vater Obst an Fabrikarbeiter – aus einem Karren heraus, der von einem Pferd gezogen wurde, das sein Stiefvater in der Garage hielt. Mit zehn Jahren arbeitete er in einem italienischen Laden auf dem orientalischen Markt, in dem es Gerüche, Klänge und Staub im Überfluß gab. Nach der High School bekam er mit 16 Jahren einen Job bei der Western Union. Dort lernte er, weiße Hemden und sportliche zweifarbige Schuhe zu tragen. Sein erstes Auto hielt er fleckenlos sauber. Wenn meine Mutter und er sich verabredeten, dann fuhren sie gerne zum Detroit River hinunter. Auf ihrem Weg kamen sie an den großen Wasserwerken der Stadt vorbei, die wie kaum irgend etwas anderes diese neue Stadt strahlender und geputzter Menschen repräsentierten – ja sogar für sie verantwortlich waren. Sie fuhren, wie alle jungen Leute und die Verliebten es taten, über die Brücke zur Insel Belle, in deren Zentrum der wundervolle Scott-Brunnen mit seinem farbigen Wasser stand, anschließend fuhren sie acht oder zehn Kilometer am Detroit River entlang nach Grosse Pointe, wohin sich die neureichen Industriellen vor dem Staub und dem Getöse der Stadt, die sie gerade bauten, geflüchtet hatten.

Meine Mutter erinnerte sich an ihre Arbeit als Verkäuferin, bei der sie einen Hungerlohn erhielt. Am Ende des Tages streute sie mit Öl versetztes Sägemehl auf den Fußboden, bevor sie ihn fegte. Sie bedeckte alle Ladentische mit Decken, abgesehen von den Süßigkeiten- und Lebensmitteltheken, die sie mit Gaze abdeckte, um die Fliegen fernzuhalten. Die wenigen Glastheken, die der Laden hatte, reinigte sie mit einer Mischung aus Essig und Wasser, der sie Natron für den Glanz beifügte. Für die Ware, die in Schachteln aufbewahrt wurde, benutzte sie einen Staubwedel. Die häufigen Besuche des städtischen Gesundheitsinspektors führten dazu, daß die Ladeninhaber die Toiletten und Lebensmittel den Vorschriften entsprechend in Schuß hielten.

Nachdem meine Mutter 1937 geheiratet hatte, bezog sie erst 1941 ihren ersten eigenen Haushalt im Osten Detroits. Wie alle jungen Frauen ihrer Generation war sie stolz auf ihren Kampf gegen Staub, Schmutz und Dunkelheit. Sie fühlte sich ihren ländlichen Verwandten in Michigan und Wisconsin überlegen, da diese noch immer auf fließendes Wasser, elektrisches Licht, gepflasterte Straßen und Rasen verzichten mußten. Meine Mutter war in einen täglichen und lebenslangen Krieg gegen Staub und Schmutz verwickelt. Ihr Arsenal umfaßte einen großen Besen, einen Staubwedel, Bürsten aller Art und Lappen (bei Gelegenheit, als keine alten Laken oder Kleidungsstücke von der Heilsarmee verfügbar waren, gleich im Dutzend gekauft). Diese Waffensammlung wurde komplettiert durch Wischmops, Eimer, Schrubber, Schwämme, Polierleder und Reinigungs-, Bleich- und Waschmittel. Sie besaß sogar Schaumbadzusätze, um ihren einzigen Sohn zu beglücken und zu säubern, der nach einem harten Tag, an dem er in den Fuchsbauten der Nachbarschaft und den staubigen Erdhügeln der Baustellen den Zweiten Weltkrieg ausgefochten hatte, normalerweise ziemlich dreckig war.

Markennamen waren Teil ihrer Haushaltssprache. Am besten erinnere ich mich an Ajax- und Roman-Reinigungsmittel. Aber es gab auch noch Duz, Tide, Lifebuoy-Seife, Spic & Span und Fels-Waschbenzin. Mein Großvater, der Arbeiter bei Hudson Motors war, benutzte Lava-Seife, die angeblich Körner vulkanischen Bimssteins enthielt, um seine großen und rußigen Hände zu waschen, deren Größe, Stärke und Geschicklichkeit ich so bewunderte.

Mehr als einmal in der Woche hing meine Mutter ihre Wäsche nach draußen und schüttelte ihre Vorleger an der Vorder- oder Hintertür aus. Die Teppiche in Wohn- und Eßzimmer saugte sie zweimal in der Woche mit einem dröhnenden Standstaubsauger, der Scheinwerfer besaß, die den Schmutz ausleuchteten. Einmal pro Vierteljahr klopfte sie ihre Teppiche aus, und einmal im Jahr wusch sie sie mit Seife und einem türkischen Handtuch, dessen rauhe Oberfläche die Haare, die Fusseln und den Schmutz aufnahm, die im Teppichflor saßen. Ständig schien sie das Wachstuch abzuwischen, das unseren kleinen Küchentisch bedeckte, vor allem um die Krümel von unseren angebrannten Toasts zu beseitigen. Mindestens einmal in der Woche wusch sie den Linoleumboden in der Küche und die Treppen, die zum hinteren Flur und zum Keller führten.

Meine Mutter hatte außerdem ihre jährlichen Reinigungszyklen. Der Frühjahrsputz war bereits sorgfältig, aber der Weihnachtsputz war etwas ganz Besonderes, weil alle unsere Verwandten uns zum Fest besuchten. Die Teppiche wurden besonders gründlich gesäubert, die Möbel eingeölt, das Glas poliert, und – die schwerste Aufgabe von allen – die wie Eiszapfen aussehenden Kristalle an dem kleinen vierstufigen Lüster über dem Eßtisch wurden angefeuchtet und poliert.

Ich erinnere mich, daß ich eines Tages im Schlafzimmer meiner Eltern winzige Staubpartikel am Fenster sah, die aufstiegen und herabsanken. Ich staunte über ihre leuchtende Vielfalt. Einmal schwebten sie sanft auf und nieder, dann wieder sausten sie schnell hinauf und herab, verschwanden und erschienen wieder. Schließlich wurde ich es müde, sie zu beobachten. Das war das erste Mal, daß ich den silberhellen Tanz des Staubs bemerkte. Meine Mutter, die nach unsichtbaren Parfüms roch und leuchtende Pailletten zur Schau trug, wenn sie sich einmal herausputzte, war eine weitere Epiphanie. Sie war die glanzvollste aller Königinnen. In meinen Augen schwebte sie wie ein Engel über all dem Dreck, Schmutz und Staub, gegen den sie tagein und tagaus ankämpfte.

Am vorderen Ende unseres Kellers, der ein bedeutender Schauplatz im Kampf meiner Mutter gegen den Schmutz war, standen eine elektrische Waschmaschine mit einer beweglichen Mangel, zwei große Waschzuber und ein metallenes Waschbrett. In der Nähe lag auf einem großen Bügelbrett ein kleineres, auf dem Manschetten und Kragen gebügelt wurden. In der Mitte des Kellers war der zentrale Abfluß. Als meine Mutter einmal darauf bestand, sie könne ihn besser säubern als mein Vater, riß sie mit einem Ruck den Bowdenzug heraus und beschmutzte dabei ihr Gesicht mit schleimigem Schaum. Hinten im Keller gab es einen Kohleofen, einen Kohlekasten und eine Kohlerutsche aus Metall. Unser Ofen hatte aber nichts von dem urtümlichen Schrecken des größeren und automatisch gespeisten Ofens im Haus meines Freundes, der silberne Kübel voller Asche, gewaltiger Schlakke und feinster Staube produzierte, die mein Freund den ganzen Winter lang hinausschleppen mußte. Nichtsdestotrotz blies auch unser Zwangsluftofen eine gehörige Menge Ruß und Schmutz durch die Schieber und war für viele Fusseln verantwortlich, die an der Decke entlang in die Winkel des Hauses trieben.

Meine Mutter erklärte, im Keller habe eine Revolution stattgefunden, als mein Vater gleich nach dem Krieg einen

Gasofen installierte. Er teilte den Keller auf und baute einen kompletten Raum um den Ofen herum. In diesen »Ofenraum« baute er eine Lagerkammer ein, einen Konservenkeller und einen geräumigen Arbeitsplatz, in dessen Zentrum seine ordentliche Werkbank stand. Er fegte regelmäßig die hölzernen und metallenen Späne und das Sägemehl weg, und irgendwann in den frühen Fünfzigern brachte er eine Leuchtstofflampe über der Werkbank an.

Säubern und aufräumen – das war die Art, wie mein Vater die Welt in Ordnung brachte. Meine Mutter mußte mich nicht daran erinnern, daß *er* immer seine Kleider aufhängte, wenn er von der Arbeit nach Hause kam. Seine Kammer hielt er in perfekter Ordnung, und er glättete das Geld in seiner Brieftasche. Niemals verrichtete er Hof- oder Hausarbeit, ohne vorher Arbeitskleidung anzuziehen. Er wechselte die Fliegen- und Sturmfenster, wie es die Jahreszeiten erforderten, und immer hatte er die richtigen Bürsten und Besen zur Hand, um die Fliegenfenster zu säubern und das Holz abzuschaben, und die richtigen Schwämme und Polierleder, um das Glas zu putzen. Außerdem besaß er einen Industriebesen, den er für die Garage und den Bürgersteig benutzte. Alles, was er strich, überzog er mit einer zweiten Schicht Farbe.

Mein Mutter gibt zu, daß es nicht sonderlich anstrengend war, meinen ordentlichen und reinlichen Vater sauber zu halten. Natürlich wusch und bügelte sie regelmäßig seine Kleidung und brachte seine Anzüge in die Reinigung. Aber verglichen mit den Fabrikarbeitern, die rund um die Uhr arbeiteten, um das Arsenal der Demokratie zu errichten, war mein Vater so sauber wie eine frischgeleckte Katze. Zweimal in der Woche nahm er ein Bad; Deodorants mußte er nicht verwenden, und – wie meine Mutter glaubwürdig versicherte – seine Füße stanken nicht so sehr wie die der Verwandten aus ihrer Linie.

Ich stellte ein schwierigeres Problem dar. Es gab kein Kleidungsstück, wie neu es auch sein mochte, in dem ich nicht spielte, wenn es eine Gelegenheit dazu gab. Oft war ich von den Ringkämpfen auf dem Rasen mit Grasflecken gesprenkelt. Meine Freunde und ich liebten es, auf den Feldern hinter unseren Häusern zu graben, auf dem mit Schotter bestreuten Schulhof zu spielen und auf dem staubigen Baseballfeld in die Male hineinzuschlittern. Wir rannten die staubigen Kalksteinalleen, wo von Zeit zu Zeit die Ratten ausgeräuchert wurden, hinauf und hinunter. Einmal in der Woche kam ein einsamer Lumpensammler mit einem weißen Klepper und einem großen silbernen Horn die Allee herab, sein Gebrüll erinnerte uns alle daran, daß wir mit dem Müll weggeschleppt werden würden, wenn wir nicht brav waren.

Zu ihrem Glück mußte meine Mutter keine Kämpfe mit mir ausfechten, wenn ich baden sollte. Sie lehrte mich, stolz auf den breiten Schmutzrand zu sein, den ich rings um die Wanne hinterließ. Mein dickfelliger kanadischer Schäferhund Spikes bedurfte ebenfalls der Säuberung: Wir bekämpften seine Flöhe, zogen Kletten aus seinem Fell, und manchmal fanden wir auch eine Zecke. Wir badeten ihn in der Wanne im Keller, wenn er zu sehr nach dem Hund roch, der er war.

Mama mußte nicht nur mich und meinen Hund säubern, sie mußte außerdem mit meinen Krankheiten fertig werden und meine schmutzigen Kriegswunden heilen. Sie bekämpfte viele von ihnen mit den Worten: »Je mehr es weh tut, um so besser heilt es.« Auf schlimme Infektionen träufelte sie Wasserstoffperoxyd, und zusammen spähten wir in die sprudelnde Lake, um die Absonderung der infizierten Partikel zu beobachten. Sie war eine Meisterin darin, Staub und Schmutz aus meinen Augen und Ohren zu entfernen. Eines Nachts kämpfte sie gegen meine allerschlimmsten Ohrenschmerzen, die das Ergebnis einer Sandschlacht am Strand waren. Sie wachte fast die ganze Nacht bei mir, goß heißes Öl in mein Ohr und blies Zigarettenrauch hinein, obwohl sie nicht rauchte. Gegen Morgen hatte sie allen Sand vertrieben, und ich war bereit, wieder spielen zu gehen. Meine Mutter heilte Fußpilz und Hautausschlag durch Giftefeu und führte einen endlosen Kampf gegen Darmviren. Von der Eiterflechte blieb ich verschont, der Ringelflechte entging ich aber nicht – wofür meine Mutter die Kinositze verantwortlich machte. Sie rasierte meine Haare ab, trug irgendeine Heilsalbe auf, malte einen Kreis aus Quecksilberchrom darum herum und schickte mich in die Schule, gekrönt mit einer Haube, die aus einem ihrer in zwei Hälften geschnittenen Nylonstrümpfe bestand, den sie oben zusammengebunden hatte. Diese Behandlung tötete zwar die Ringelflechte ab, aber auch ich starb beinahe vor Scham.

Mama ließ mich impfen, wenn es notwendig war. Schon sehr früh machte sie mir bewußt, daß es kleine Dinge in der Welt gebe – die man Mikroben nenne –, die für mich noch tödlicher als Madenwürmer waren. Vielleicht war meiner Mutter die Gefahr von Staub und Schmutz eher bewußt als anderen Personen ihres Alters, weil ihre Lieblingstante May im Ersten Weltkrieg als Schwester gedient und die große Grippeepidemie von 1918 mitbekämpft hatte, die mehr als 20 Millionen Menschen in den Vereinigten Staaten und Europa das Leben gekostet hatte. Nach dem Krieg arbeitete May als städtische Krankenschwester in Detroit. Meine Mutter sagte, May sei extrem mikrobenbewußt gewesen: »Sie zwang mich, meine Hände zu waschen, bis sie runzlig waren und unter den Nägeln schmerzten. Sie sagte mir, ich würde krank, wenn ich das nicht täte.«

Meine Mutter war ebenfalls sehr sensibilisiert, was Keime betraf. Sie verlangte von mir, meine Hände vor dem Essen zu waschen und darauf zu achten, was ich aufhob und in den Mund steckte. (Aber sie lehrte mich auch: »Du mußt einen Haufen Dreck essen, bevor du daran stirbst, und er ist gut für dich.«) Schon von früh an wußte ich, daß im Staub und jenseits von ihm unsichtbare, tödliche Feinde lauerten. Ich wußte, daß diese Mikroben überall existieren konnten – in der Luft, im Wasser, auf dem Boden, in Lebensmitteln, auf der Haut und in Mündern. Wenn auch Mikroben nicht ganz identisch waren mit dem Schmalz in meinen Ohren, dem Schmutz unter meinen Fingernägeln und zwischen meinen

Zehen oder dem Schleim aus meiner Nase, so hingen sie doch in meiner Vorstellung mit Sauberkeit zusammen. In meiner kindlichen Phantasie bildeten Mikroben eine unsichtbare Welt, die auf eine verwirrende Art und Weise mit der sichtbaren Welt verknüpft war. Meine Mutter erinnerte mich daran, daß ich mich einmal, als ich noch sehr jung war, bückte, um ein Kondom aufzuheben. »Faß das nicht an. Es ist ein japanischer Giftballon«, schimpfte sie. Ich verband die Invasion der Giftballons gedanklich mit der ominösen roten Laterne, die im Hinterhof unseres Nachbarn stand, um japanische Käfer abzuwehren, und schloß daraus, daß die Japaner die hinterlistigsten aller Feinde sein mußten, die Herren des unheimlichen Unsichtbaren. Mein Onkel Sam kam aus dem Krieg nach Hause, heiratete meine Tanta Milly, und noch bevor sie ein Kind hatten, begann er an Magenkrebs zu sterben. Der Krebs drang in seinen Körper ein und verwandelte einen kräftigen Mann in ein ausgemergeltes Geschöpf. Als ich ihn besuchte, trank ich – ohne auch nur einmal daran erinnert werden zu müssen – treu und brav aus einem eigenen, sauberen Glas. Ich wollte nicht von seinem unsichtbaren Mörder gepackt werden.

Nichtsdestotrotz hielt meine Kenntnis von Keimen meine Freunde und mich nicht davon ab, Süßigkeiten vom Boden aufzuheben, sie an der Hose abzuwischen und zu essen; auch leckten wir gemeinsam an einer Eiswaffel oder zogen zu mehreren an einer Zigarette. Wir stachen uns in die Finger und schworen uns – unser Blut vermischend – ewige Treue. Wir kauten Tabak, hielten Furz- und Pisswettbewerbe ab und spielten »mumblety-peg«, ein Spiel mit Messern, das damit endete, daß der Verlierer versuchen mußte, einen angespitzten Holzpflock aus dem Schmutz zu ziehen, den jeder der Sieger mit drei harten Schlägen des Messergriffs in den Boden getrieben hatte. Im Pfadfinderlager schwammen wir im schmutzigen und schlammigen Clinton River und marschierten durch seine Sümpfe, die voller juckendem und stechendem Unkraut waren.

Als ich später schreckliche Akne bekam, beruhigte mich meine Mutter damit, daß die Pickel meine Haut aufrauhten, so daß ich nicht wie ein Mädchen aussähe. Schließlich flaute die Akne ab – diese furchtbare weiße Soße aus meinem Innern. Ich begann, mich mit Mädchen zu verabreden. Ich duschte, gierte nach schicken Klamotten und trug in dem einen Jahr weiße Ziegenlederschuhe und im nächsten weiße Reitschuhe. Meine Mutter mußte sich nicht länger über mich ärgern. Nachdem ich die Schule mit schlechten Noten überstanden hatte, entschied ich mich, aufs College zu gehen und ein vorbildlicher Student zu sein. Ich wollte klug sein und glänzen wie meine Mutter und mein Vater und das Haus, aus dem ich stammte. Mama war einen schmutzigen Lausejungen losgeworden.

Ich danke meiner Mutter nicht nur für all den Staub, den sie wegwischte, sondern auch für ihre Geschichten, die mir zu verstehen halfen, auf welche Weise meine Familie und ich – wie alle Menschen unseres Zeitalters – unsere Beziehung zum Staub veränderten. Sie half mir dabei, meine Jugend mit meinem Leben heute, 40 Jahre später, zu vergleichen, das ich seit 30 Jahren mit meiner Frau Cathy auf der schwarzen Prärieerde von Minnesota verbringe, wo wir gemeinsam unsere vier Kinder großgezogen haben.

Hier blasen jahrein, jahraus Winde mit maritimer Stärke. Sie treiben die Partikel des Landes – Pflanzen, Körner und Schmutz – zusammen. Sie lassen die Frühlingsluft von Pollen vibrieren, erfüllen die Herbsttage mit Erntestaub, schwärzen den Schnee im Winter und verdunkeln, wenn sie am stärksten wehen, selbst den Himmel. Sie füllen die Städte mit all dem Dreck aus dem umliegenden Land, und – wie meine Frau viel besser weiß als ich – machen es nötig, unser Haus und unsere Garage immer wieder zu fegen.

Der Staub kennt keinen Respekt vor unserem Wohnzimmer aus Glas mit seinen weißen Wänden. Er sammelt sich als Asche auf dem Steinboden des Kamins. Er sammelt sich auf dem Kaminsims und verringert – wenn auch nur geringfügig –

die Helligkeit des darüber hängenden Gemäldes. Staub sammelt sich auf dem Computerbildschirm, auf Regalen und Büchern, die wiederum Schimmel freisetzen, der Archive zu einem gefährlichen Platz für Allergiker macht. Wenigstens zweimal im Jahr stelle ich eine hohe Leiter auf, um das Oberlicht zu säubern, dessen trübe Oberfläche mich daran erinnert, daß selbst das Licht durch Staub verdüstert werden kann und daß der Staub sogar in unserem Zeitalter der kosmischen und radioaktiven Staube, in dem sich Supercollider auf der Suche nach Partikeln drehen, die unendlich kleiner sind, als irgendein Demokrit und Lukrez sich das je hätten vorstellen können, noch immer die alltägliche Grenze zwischen dem Sichtbaren und dem Unsichtbaren darstellt.

Neben meiner Mutter, die mir so viel über den Staub in ihrem und dem Leben unserer Familie erzählt hat, geht mein vorrangiger Dank an den Professor, Autor und Freund Eugen Weber. Eugen, der mich über viele Jahre hinweg so vieles gelehrt hat, half mir auf verschiedene Weise, dieses Buch zu schreiben. Vor allem schickte er mich zu *der* Person, die das Thema ›Staub‹ zuerst empfahl. Außerdem lud er mich zu seiner wunderbaren zweitägigen ›Ruhestands‹-Party an die Universität von Kalifornien nach Los Angeles ein, wo ich ihm einen frühen Entwurf des jetzigen dritten Kapitels präsentierte. Er machte mir einige nützliche Vorschläge und, was noch wertvoller war, ich spürte seinen Enthusiasmus für das Thema und meine Herangehensweise. Später las Eugen kritisch eine frühe Fassung von *Goldstaub und Wollmäuse* und ermutigte mich, das Ziel des Buches in Einleitung und Titel klar herauszustellen.

Zum zweiten stehe ich in der Schuld von Guy Thuillier, einem unglaublich schöpferischen Historiker, Professor und Direktor an der École Pratique des Hautes Études und Beamten am französischen Rechnungshof, der bei den praktizierenden Historikern der englischsprachigen Welt besser bekannt sein sollte. Mitten in einer Unterhaltung in einem kleinen Pariser Restaurant erklärte er: »Es sollte eine Geschichte des Staubs geben.« Monate später stattete er mich großzügig mit einer handgeschriebenen Skizze derjenigen Themen aus, die er in einer Geschichte des Staubs unterbringen würde.

Ich danke auch dem Historiker und Freund Jeffrey Russell, der das Manuskript kritisch durchlas und viele wertvolle Vorschläge machte. Besonders interessant war die Idee, daß das Selbstvertrauen der westlichen Gesellschaft auf ihrer Kontrolle der kleinen und unsichtbaren Dinge beruhen könnte. Jeffrey hat sich dann liebenswürdigerweise bereit erklärt, das Vorwort zu diesem Buch zu schreiben.

Ganz besonders dankbar bin ich meinem Freund und Kollegen, dem Dichter Phil Dacey, der mir bei der Einführung half, und meinem Freund und Kollegen, dem Autor David Pichaske, der das Manuskript an vielen Punkten verbesserte und mich ermutigte, die weiter oben geschilderten Erinnerungen meiner Mutter zu bewahren. Mein guter alter Freund Ted Radzilowski lenkte meine Aufmerksamkeit auf die Rolle des Lichts bei der Säuberung des Kleinen.

Der emeritierte Professor Dale Sparling und die Professoren Laren Barker und Robert Elaison aus den Fachbereichen Geowissenschaften, Biologie und Chemie (in dieser Reihenfolge) lieferten mir wertvolle Ratschläge bezüglich der wissenschaftlichen Aspekte des Manuskripts. Professor David Wright von der Michigan State University schärfte mein Verständnis für die Frage, in welcher Weise die Technologie des 20. Jahrhunderts das Sehvermögen des menschlichen Auges und die Reichweite der menschlichen Hand in das Winzige hinein ausweitete. Er wies mich auf zwei wichtige Bücher hin, die sich mit der Verbindung von zeitgenössischer Medizin und Technologie beschäftigen.

Evelyn Ostlie forschte für mich über den Staub im ländlichen Minnesota. Donata DeBruyckere, die irgendwie in alles, was ich tue, verstrickt zu sein scheint, führte eine Vielzahl von Forschungsprojekten für mich durch. John Radzilowski und Marianne Zarzana überarbeiteten eine frühe Fassung von Kapitel 4, und Julie Bach – immer gut gelaunt, voller Ermutigung und scharfem Witz – arbeitete das gesamte Manuskript durch und glättete holprige Passagen. Rhonda Fedda, eine studentische Hilfskraft für Textverabeitung, ersparte mir mit ihrer zuverlässigen und genauen Arbeit eine Menge Plackerei.

Zusätzlich zu denjenigen, denen ich hier namentlich danke, habe ich in fünf Jahren bei gelegentlichen Gesprächen eine beachtliche Schuld gegenüber anderen Menschen angesammelt, deren Namen ich nie kennengelernt oder die ich bald vergessen habe. Die Erklärung, daß ich ein Buch über den Staub schreibe, führte in vielen Gesprächen zu nteressanten Anekdoten. Bei einem Familientreffen meiner Frau beschrieb ein Mann, was passiert, wenn man in seiner Heimatstadt, auf die die Schornsteine einer Zementfabrik ihre Schatten werfen, Autos bei einem leichten Regen draußen stehen läßt. Nach einer öffentlichen Lesung in einer nahegelegenen Stadt im Südwesten Minnesotas hörte ich, wie es ist, unter einem permanenten Schauer roter Flocken aus der Getreidefabrik der Stadt zu leben. In einer Bar am Royal Saint David – Golfkurs in Wales erzählte ein Mitgolfer meinem Sohn und mir, daß Lederfabriken wegen der Konzentration feiner Staube in ihnen explodieren können. Ich hörte mehr Geschichten über die Staubstürme der 30er Jahre, als ich wiedergeben kann.

Mein Dank gilt nicht nur namentlich bekannten und unbekannten Individuen, sondern auch Institutionen und ihren Bibliothekaren. Minitex, das bibliotheksübergreifende Verleihsystem unserer Universität und des Staates Minnesota, erwies sich als unentbehrlich für meine Arbeit. Seine fröhliche und effiziente örtliche Vertreterin, Nancy De Roode, machte meine Anfragen für die Fernleihe zu einer erfreulichen Schatzsuche. Die Bibliothekare der Universitätshandbibliothek, Mary Jane Striegel, Jim Kapoun und andere Mitarbeiter, halfen mir bei der Büchersuche und unterstützten mich auch in anderer Weise.

Das Bibliothekssystem der Universität von Minnesota stellte sich wieder einmal als meine zweite Hausbibliothek heraus. Ich stützte mich besonders auf die Hauptbibliothek, die Wilson-Bücherei, die Wissenschafts- und Technikbücherei, die Walter-Bücherei, und ihre landwirtschaftlichen und medizinischen Abteilungen. Als äußerst lohnend erwies sich auch meine Suche an der Historischen Wangenstein-Bibliothek für Biologie und Medizin. Wertvolles Material fand ich bei der Minnesota Historical Society, in der Minnesota State Law Library, der Hauptabteilung der Minneapolis Zentralbibliothek (insbesondere in ihrer einzigartigen Sammlung an Photographien und Bildern), der St. Paul Main Library und der St. Paul's James J. Hill Reference Library.

Der Verlag der Universität von Kalifornien verdient in jeder Hinsicht meinen besonderen Dank. Ihr Herausgeber, Howard Boyer, hieß mein Manuskript im Verlag enthusiastisch willkommen und unterstützte es auf phantasievolle und energische Weise. Er wählte die Illustratorin des Buches, Abigail Rorer, und die Zeichnerin, Nicole Hayward, aus. Ihre Arbeiten sprechen für sich selbst. Die Redakteurinnen Dore Brown und Erika Büky verbesserten das Buch dank ihrer besonderen Sorge um seine Entstehung, ohne daß ich sie in meine Fehler und meine Unordnung verwickelte.

Nachdem ich nun meine Verbundenheit allen anderen Personen gegenüber ausgedrückt habe, möchte ich noch einmal meiner Frau Cathy danken. Sie hat meine Art, Bücher zu schreiben, ertragen, obwohl sie so viel Zeit und Zuneigung raubt, die ich anderen hätte widmen können. Obgleich Cathy Krankenschwester und Mutter von vier Kindern ist, war sie von Anfang an auf das Thema dieses Buches eingestimmt. Als ich diese Danksagung schrieb, wies sie mich auf einen illustrierten Führer der Geschichte der Kleidung im Westen und auf einen Zeitungsartikel über die jüngste Ausstellung zum Thema Krankheit im American History Museum in New York hin. In letzterem las ich über den quälenden Hantavirus. Nachdem er 1993 im Südwesten auf geheimnisvolle Weise fünf Menschen getötet hatte, wiesen Forscher nach, daß die Verstorbenen sich die Krankheit durch das Einatmen von Staub zugezogen hatten, der mit Mäusespeichel, Kot und Urin verseucht war. Im Buch über die Kleidungsstücke las ich voller Freude über die *chopine* (die die Italiener *zocollo* nennen). Dabei handelte es sich – mit seiner ungefähr 60 Zentimeter hohen Sohle – um einen pantinenähnlichen Schuh, in den man im 16. und 17. Jahrhundert mitsamt dem eleganten Schuhwerk hineinschlüpfte. Mit diesem Schuh konnte sich sein Träger weit über den Matsch und Schmutz der Straße erheben.

Ich hoffe, daß dieses Buch dem Leser erlaubt, in ähnlicher Manier über dem Staub und dem Schmutz des Alltags zu stehen, und daß es ihn verstehen läßt, wie sehr unser Leben von unserer sich wandelnden Beziehung zum Kleinen und Winzigen beeinflußt wird. Ich habe versucht, eine Geschichte des Staubs zu erzählen, die zugleich eine erste und grundlegende Geschichte des Kleinen und Unsichtbaren ist und die auf die Möglichkeiten des Mikrokosmos hinweist, der sich vor uns ausbreitet.

ANMERKUNGEN

Vorwort

1. Als »Dust Bowl« wird eine auf Mißwirtschaft zurückzuführende ausgedehnte Winderosion in den Great Plains der Vereinigten Staaten der 30er Jahre bezeichnet. Trockenes Grasland, das für den Getreideanbau tief aufgepflügt worden war, bildete die Ursache dieser Erosion. Die Dürre des Jahres 1931 führte zu Winderosionen, Staubstürmen und Bodenverlusten. Siehe auch Anm. 11 der »Einführung«. (Anm. d. Ü.)
2. Diese Werke des Autors sind auf deutsch bislang nicht erschienen. (Anm. d. Ü.)

Einführung

1. Ogden, J. Gordon, *The Kingdom of Dust*, Chicago (Popular Mechanics Company) 1912, S. 10.
2. Ebd., S. 10 ff.
3. Logan, William Bryant, *Dirt: The Ecstatic Skin of the Earth*, New York (Riverhead Books) 1995, S. 9.
4. Ogden, S. 16.
5. Zitiert nach Logan, S. 7.
6. Onions, C. T., *The Oxford Dictionary of English Etymology*, Oxford (Clarendon Press) 1966, S. 295.
7. Irvin Adler schätzt, daß »nach einer Reise von nur 2000 Lichtjahren die Hälfte des Lichts [aus dem Zentrum der Galaxie] zer-

streut ist ... Nach 4 000 Lichtjahren bleibt nur ein Viertel des Lichts übrig, um die Reise fortzusetzen ... Nach 6 000 Jahren bleibt nur ein Achtel übrig ... Wenn das Licht aus dem Zentrum der Galaxie uns nach 25 000 Jahren erreicht, ist es so schwach, daß es nicht mehr zu erkennen ist.« (aus: *Dust*, New York [The John Day Company] 1958, S. 116) [deutsch: *Kein Leben ohne Staub*, München (Süddeutscher Verlag) 1959].

8. Die Eruption erreichte die obere Atmosphäre, in der, wie »man ausgerechnet hat, lediglich 1/400 eines Kubikkilometers sehr feinkörnigen Staubs genügen würde, um die Sonnenstrahlung um 20% zu reduzieren.« In: Wood, Robert Muir, *Earthquakes and Volcanoes*, New York (Weidenfeld & Nicolson) 1987, S. 114.
9. Ebd., S. 113f.
10. Adler, S. 16.
11. Für eine Studie siehe Hurt, Douglas, *The Dust Bowl*, Chicago (Nelson-Hall) 1981. Ich verwandte Elizabeth Banks gut durchdachte Zusammenfassung des Werks.
12. Für eine neuere Diskussion der Ursprünge der Sandstürme der 30er Jahre siehe Cronon, William, »A Place for Stories: Nature, History, and Narrative«, in: *Journal of American History* (März 1992), S. 1347–1376.
13. Das Wort *industry*, das aus dem französischen *industrie* und dem lateinischen *industria* herrührt – beide bedeuten schwere Arbeit und Fleiß –, geht zurück auf das altlateinische *indostruus*, gebildet aus der Vorsilbe *indu* und *struere* (bauen); siehe Ayto, John (Hrsg.), *Dictionary of Word Origins*, New York (Arcade Publishing) 1990, S. 298.
14. Adler schätzte 1958, daß ein Kubikzoll Luft (2,54 cm^3) über einer staubigen Stadt 50 Millionen Staubpartikel enthalten kann. Die Durchschnittsgröße der Staubpartikel über Städten beträgt 1 Mikron (1 Millionstel Meter); die schwereren Partikel sinken als stetiger Regen auf die Stadt herab, wobei das jährliche Gewicht Hunderte, ja sogar Tausende von Tonnen beträgt. »In Los Angeles fallen auf jede Quadratmeile 332 Tonnen Staub jährlich. In Chicago beträgt die entsprechende Menge 782 Tonnen.« In England, das genau so staubig wie die USA ist, »reicht die Menge des Staubs, der auf eine Quadratmeile fällt, von 200 bis zu 2 000 Tonnen im Jahr.« (Adler, S. 92f.) Ein Artikel aus der *Encyclopaedia Britannica* über Staub aus dem Jahr 1970 legt nahe, daß sich ungefähr 43 Millionen Tonnen Staub pro Jahr auf die Vereinigten

Staaten niederlassen. 31 Millionen Tonnen aus dieser Gesamtmenge stammen aus natürlichen Quellen, darunter 1 Million Tonnen Pollen. Der Rest wird durch menschliche Tätigkeiten erzeugt, wobei zu jener Zeit die Industrie der hauptsächliche Lieferant war. Detroit übertraf mit 72 Tonnen im Monat die 33 Tonnen von Los Angeles um mehr als das Doppelte. Siehe Landsberg, Helmut, »Dust«, in: *Encyclopaedia Britannica*, Ausgabe 7, Chicago (Encyclopaedia Britannica) 1970, S. 788. Für Daten über Schadstoffe und ihre Quellen in den Vereinigten Staaten 1997 siehe *Abstract of the United States*, Washington D.C. (U.S. Department of Commerce) 1997, S. 234f.

15. Dennis Eberl, »Clay«, *McGraw-Hill Encyclopedia of Science and Technology*, New York (McGraw-Hill) 1992, S. 686.
16. In einer Parodie von Descartes' erstem Beweis (»Ich denke, also bin ich«) gab Guy Thuillier 1994 in einem Gespräch mit mir zu bedenken, das weibliche *cogito* sei zu einem »je frotte, donc je suis« (»Ich schrubbe, also bin ich«) geworden.
17. Amato, Joseph, Besprechung von Hoy, Suellen, *Chasing Dirt: The American Pursuit of Cleanliness* (1995), in: *Journal of Social History* (Herbst 1996), S. 277–282.

Kapitel 1

1. Smit, Daan/den Harogh, Nicky, *Seeds and Fruits*, New York (Smithmark) 1996, S. 3f. [deutsch: *Samen und Früchte*, Stuttgart (Parkland) 1995].
2. Für einen Überblick über die versteckte Macht der Pflanzen siehe Marozzi, Emilio/Mari, Francesco/Bertol, Elisabetta, *Le piante magiche: Viaggio nel fantastico mondo delle droghe vegetali*, Florenz (Case Editrice Le Lettere) 1996.
3. Hippokrates führte »kotige Stoffe« als Ursache zahlreicher Krankheiten an. Galen – dieses Wissen mag den Leser trösten – warnte nicht nur vor dem pharmazeutischen Gebrauch menschlichen Kots, sondern distanzierte sich auch von Xenokrates, der die innerliche und äußerliche Anwendung von Schweiß, Urin, Menstruationsblut und Ohrenschmalz empfohlen hatte. Plinius pries die vielfachen Verwendungsmöglichkeiten von Kamelkot: Vermischt mit Asche und kombiniert mit Öl kräusele

er Haar; in Getränken eingenommen heile er die Ruhr (Rosebury, Theodor, *Life on Man,* New York [Viking Press] 1969, S. 115ff., 35 ff., 139) [deutsch: *Der Reinlichkeitstick – Flora und Fauna des menschlichen Körpers,* Frankfurt/Main (Fischer) 1975]). Noch im 17. Jahrhundert enthielten Verordnungen gegen Skrofulose Kropföl, eine Mischung aus zerkleinerten neugeborenen Ratten und kleinen Eidechsen, die man an heißen, schwülen Sommertagen der Sonne aussetzte. Andere Verordnungen enthielten Puder (Staube), die aus Kröten hergestellt waren und zur Behandlung von Brustkrebs eingesetzt wurden, und Öle aus gekochten Fröschen und Regenwürmern, die man verwandte, »um Gelenk- und Nervenschmerzen zu lindern und gegen Wunden, Stiche und bösartige Geschwüre« einsetzte (Camporesi, Piero, *Bread of Dreams: Food and Fantasy in Early Modern Europe,* Chicago (University of Chicago Press) 1996 [deutsch: *Das Brot der Träume,* Frankfurt/Main (Campus) 1990]).

4. Opie, Iona und Tatem, Moira (Hrsg.), *A Dictionary of Superstitions,* Oxford (Oxford University Press) 1989, S. 113.
5. Ein Aberglaube besagte, es bringe Hochzeitsgästen Unglück, wenn sie auf dem Weg zur Hochzeit irgend etwas von den Füßen abwischten, in das sie getreten waren. Ein zweiter enthielt die Anweisung, Pferdemist aufzubewahren, weil er Glück bringe und den bösen Blick abwehre. Andere hielten es für glücksbringend, auf einem Kuhfladen zu stehen und »in Hundekot« zu treten »und es erst später zu bemerken« (ebd., S. 141f.).
6. Der Begriff *Mumie* stammt von einem Berg in Persien, der die Hauptquelle des profitablen Geschäfts ausmachte.
7. Powell, William J., *Pillsbury's Best: A Company History from 1869,* Minneapolis (Pillsbury Company) 1985, S. 32.
8. Ein nützliches Werk zur Frage, wie sehr die Welt alltäglicher Bedeutungen von metaphorischer Montage und Gegensätzen abhängt, ist Lakoff, George und Johnson, Mark, *Metaphors We Live By,* Chicago (University of Chicago Press) 1980 [deutsch: *Leben in Metaphern,* Heidelberg (Carl-Auer-Systeme Verl.) 2000].
9. Winslow, D. C., »Dust«, *Encyclopedia Americana,* Band 19, New York (Americana Corp.) 1964, S. 427f.
10. *Hamlet,* IV. Akt, 3. Szene.
11. Dieser Abschnitt wurde angeregt durch Becker, Ernest, *Denial of Death,* New York (Free Press) 1973 [deutsch: *Die Überwindung der Todesfurcht,* Gütersloh (Bertelsmann) 1990].

12. Douglas argumentiert weitergehend, daß Unordnung ein chaotischer Wirrwarr sei, der sich über die Ordnung der Dinge hinwegsetze: Sie sei versinnbildlicht durch Vögel, die nicht fliegen könnten, Fische, die auf festem Boden liefen, und Tiere, deren gespaltene Hufe Händen ähnelten. Unordnung existiere, wenn untaugliche Vermischungen zwischen Menschen und Tieren, Männern und Frauen, Körper und Nahrung, Hand und Mund stattfänden (*Purity and Danger: An Analysis of the Concepts of Pollution and Taboo,* London [Routledge and Kegan Paul] 1966 [deutsch: Reinheit und Gefährdung, Frankfurt/Main (Suhrkamp) 1988]).
13. Ebd., S. 35.
14. Das italienische Wort *immondo* – wörtlich übersetzt: nicht weltlich – bedeutet nicht nur schmutzig und ekelhaft, sondern auch unmoralisch, bestechlich, prinzipienlos und böse. *Immondizia* läßt sich als Schweinerei, Müll und Abschaum übersetzen (*Dizionario Garzanti della lingua italiana,* Mailand [Garzante] 1965). Das französische Adjektiv *immonde* beschreibt das Abstoßende und Ekelhafte. Es wurde verwandt, um das im Alten Testament tabuisierte Schwein und im Neuen Testament den Teufel selbst – *l'esprit immonde* – zu beschreiben (*Petit Larousse,* Paris [Larousse] 1961).
15. Menschen meiden Fäulnis ganz natürlich, wenn wir einmal von Swifts laputanischen Wissenschaftlern, die Fäkalien in Nahrung zurückverwandeln, oder anormalen Menschen wie dem Kannibalen Jeffrey Dahmer aus Milwaukee absehen. *Putrid* (verfault) ist ein Synonym für *corrupt* (verdorben im moralischen Sinn). Die italienische Sprache verbindet die Verben *putire, putrefare, puzzare* (stinken, modern, riechen) und das Substantiv *putana* (Hure). In ähnlicher Weise setzen die Algonkins, ein nordamerikanischer Indianerstamm, die Prostituierte mit dem Stinktier gleich.
16. Ayto, John (Hrsg.), *Dictionary of Word Origins,* New York (Arcade Publishing) 1990, S. 173. Das Wort *manure* (Dung) ist nicht nur mit *maneuver* (Manöver) verwandt, sondern auch mit *manor* (Landgut) und *manual* (Handbuch, Leitfaden), ein Hinweis, wie eng in vorindustriellen Zeiten Kot, Landwirtschaft und Arbeit gedanklich verbunden waren (ebd., S. 337).
17. Onions, C. T. (Hrsg.), *The Oxford Dictionary of English Etymology,* Oxford (University Press) 1966, S. 271.

18. Amato, Joseph, *Countryside, Mirror of Ourselves,* Marshall, MN, (Crossings Press) 1981, S. 21f. Bauern wurden *paria* (im Indischen) und *peon* (im Spanischen) genannt. Synonyme für *peasant* (Bauer) sind in verschiedenen europäischen Sprachen Worte, die wortwörtlich die Bedeutung stinkend, dumm, barfuß und schmutzfüßig haben. Ein *villain* (Schurke) war ein Landarbeiter auf einer Villa, einem Landsitz. Der Bauer, dessen französische Bezeichnung *paysan* von *pays*, dem Land, abgeleitet ist, war das Gegenteil des *Zivilisierten, Urbanen* und *Kosmopoliten;* diese Bezeichnungen haben ihre Wurzeln in den griechischen und lateinischen Bezeichnungen für »Stadt«. Auch stammte der Bauer nicht vom *Hof* oder aus dem *Adel*, denn dort war man *höflich* und *edel*. Amerikanische Slang-Namen für Leute vom Land sind z.B. *clodhopper* (Trampel, wörtlich: Schollenhüpfer), *sod buster* (Heini, Blödmann, wörtlich: Graskerl), *hayseed* (Heusamen), *hay shaker* (Heuschüttler), *pea picker* (Erbsenpflücker), *pumpkin peeler* (Kürbisschäler), *stubble jumper* (Stoppelhüpfer), *clover kicker* (Kleetreter), *coon skinner* (Negertreiber), *sorghum lapper* (Hirsefresser), *turnip sucker* (Rübenlutscher) und *shit kicker* (Scheißetreter). Siehe: *The American Thesaurus of Slang,* New York (Thomas Y. Crowell) 1945.
19. Als vorrangige Quelle meines Porträts der alten Ordnung siehe Amato, Joseph, »A World without Intimacy: A Portrait of Time before We Were Intimate Lovers«, in: *International Journal of Social Sciences* 61, Nr. 4 (Herbst 1986), S. 155–168.
20. Dieser spezielle Aufsatz erschien in Febvres *Life in Renaissance France,* Cambridge (Harvard University Press) 1977, S. 4f. [deutsch: *Der neugierige Blick – Leben in der französischen Renaissance,* Berlin (Wagenbach) 2000]. Febvre und Marc Bloch begründeten die französische Schule der Neuen Geschichtswissenschaft, die sich seit den 20er Jahren zur einflußreichsten historischen Schule der Welt entwickelt hat.
21. Ebd., S. 8f. Febvre schrieb über den zentralen Platz im Haushalt, die Küche: »Der übliche Aufenthaltsort für den Gentleman, der kein Prinz war, war ein Landgut; die Menschen verbrachten den größten Teil ihrer Zeit in einem einzigen Raum, der Küche. Im allgemeinen wurden die Mahlzeiten dort eingenommen. (Französische Häuser hatten bis zum 18. Jahrhundert fast nie ein spezielles Eßzimmer. Selbst Ludwig XIV. nahm bei gewöhnlichen Anlässen seine Mahlzeiten an einem quadratischen Tisch vor dem Fenster seines Schlafzimmers ein. Die Adligen des 16. Jahr-

hunderts, die geringere Ansprüche hatten, aßen im allgemeinen in der Küche.) In einigen Dialekten heißt dieser Raum der ›Ofen‹. Das sagt alles: In der Küche war es warm oder zumindest weniger kalt als sonstwo. Und es gab dort immer ein Feuer.«

22. Blum, Jerome, *The End of the Old Order in Rural Europe*, Princeton (Princeton University Press) 1978, S. 181.
23. Camporesi, S. 151f.
24. Zu Arbeiten, die ein Licht auf den menschlichen Ort im biologischen Königreich werfen, siehe: Cartwright, Frederick, *Disease and History*, New York (Barnes & Noble) 1972; Forster, George/ Ranum, Orest (Hrsg.), *Biology of Man and History*, Baltimore (John Hopkins University Press) 1975; McNeill, William H., *Plagues and Peoples*, Garden City, NY, (Anchor) 1976 [deutsch: *Die großen Epidemien*, Bergisch-Gladbach (Lübbe) 1983]; Wrigley, Edward A., *Population and History*, New York (McGraw-Hill) 1969 [deutsch: *Bevölkerungsstruktur im Wandel*, München (Kindler) 1969].
25. Lopreato, Joseph, »How Would You Like to Be a Peasant?«, in: *Human Organization* (Winter 1965), S. 306.
26. LeRoy Ladurie, Emmanuel, *Montaillou: The Promised Land of Error*, New York (Vintage) 1979, S. 10 u. 222 [deutsch: *Montaillou: Ein Dorf vor dem Inquisitor 1294–1324*, Berlin (Ullstein) 2000].
27. Ebd., S. 288.
28. Duby, Georges, *The Early Growth of the European Economy: Warriors and Peasants from the Seventh to the Twelfth Century*, Ithaca (Cornell University Press) 1974, S. 29 [deutsch: *Krieger und Bauern – Die Entwicklung der mittelalterlichen Wirtschaft und Gesellschaft bis um 1200*, Frankfurt/M (Suhrkamp) 1986].
29. Laslett, Peter, *The World We Have Lost: England before the Industrial Age*, New York (Charles Scribner's Sons) 1965, S. 193 [deutsch: *Verlorene Lebenswelten: Geschichte der vorindustriellen Gesellschaft*, Frankfurt/Main (Fischer) 1991].
30. Camporesi, S. 33.
31. Weber, Eugen, *A Modern History of Europe: Men, Cultures, and Societies from the Renaissance to the Present*, New York (W. W. Norton) 1971, S. 204f.
32. Ackerman, Diane, *A Natural History of the Senses* (ohne Quellenangaben), S. 61 [deutsch: *Die schöne Macht der Sinne – Eine Kulturgeschichte*, München (Droemer Knaur) 1993].

33. Elias, Norbert, *History of Manners*, New York (Pantheon Books) 1978, S. 48 [deutsch: *Über den Prozeß der Zivilisation*, Frankfurt/Main (Suhrkamp) o. J.].
34. Zit. in: Braudel, Fernand, *Capitalism and Material Life, 1400–1800*, New York (Harper & Row) 1967, S. 122 [deutsch: Sozialgeschichte des 15.–18. Jahrhunderts, München (Kindler) o. J.].
35. Fatherstonaugh, George, *A Canoe Voyage up the Minaysotor*, Bd. 2, St. Paul (Minnesota Historical Society) 1970, S. 69f.
36. Arthur Young, zit. nach: Vaussard, Maurice, *Daily Life in Eighteenth-Century Italy*, New York (Macmillan) 1963, S. 51f.
37. Smith, Denis Mack, *Mazzini*, New Haven (Yale University Press) 1994, S. 21.
38. Weber, S. 204.
39. Salgado, Gamni, *The Elizabethan Underworld*, London (J. M. Dent & Sons) 1977, S. 18.
40. Camporesi, S. 152.
41. Ebd.
42. Ebd.
43. Ginzburg, Carlo, *The Cheese and the Worms: The Cosmos of a Sixteenth-Century Miller*, Baltimore (John Hopkins University Press) 1980, S. 57 [deutsch: *Der Käse und die Würmer: Die Welt eines Müllers um 1600*, Berlin (Wagenbach) 1993].
44. Camporesi, S. 55, 156f., 159.

Kapitel 2

1. Mintz, Sidney, *Tasting Food, Tasting Freedom: Excursions into Eating, Culture and the Past*, Boston (Beacon Press) 1996, S. 62.
2. Zu Maßeinheiten im vorindustriellen Europa siehe: Kula, Witold, *Measures and Men*, Princeton (Princeton University Press) 1986 und Nicholson, Edward, *Men and Measures: A History of Weights and Measures, Ancient and Modern*, London (Smith, Elder & Co.) 1912. Zur Geschichte der Wiegeinstrumente selbst siehe Testus, Charles, *Mémento du pesage: Les instruments de pesage, leur histoire à travers les âges*, Paris (Hermann & Cie) 1946.
3. Bendick, Jeanne, *How Much and How Many: The Story of Weights and Measures*, New York (Franklin Watts) 1989, S. 14, 46.
4. Edward Grant zeigt in *Planets, Stars and Orbs: The Medieval Cos-*

mos, 1200–1687, Cambridge (Cambridge University Press) 1994, wie das, was er den mittelalterlichen Kosmos nennt, »eine Mischung aus heidnischen griechischen Ideen und biblischen Beschreibungen, insbesondere der Schöpfungsgeschichte der Genesis«, das hochmittelalterliche Denken beschäftigte. Diese scholastischen Vorstellungen, die im 12. und 13. Jahrhundert formuliert worden waren, dominierten das westliche Denken über Himmel und Erde bis annähernd 1700. Als während der Renaissance und der frühen Moderne rivalisierende Interpretationen aufkamen – zum Beispiel Platonismus, Atomismus, Stoizismus, Neoplatonismus, Hermitizismus und speziell der Kopernikanismus –, herrschte die im wesentlichen aristotelische Kosmologie des scholastischen Denkens vor. Sie sollte fortfahren, eine Tradition des Denkens über Himmel und Erde zu begründen – und dabei die Voraussetzungen dessen schaffen, was wir Naturwissenschaften nennen –, bis sie schließlich durch Newton und seine *Philosophiae naturalis principia mathematica* (1687) abgelöst wurde, die den Triumph einer Sicht des Kosmos markierte, welche auf empirischer Beobachtung und Mathematik basierte und die Erde und Himmel an dieselben Gesetze band.

5. Eine nützliche Diskussion der Voraussetzungen der Naturwissenschaften im mittelalterlichen Denken stammt von Grant, Edward, *The Foundations of Modern Science in the Middle Ages,* Cambridge (Cambridge University Press) 1996; zum Thema von Freiheit und Toleranz in der Diskussion und anderen Elementen, die »die wesentlichen Vorbedingungen« der wissenschaftlichen Revolution begründeten, siehe insbesondere S. 191–205.
6. Grant 1994, S. 422ff.
7. Ebd., S. 579ff.
8. Zit. in: Crombie, A. C., *The History of Science from Augustine to Galileo,* New York (Dover Publications) 1979, S. 45 [deutsch: *Von Augustinus bis Galilei: Die Emanzipation der Naturwissenschaften,* München (dtv) 1977].
9. Ebd., S. 47.
10. Crombie legt eine Tabelle der Hauptquellen der westlichen Wissenschaften zwischen 500 und 1300 n. Chr. vor. Die Bandbreite der Quellen von Metaphysik, Physik, Astronomie, Mathematik bis zu Medizin, Pflanzen, Mineralien, Geologie und Optik ist überraschend. Neben westlichen Werken von Aristoteles, Plato, Plinius, Galen, Ptolemäus, Euklid, Archimedes und – besonders

bemerkenswert – Lukrez (dessen vollständiger Text erst 1417 zugänglich war) sind auch arabische Arbeiten von Alfardbi, Haly Abbas, Alhazen, Avicenna und Averroes vertreten (ebd., S 55ff.).

11. Ebd., S. 110. Siehe auch Lindberg, David, *Theories of Vision from Al-Kindi to Kepler,* Chicago (University of Chicago Press) 1977 [deutsch: *Auge und Licht im Mittelalter – Die Entwicklung der Optik von Alkindi bis Kepler,* Frankfurt/Main (Suhrkamp) 1987].
12. Beispiele für phantasiereiche mittelalterliche Konzeptionen des Lebens nach dem Tode finden sich in: Russell, Jeffrey, *Storia del Paradiso,* Rom (Editori Laterza) 1996; LeGoff, Jacques, *The Birth of Purgatory,* Chicago (Chicago University Press) 1984 [deutsch: *Die Geburt des Fegefeuers – Vom Wandel des Weltbildes im Mittelalter,* München (dtv) 1991]; LeGoff, Jacques, *The Medieval Imagination,* Chicago (Chicago University Press) 1985 [deutsch: *Phantasie und Realität des Mittelalters,* Stuttgart (Klett-Cotta) 1990]; Lovejoy, Arthur O., *The Great Chain of Being: A Study of the History of an Idea,* New York (Harper & Brothers) 1936 [deutsch: *Die große Kette der Wesen – Geschichte eines Gedankens,* Frankfurt/Main (Suhrkamp) 1993].
13. A. C. Crombie (»Quantification in Medieval Physics«, in: *Changes in Medieval Society,* Toronto [University of Toronto Press] 1988) behauptet, daß das, was die mittelalterliche Wissenschaft wirklich begrenzte, ihr Unvermögen war, konkrete Messungen durchzuführen und mathematische Formeln zu verwenden, um Phänomene zu beschreiben.
14. Friedrich Albert Lange bringt in seinem Klassiker aus dem 19. Jahrhundert *History of Materialism,* New York (Arno Press) 1974 [deutsch: *Geschichte des Materialismus und Kritik seiner Bedeutung in der Gegenwart,* Frankfurt/Main (Suhrkamp) o. J.] Pierre Gassendi, einen Philosophen und Wissenschaftler (1592–1655) in Verbindung mit dem Wiederaufleben des Gedankenguts von Demokrit, Epikur und Lukrez, mit der direkten Opposition zu Aristoteles und mit der Verknüpfung von klassischer Physik und modernem Atomismus (Bd. 1, S. 253ff.).
15. Edward Grant argumentiert im Schlußwort zu *The Foundations of Modern Science* (besonders S. 191–215) zugunsten der Bedeutung des mittelalterlichen Denkens als Quelle der modernen Wissenschaft.
16. Lenoble, Robert, *Histoire de l'idée de la nature,* Paris (Albin Michel) 1969, S. 259–307.

17. Ebd., S. 302.
18. Kearney, Hugh, *Science and Change, 1500–1700,* New York (McGraw-Hill) 1971, S. 181.
19. Kiekhefer, Richard, *Magic in the Middle Ages,* Cambridge (Cambridge University Press) 1989, insbesondere S. 133–139.
20. Die Redewendung »unterirdische Physik« stammt von Johann Joachim Becher, *Physicae Subterranease,* Leipzig (J. L. Gleditsch) 1703, zit. in: Smith, Pamela, *The Business of Alchemy: Science and Culture in the Holy Roman Empire,* Princeton (Princeton University Press) 1994, S. 19. Smiths Buch bietet eine Studie über Becher (1635–1682), einen wichtigen Alchimisten und Neuerer seiner Zeit, und seine Rolle bei der Vermischung älterer kosmischer Sichtweisen mit neuer Wissenschaft, wirtschaftlicher Entwicklung und Handel am Habsburger Hof.
21. Smith, S. 271.

Kapitel 3

1. Diese Beispiele aus dem mittelalterlichen Europa vom frühen 5. bis zum 11. Jahrhundert sind entnommen: Snyder, James, *Medieval Art: Painting, Sculpture, Architecture, Fourth to Fourteenth Century,* Englewood Cliffs, N. J., (Prentice-Hall) 1989; Beckwith, John, *Early Medieval Art: Carolingian, Ottonian, Romanesque,* London (Thames & Hudson) 1969 [deutsch: *Die Kunst des frühen Mittelalters,* München / Zürich (Droemer / Knaur) 1967]; Martindale, Andrew, *Gothic Art,* London (Thames & Hudson) 1967, S. 137.
2. von Simpson, Otto, *The Gothic Cathedral: Origins of Gothic Architecture and the Medieval Concept of Order,* New York (Harper & Row) 1964, S. 52. Nützlich zur Erhellung des Niveaus der Feinheit und Zierlichkeit, das sich in den Kathedralen ausdrückt, ist auch Gimpel, Jean, *The Cathedral Builders,* New York (Harper & Row) 1983 [deutsch: *Die Kathedralenbauer,* Holm (Deukalion) 1996].
3. Dieses Bild entstammt der frühchristlichen *Apokalypse des heiligen Paulus,* reproduziert in: Turner, Alice, *The History of Hell,* New York (Harcourt Brace) 1993, S. 87.
4. Russell, Jeffrey, *Storia del Paradiso,* Rom (Editori Laterza) 1996, S. 185f.

5. Crombie, »Quantification in Medieval Physics«, in: *Changes in Medieval Society,* Toronto (University of Toronto Press) 1988, S. 203–205.
6. Ebd., S. 201.
7. Zit. in: Gimpel, Jean, *The Medieval Machine: The Industrial Revolution in the Middle Ages,* New York (Penguin Books) 1976, S. 149 [deutsch: *Die industrielle Revolution des Mittelalters,* Zürich / München (Artemis) 1980].
8. Derry, T. K./Williams, Trevor I., *A Short History of Technology: From the Earliest Times to A. D. 1900,* New York (Dover Publications) 1993, S. 104–113.
9. Dei, Benedetto, *Cronica,* zit. in: Thomas, Anabel, *The Painter's Practice in Renaissance Tuscany,* Cambridge (Cambridge University Press) 1995, S. 16.
10. Wood, Erran, »The Tradition from Medieval to Renaissance«, in: Klein, Dan und Lloyd, Ward (Hrsg.), *The History of Glass,* London (Orbis) 1984, S. 67.
11. Goldberg, Benjamin, *The Mirror and Man,* Charlottesville (University of Virginia Press) 1985, S. 142.
12. Margolin, J. C., »Des lunettes et des hommes, ou la satire des malvoyants au XVIe siècle», in: *Annales: Economies, Société, Civilisations* 30, Nummern 2–3 (März bis Juni 1975), S. 387. Siehe auch: Rosen, Edward, »The Invention of Eyeglasses«, in: *Journal of the History of Medicine* 11 (Januar und April 1956), S. 13–46 und 183–218.
13. Zu einer Geschichte des Zeichnens und Modellierens und ihrer Definition im Italien des 15. Jahrhunderts siehe: Scheller, Robert, *Exemplum: Model-Book Drawings and the Practice of Artistic Transmission in the Middle Ages (ca. 900–ca. 1470),* Amsterdam (Amsterdam University Press) 1995, bes. S. 1–17.
14. Cardwell, D. S. L., *Technology, Science and History: A Short Study of the Major Developments in the History of Western Mechanical Technology and Their Relationship with Science and Other Forms of Knowledge,* London (Heinemann Educational) 1972, S. 27.
15. Von Interesse sind Edgerton, Samuel, »The Renaissance Development of Scientific Illustration«, in: Shirley, John und Hoeniger, David F. (Hrsg.), *Science and the Arts in the Renaissance,* Washington (Folger Books) 1985, S. 168–197, und Ackerman, James, »Involvement of Artists in Renaissance Science», in: Shirley und Hoeniger, S. 94–129.

16. Thomas, S. 32 ff.
17. Crombie, A. C., *The History of Science from Augustine to Galileo,* S. 112.
18. Die Kunst der Hochrenaissance kann als Verfeinerung der Techniken des 15. Jahrhunderts begriffen werden, speziell der Meisterschaft im Mischen von Licht und Schatten in der Porträtmalerei, indem Personen um Feuer herum oder nahe brennenden Kerzen plaziert werden. Michael Levey schreibt in *High Renaissance,* New York (Penguin Books) 1975, über Correggios *Anbetung der Hirten:* »Hier erzeugt das Malen mit Öl nicht nur den Halbschatten atmosphärischer Dunkelheit, durch den wir stufenweise weiter entfernte Schatten und selbst das kühle, schwache Glühen der Dämmerung in der Ferne wahrnehmen, sondern auch die strahlende Helle des Jesuskindes wird durch das anmutige Schauspiel von Licht und Schatten vermittelt.« (S. 33)
19. Siehe Pinault, Madeleine, *The Painter as Naturalist,* Paris (Flammarion) 1991.
20. Siehe die Studie von Ackerman, James, »Leonardo's Eye«, in: *Journal of Warburg and Courtauld Institutes* 41 (1978), S. 108–148.
21. Grant, Edward, *The Foundation of Modern Science in the Middle Ages,* Cambridge (Cambridge University Press) 1996, S. 195.
22. Sarton, George, *Six Wings: Men of Science in the Renaissance,* New York (Meridian Books) 1966, S. 174. Interessant ist auch King, L. S. und Meehan, M. C., »A History of Autopsy«, in: *American Journal of Pathology* 73 (1973), S. 514–544.
23. Crombie behauptet, daß »als Ganzes genommen die mittelalterliche Medizin ein bemerkenswertes Ergebnis dieser empirischen Intelligenz ist, die man generell in der westlichen Technologie im Mittelalter sieht« *(The History of Science,* S. 237).
24. In einem Fall verhielt sich selbst Leonardo wie die Lehrer der zeitgenössischen Medizin und folgte dem vererbten Text statt seinen eigenen Beobachtungen. Er wies Löcher in der rechten Herzkammer nach, die es nicht gibt, die aber Galens Bemerkungen über die Zirkulation des Blutes genügten (Sarton, S. 226). Zu einer allgemeinen Charakterisierung der Medizin in Mittelalter und Renaissance siehe: Siraisi, Nancy, *Medieval and Early Renaissance Medicine: An Introduction to Knowledge and Practice,* Chicago (University of Chicago Press) 1990; Lindberg, David, *The Beginning of Western Science: The European Scientific Tradition in Philosophical, Religious, and Institutional Context,*

600 B. C. to A. D. 1450, Chicago (University of Chicago Press) 1992, bes. S. 317–368 [deutsch: *Die Anfänge des abendländischen Wissens,* München (dtv) 2000]; Sarton, George, *Ancient and Medieval Science during the Renaissance, 1450–1600,* New York (A. S. Barnes & Company) 1955, besonders S. 7–51.

25. da Vinci, Leonardo, *The Notebooks of Leonardo da Vinci,* New York (Dover Publications) 1970, Bd. 2, S. 2, 115, 119, 122 [deutsch: *Tagebücher und Aufzeichnungen,* München (List) 1952].
26. Sarton, *Ancient and Medieval Science,* S. 51.
27. Boas, Marie, *The Scientific Renaissance, 1450–1630,* New York (Harper & Row) 1962, S. 179 [deutsch: *Die Renaissance der Naturwissenschaften,* Nördlingen (Greno) 1988]; Debus, Allen, »The Pharmaceutical Revolution of the Renaissance«, in: *Clio Medica* 11, Nr. 4 (1976), S. 308–311; Urdang, G., »How Chemicals Entered the Offical Pharmacopoeias«, in: *Archives internationales d'Histoire des Sciences* 7 (1954), S. 303–304.
28. Ein Buch, das auf der These basiert, die Entdeckung des Körpers durch Sezieren werde ein neues Bewußtsein und eine neue Sensibilität hervorrufen, ist Sawday, Jonathan, *The Body Emblazoned: Dissection and the Human Body in Renaissance Culture,* London (Routledge) 1995.
29. Harvey, William, *The Circulation of the Blood and Other Writings,* London (J. M. Dent & Sons) 1990, S. 46 [deutsch: *Die Bewegung des Herzens und des Blutes,* Leipzig (Zentralantiquariat der DDR) 1968].
30. Lilley, S., »The Development of Scientific Instruments in the Seventeenth Century«, in: *A Short History of Science: Origins and Results of the Scientific Revolution,* Garden City, NY, (Doubleday) 1957, S. 42–50. Eine kurze Diskussion der protoindustriellen Revolution im 16. Jahrhundert und der Geräte und Instrumente, die eine sich ausbreitende mechanische Erklärung der Natur unterstützten, findet sich in: Kearney, Hugh, *Science and Change, 1500–1700,* New York (McGraw-Hill) 1971, S. 40f. und S. 58–76.
31. Perry, Marvin, *Western Civilization: Ideas, Politics, & Society,* Boston (Houghton Mifflin) 1996, S. 421.
32. Bradbury, S., Turner, G. L. (Hrsg.), *Historical Aspects of Microscopy,* Cambridge (W. Heffer & Sons) 1967.
33. Singer, Charles, *A History of Biology to about the Year 1900,* Ames (Iowa State University Press) 1989, S. 146 ff.

34. Ebd., S. 161.
35. Ebd., S. 171.
36. Pascal, Blaise, *Thoughts (Pensées),* in: Knoebel, Edgar (Hrsg.), *Classics of Western Thought,* New York (Harcourt Brace Jovanovich) 1988, S. 45 [deutsch: *Gedanken,* Köln (Parkland) 1997].
37. In einem historischen Überblick für seine »Denkschrift über die organisierten Teilchen, die in der Atmosphäre existieren«, behauptete Pasteur, daß Spallanzanis Experimente bezüglich der Widerlegung der spontanen Fortpflanzung nicht entscheidend seien, da die Luft, die er erhitzt hatte, zu beschädigt gewesen sein könnte, um die spontane Fortpflanzung zuzulassen (Conant, James [Hrsg.], *Pasteur's and Tyndall's Study of Spontaneous Generation,* Cambridge [Harvard University Press] 1953, S. 18 ff.).
38. de Kruif, Paul, *Microbe Hunters,* New York (Pocket Books) 1962, S. 52 [deutsch: *Mikrobenjäger,* Frankfurt/Main (Ullstein) 1980].
39. Swift, Jonathan, *Poetry, a Rhapsody,* zit. in: Singer, S. 169 (deutsche Übertragung: Wie die Naturalisten beobachten: Für jeden Floh / gibt es kleinere Flöhe, die ihn aussaugen; / und für diese wiederum gibt es noch kleinere, die sie beißen; / und so weiter *ad infinitum).*
40. Rosenthal, William J., *Spectacles and Other Vision Aids: A History and a Guide,* San Francisco (Norman Publishing) 1996, S. 39.
41. Bennion, Elizabeth, *Antique Medical Instruments,* London (Sotheby Parke Bernet) 1979, S. 233 [deutsch: *Alte medizinische Instrumente,* Köln (Parkland) 1996].
42. Hirschberg, Julius, *The History of Ophthalmology,* Bonn (J. P. Wayenborgh) 1982, S. 41 [deutsch: *Geschichte der Augenheilkunde,* Hildesheim o. J.].

Kapitel 4

1. Pacey, Arnold, *Technology in World Civilization,* Cambridge (MIT Press) 1990, S. 72.
2. Sawday, Jonathan, *The Body Emblazoned: Dissection and the Human Body in Renaissance Culture,* London (Routledge) 1995, S. 3.
3. Diese grundlegende Vorstellung ist Kearney, Hugh, *Science and Change, 1500–1700,* New York (McGraw-Hill) 1971 entliehen.

4. Cipolla, Carlo, *Miasmas and Disease: Public Health and the Environment in the Pre-Industrial Age,* New Haven (Yale University Press) 1992, S. 2. Siehe auch vom selben Autor: *Contro un nemico invisible: Epidemie e strutture sanitarie nellÍtalia del rinascimento,* Bologna (Mulino) 1985.
5. Im Laufe der Zeit beschäftigten sich die öffentlichen Gesundheitsinstitutionen in den italienischen Städten mit »der Qualität der angebotenen Lebensmittel; der Entwicklung von Bettlerei und Prostitution; den hygienischen Bedingungen, die in den Häusern der ärmeren Leute vorherrschten; Apotheken und den Arzneimitteln, die sie verkauften; Abwasserkanälen; Krankenhäusern; den Aktivitäten der Mediziner; den hygienischen Bedingungen in Gasthäusern und Tavernen; den Bewegungen von Waren, Reisenden, Pilgern und Schiffen; der Quarantäne von Schiffen, Reisenden und verdächtigen Handelsgütern; der Ausgabe von Gesundheitsausweisen für Reisende; dem Führen von Listen über Sterbefälle, die den Namen, die Adresse und den Beruf des Verstorbenen und die vermutliche Todesursache sowie die medizinischen Bescheinigungen enthielten; und außerdem hunderterlei anderen Dingen« (Cipolla, *Miasmas*, S. 2).
6. Ebd., S. 4.
7. Ebd., S. 5.
8. Zit. in: Gauldie, Enide, *Cruel Habitations: A History of Working-Class Housing, 1780–1918,* London (George Allen & Unwin Ltd.) 1974, S. 23.
9. Treble, J. H., »Liverpool Working Class Housing«, in: Chapman, Stanley (Hrsg.), *The History of Working-Class Housing,* London (Rowman & Littlefield) 1971, S. 168, 185f, 189.
10. Chadwick, Edwin, *Report on the Sanitary Conditions of the Labouring Population of Great Britain,* hrsg. v. W. Flinn, Edinburgh (Edinburgh University Press) 1965, S. 319.
11. Wright, Laurence, *Home Fires and Burning: The History of Domestic Heating and Cooking,* London (Routledge & Kegan Paul) 1964, S. 108.
12. Ruskin, John, *Modern Manufacture and Design*, zit. in: Clayre, Alasdair (Hrsg.), *Nature and Civilization,* Oxford (Oxford University Press) 1977, S. 137.
13. Dickens, Charles, *The Old Curiosity Shop* [deutsch: *Der Antiquitätenladen,* Berlin (Verlag Neues Leben) 1961, S. 298–300], zit. in: Clayre, S. 128.

14. Corbin, Alain, *The Foul and the Fragrant: Odor and the French Social Imagination,* Cambridge (Harvard University Press) 1986 [deutsch: *Pesthauch und Blütenduft – Eine Geschichte des Geruchs,* Berlin (Wagenbach) 1996].
15. Zu einer Geschichte städtischer Projekte und Baumaßnahmen im Abendland siehe: Kirby, Richard et al., *Engineering in History,* New York (McGraw-Hill) 1956; Forbes, R. J., *Man the Maker,* New York (Abelard-Schumann) 1958; Armytage, W. H. G., *A Social History of Engineering,* Cambridge (MIT Press) 1961; Burstall, Aubrey, *A History of Mechanical Engineering,* Cambridge (MIT Press) 1965; Parsons, William, *Engineers and Engineering in the Renaissance,* Cambridge (MIT Press) 1939. Eine witzige Besprechung sanitärer Einrichtungen von der Antike bis zur Gegenwart findet sich in Reynolds, Reginald, *Cleanliness and Goodness,* New York (Harcourt Brace Jovanovich) 1974.
16. Eine Einführung in die Sauberkeit vor dem 19. Jahrhundert liefert Vigarello, George, *Concepts of Cleanliness: Changing Attitudes in France since the Middle Ages,* Cambridge (Cambridge University Press) 1989 [deutsch: *Wasser und Seife, Puder und Parfüm – Geschichte der Körperhygiene seit dem Mittelalter,* Frankfurt/Main (Campus) 1992]. Um zu zeigen, in welcher Weise Sauberkeit mit Manieren und Status verknüpft ist, sind Norbert Elias' Klassiker *Über den Prozeß der Zivilisation* (Frankfurt/Main, Suhrkamp, o. J.) und Alain Corbins *The Foul and the Fragrant* von Interesse.
17. Einer von vielen Hinweisen auf die Suche des 18. Jahrhunderts nach Behaglichkeit findet sich in: Rybczynski, Witold, *Home: Short History of an Idea,* New York (Viking) 1986 [deutsch: *Verlust der Behaglichkeit: Wohnkultur im Wandel der Zeit,* München (dtv) 1991].
18. Siehe das Kapitel 4 »Death to Sacrifice: The Eighteenth Century Revolution against Transcendence« in: Amato, Joseph, *Victims and Values,* New York (Praeger) 1990, S. 75–102.
19. Weber, Eugen, *Peasants into Frenchmen: The Modernization of Rural France, 1870–1914,* Stanford (Stanford University Press) 1976.
20. Einen nützlichen Überblick über neue Werkzeuge, Materialien und Technologien, die der menschlichen Erforschung und Manipulation des Kleinen dienen, geben Kranzberg, Marvin und Pursell, Carroll (Hrsg.), *Technology in Western Civilization: The*

Emergence of Modern Industrial Society, Earliest Times to 1900, New York (Oxford University Press) 1967.

21. Armytage, S. 78.
22. Siehe Ewin, Elizabeth, *Underwear: A History,* New York (Theatre Books) 1972.
23. Panati, Charles, *Extraordinary Origins of Everyday Things,* New York (Harper & Row) 1987, S. 152f. [deutsch: *Erfindungen des Alltags,* Augsburg (Bechtermünz) 2000].
24. Zu Ursprung und Wachstum der chemischen Industrie siehe: Reuben, B. G. und Burstall, M. L., *The Chemical Economy: A Guide to the Technology and Economics of the Chemical Industrie,* London (Longman) 1973; Haber, F., *The Chemical Industry in the Nineteenth Century,* Oxford (Oxford University Press) 1958; American Chemical Society, *Chemistry in the Economy,* Washington, D. C., (American Chemical Society) 1973; Mason, Stephen, *A History of Sciences,* New York (Collier) 1962, S. 513–526 [deutsch: *Geschichte der Naturwissenschaft in der Entwicklung ihrer Denkweisen,* Bassum (Verlag für Geschichte der Naturwissenschaften und der Technik) 1997].
25. Aus Panati (a. a. O.) wurde die folgende verkürzte Liste zusammengestellt: Chlorbleiche (Schweden 1744), Sicherheitsrasierer (Frankreich 1762), Toilettenpapier (USA 1857), Gummischläuche (USA nach 1870), Ivory soap (USA 1878), Vaseline (USA 1879), Deodorant (USA 1888), Shampoo (Deutschland nach 1890), moderne Haarfärbemittel (Frankreich 1909), Papiertaschentücher (USA 1924), elektrischer Rasierapparat (USA 1931) und die Zahnbürste mit Nylon-Borsten (USA 1938).
26. Die französische Parallele zu Avon war die Firma LÓreal, deren Anfänge ins Jahr 1907 zurückreichen, als ein junger Pariser Chemiker, Eugène Schueller, ein künstliches Färbemittel erfand; damit reagierte er auf die Leidenschaft der Damen aus der Halbwelt, ihre Haare zu färben (Panati, S. 233).
27. Siehe meine Besprechung von Suellen Hoys *Chasing Dirt: The American Pursuit of Cleanliness* in: *Journal of History* 30 (Herbst 1996), S. 277–280. Hoys *Chasing Dirt* übergeht die technische Seite der Quellen des Großen Saubermachens. Einen einführenden Aufsatz über den Staubsauger liefert Troy, Terry, »From Sweeping to Suction«, in: *HFD* (25. November 1991). Zur Dampfmaschine siehe: Hills, Richard, *Power from Steam,* Cambridge (Cambridge University Press) 1989.

28. Troy, S. 72. Von allgemeinem Nutzen ist auch Panati, S. 138 ff.
29. Ewin, S. 140.
30. Ein nachdenklicher Aufsatz über Materialien und Oberflächen ist Manzini, Elio, *The Material of Invention,* Cambridge (MIT Press) 1989.
31. Siehe Robert Friedels Führer zu der jüngeren Ausstellung des Smithsonian Instituts, *A Material World,* Washington D.C. (National Museum of American History) 1988, und Sparke, Penny (Hrsg.), *The Plastics Age: From Bakelite to Beanbags and Beyond,* Woodstock (Overlook Press) 1993. Zur Herstellung von Zement, Keramik, Glas und Gummi in den USA siehe: Clark, Victor, *History of Manufacturers,* New York (McGraw-Hill) 1929, Bd. 2, S. 492f.; Bd. 3, S. 228–262.
32. Lefshey, Earl, *The Houseware Story,* Chicago (National Manufacturers Association) 1973.
33. Für eine nützliche Einführung in den Begriff des Zuhauses als einem Ort von Intimität und Behaglichkeit siehe Rybczynski, a. a. O.
34. Federhen, Deborah et. al. (Hrsg.), *Accumulation and Display: Mass Marketing: Household Goods in America, 1880–1920,* Newark, Del., (The Winterthur Museum) 1986, S. 15 u. 17.
35. Siehe Greene, Arthur, *Pumping Machines: A Treatise on the History, Design, Construction, and Operation of Various Forms of Pumps,* New York (John Wiley & Sons) 1919, bes. S. 1–165.
36. Briggs, Asa, *Victorian Cities,* London (Penguin Books) 1968.
37. Zit. in: Reid, Donald, *Paris Sewers and Sewermen: Realities and Representations,* Cambridge (Harvard University Press) 1991, S. 11.
38. Zu einer Geschichte der öffentlichen Wasserversorgung in New York siehe Koeppel, Gerald, »A Struggle for Water«, in: *Invention and Technology* 35 (Winter 1994), S. 19–27.
39. Noble, Henry, *History of the Cast Iron Pressure Pipe Industry in the United States of America,* Birmingham, Ala., (Newcombe Society) 1940.
40. Tarr, Joel, »Water and Wastes: A Retrospective Assessment of Wastewater Technology in the United States, 1800–1932«, in: *Technology and Culture* 25, Nr. 2 (April 1984), S. 226–263. Siehe auch »Sewage«, in: *McGraw-Hill Encyclopedia of Science and Technology,* New York (McGraw-Hill) 1992, S. 303–332.
41. Williams, Marilyn, *Washing »The Great Unwashed«: Public Baths in Urban America,* Columbus (Ohio State University Press) 1991.

42. Für eine Studie zur Toilette als einer Einrichtung ohne guten Ruf und ihres Erfinders als eines Propheten ohne Ehre siehe Reyburn, Wallace, *Flushed with Pride: The Story of Thomas Crapper*, Englewood Cliffs, N.J., (Prentice-Hall) 1969. Auf beiden Seiten des Atlantiks wurde Wasser – der große Feind von Schmutz und Staub – zum wichtigsten Diener der voranschreitenden Zivilisation. Waschbecken, Toiletten, Wasserwerke und Springbrunnen waren Quellen der Hoffnung, daß die ganze Welt so frisch und sauber wie reines Wasser sein könnte. »Während der Jahre 1860–1920«, schreibt Stuart Galishoff, »waren die amerikanischen Städte erfolgreich bei der Entwicklung von Wasserwerken, die Wasser sicher und reichlich zur Verfügung stellten ... Im Jahr 1880 tranken nur 30 000 Amerikaner gefiltertes Wasser. 1923 war das einzige Wasser [wahrscheinlich in den Städten], das nicht irgendeiner Form der Filterung unterzogen wurde, das Grundwasser, das tief in artesischen Brunnen zu finden war ... Die Geschäftsleute bildeten die Speerspitze im Kampf für eine verbesserte städtische Wasserversorgung, ein Engagement, das durch wirtschaftliche Notwendigkeit und Bürgerstolz gleichermaßen gespeist wurde.« (»Triumph and Failure: The American Response to the Urban Water Supply Problem«, in: *Pollution and Reform in American Cities, 1870–1930,* hrsg. v. Martin Melsoi, Austin [University of Texas Press] 1980, S. 51)
43. Siehe Schivelbusch, Wolfgang, *Disenchanted Night: The Industrialization of Light in the Nineteenth Century,* Berkeley (University of California Press) 1988 [deutsch: *Lichtblicke – Zur Geschichte der künstlichen Helligkeit im 19. Jahrhundert,* Frankfurt/Main (Fischer) 1986]; O'Dea, William, *The Social History of Lighting,* New York (Macmillan) 1958; und einen Ausstellungsführer des Smithsonian Instituts: *Lighting, A Revolution: The Beginning of Electric Power,* Washington D. C. (National Museum of American History) 1979.
44. Für eine Studie über städtische Beleuchtung siehe Bouman, Mark, »Luxury and Control: The Urbanity of Street Lighting in Nineteenth-Century Cities«, in: *Journal of Urban History* 14, Nr. 1 (November 1987), S. 7–37. Was Beleuchtung im darauffolgenden Jahrhundert für eine amerikanische Stadt bedeutete, verdeutlicht Schrenk, Louis in »Public Lighting in Detroit: What It Is and What It Does«, in: *The Municipal Employee* (Juli 1948), S. 15–23.

45. Zit. in: Schivelbusch, S. 178.
46. Federhen, Deborah et. al. (Hrsg.), *Accumulation and Display: Mass Marketing: Household Goods in America, 1880–1920,* Newark, Del., (The Winterthur Museum) 1986, S. 35.
47. Davis, Pearce, *The Development of the American Glass Industry,* New York (Russell & Russell) 1949.
48. Davis, Audrey/Dreyfuss, Mark, *The Finest Instruments Ever Made: A Bibliography of Medical, Dental, Optical, and Pharmaceutical Company Trade Literature, 1700–1939,* Arlington, Mass., (Medical History Publishing Associates) 1986, S. 9 –12.
49. Davis, Audrey, *Medicine and Its Technology: An Introduction to the History of Medicine,* Westport, Conn., (Greenwood Press) 1981, bes. S. 183 u. 238–240; und Bennion, Elizabeth, *Antique Medical Instruments,* London (Sotheby Parke Bernet) 1979, S. 233 [deutsch: *Alte medizinische Instrumente,* Köln (Parkland) 1996].
50. Es war kein bloßer Zufall, daß Fortschrittsfeinde Steine auf den Kristallpalast warfen und Kritiker der Modernität seither das »Oberflächliche« zurückwiesen und sich von den hellen und leuchtenden Oberflächen der Dinge abwandten. Eine nützliche Einführung in den Kristallpalast bietet Kihlstedt, Folke, »The Crystal Palace«, in: *Scientific American* (Oktober 1984), S. 132–143. In seinen *Aufzeichnungen aus einem Kellerloch* (1864) befand Dostojewski den Kristallpalast als den Inbegriff der Modernität und damit der Künstlichkeit.
51. Zur Herstellung von Seife siehe Reuben und Burstall, S. 12. Eine Analyse über die Auswirkungen der Vermarktung von Seife findet sich in: Vinika, Vincent, *Soft Soap, Hard Sell: American Hygiene in an Age of Advertisement,* Ames (Iowa State University Press) 1992.
52. Weber, Eugen, »Commonplaces: History, Literature, and the Invisible«, in: *Stanford French Review* 4 (Winter 1980), S. 326.
53. Ebd., S. 334.
54. Diese Formulierung ist Federhen et al., Accumulation and Display, entnommen.
55. Hanson, Susan, »Home Sweet Home: Industrialization's Impact on Rural Households, 1856–1925«, Diss., Universität von Maryland, 1986.
56. Ebd., S. 201. Andere Faktoren waren der Rückgang in der Schweinemast, das Erscheinen von Katalogen und nationalen

Versandhäusern und eine steigende Zahl regierungsamtlicher Verordnungen, wie zum Beispiel der »Pure Food und Drug Act«. Siehe Hanson, Übersicht, S. 2.

57. Pacey, S. 187.
58. Bukoski, Anthony, »Polkaholics«, in: *Children of Strangers*, Dallas (Southern Methodist University Press) 1993, S. 127–144.

Kapitel 5

1. Dieses Beispiel wurde Ledermann, Leon, *The God Particle*, New York (Dell Publishing) 1993, S. 20, entnommen [deutsch: *Das schöpferische Teilchen: Der Grundbaustein des Universums*, München (Bertelsmann) 1993].
2. Wenn Lukrez die innere Natur der Dinge befragte, überschritten seine Überlegungen die Vorstellungskraft der meisten Menschen: Warum sind manche Dinge hart und andere weich? Warum zerbrechen manche Dinge, wogegen andere versickern? Wie werden Steine poliert? Warum brennt Feuer? Warum werden Verliebte durch den Anblick und den Geruch des anderen angezogen, und warum verändern sich ihre Körper in der Hitze der Leidenschaft?
3. Lukrez, *On the nature of the Universe*, Baltimore (Penguin Books) 1951, S. 254f., 256 [deutsch: *Vom Wesen des Weltalls*, Berlin / Weimar (Aufbau-Verlag) 1994].
4. Zit. in: Whitehead, Alfred North, *Science and the Modern World*, New York (Mentor Books) 1948, S. 74 [deutsch: *Wissenschaft und moderne Welt*, Frankfurt/Main (Suhrkamp) 1988].
5. Zit. in: Gillispie, Charles, *The Edge of Objectivity: An Essay in the History of Scientific Ideas*, Princeton (Princeton University Press) 1960, S. 255.
6. Harrison, Edward, *The Mask of the Universe*, New York (Macmillan) 1985, S. 127.
7. Lederman, S. 20. Lederman selbst spezialisiert sich auf das schwer faßbare Neutrino. »Fast ohne Eigenschaften, ohne [oder mit nur sehr geringer] Masse, ohne elektrische Ladung und ohne Radius ... kann es mit einer nur winzigen Wahrscheinlichkeit eines meßbaren Zusammenstoßes durch Millionen Meilen festen Bleis hindurchwandern.« In den letzten zwei Jahrzehnten

haben Lederman und seinesgleichen eine ganze Sammlung winziger Partikel spezifiziert. Sie bewerkstelligten diese Nachweise mit der Hilfe von ausgedehnten Hypothesen und Zyklotronen; letztere sind Instrumente, die die Spuren flüchtiger Partikel beschleunigen, sie kollidieren lassen und aufzeichnen.

8. Ein Team von 440 Physikern, das mit dem größten Collider der Welt arbeitet, dem Tevatron-Teilchenbeschleuniger am Fermilab, entdeckte das Top-Quark. Dies gelang auf der Grundlage der Spuren von 9 (von 1 Billion) Reaktionen, die durch die Kollision von Protonen- und Antiprotonenstrahlen hervorgerufen wurden. Ihre Entdeckung bestätigte das gebräuchliche Modell der Partikelphysik. Subatomare Partikel enthalten sechs Quarks: up und down (die man beide in Protonen findet), charm und strange (die schwerer als up und down sind), bottom (das schwerer als strange ist) und top (das schwerste von allen). Wissenschaftler haben den Prozeß der analytischen Aufspaltung umgekehrt und Materiepartikel aus gewöhnlichem Licht geschaffen; sie benutzten dabei Photonen, die von einem Laser erzeugt wurden, der Lichtenergie in Elektronen und Positronen umwandelte. (»1997–1998: A Year in Review«, in: *Rochester Review,* Herbst 1998, S. 33)
9. Harrison, S. 123. Nach den Vorstellungen der Denker des 20. Jahrhunderts ist das Universum von unterschiedlichen Kraftfeldern und Partikeln durchzogen, die sich in Wellen und Linien von ihrem Ursprungsort weg- und zu ihrer Vernichtung hinbewegen. Die Schwerkraft – von der man sich einst vorstellte, sie regiere ein Universum gerader Linien, berechenbarer Entfernungen und konstanter Massen – wurde zurechtgebogen, um sich Einsteins gekrümmtem Universum anzupassen; Quanten, unterschiedliche Lichtbewegungen, Elektrizität und Magnetfelder haben sich neben der Schwerkraft als gleichberechtigte Naturgesetze etabliert. Kürzlich hat die Wissenschaft Gravitronen »als die grundlegende Einheit (oder *Quanten*) der Natur zur Übertragung der Schwerkraft« postuliert, aber bis 1992 »wurde kein Gravitron jemals entdeckt.« Richard Brennan legt in »Gravitronen« (in: *The Dictionary of Scientific Literacy,* New York [John Wiley & Sons] 1992) nahe, daß Gravitronen der Schwerkraft so dienen, wie Photonen Elektromagnetismus übertragen und Gluonen die starke und Bosonen die schwache nukleare Kraft leiten (S. 131).

10. John Barrow schreibt über die Grenzen menschlichen Wissens: »Es gibt keinen Grund, warum das Universum in einer Weise gestaltet sein sollte, die es menschlichen Wesen erlaubt, seine grundlegenden Gesetze zu entdecken.« (*The World within the World*, Oxford [Clarendon] 1988) Vielleicht sind aber die Menschen dennoch von Gott oder durch Erfahrung so geformt worden, daß sie – und sei es auch nur gleichnishaft – die Gesetze des Universums verstehen, aus denen heraus sie sich entwickelt haben.
11. »Die Materie des Sterns [wird] auf ein Volumen von der Größe Null komprimiert, so daß die Dichte der Materie und die Krümmung der Raumzeit unendlich werden. Mit anderen Worten: Es liegt nach einem solchen Prozeß in einer Region der Raumzeit eine Singularität vor. Sie wird als schwarzes Loch bezeichnet.« (Hawking, Stephen, *A Brief History of Time: From the Big Bang to Black Holes*, New York [Bantam Books] 1988, S. 49) [deutsch: *Ein kurze Geschichte der Zeit – Die Suche nach der Urkraft des Universums*, Reinbek bei Hamburg (Rowohlt) 1988].
12. Harrison, S. 123. Harrison beklagt sich, daß die Studenten von heute nur »aufhorchen, wenn man ihnen von Zellen, Zytoplasma, Organellen, Chromosomen und der Doppelhelix erzählt, denn hier sind Dinge von menschlicher Bedeutung. Sie hören Musik in dieser Litanei der Life-Science-Terminologie, aber nicht in der Fachsprache von Elektronen, Protonen, Neutronen und anderen nicht-lebenden Schöpfungen der Quantenwelt.«
13. Maeterlinck, Maurice, *The Life of the Ant*, New York (John Day) 1930 [deutsch: *Das Leben der Termiten und Das Leben der Ameisen*, Zürich (Coron Verlag) 1966].
14. Gillispie, S. 353.
15. Haggard, Howard, *Devils, Drugs, and Doctors*, New York (Harper & Brothers) 1929, S. 292. Die medizinischen Schriften des 19. Jahrhunderts warnten üblicherweise vor Transfusionen von Hunden auf Menschen. Man sollte nicht vergessen, wieviel Platz für Quacksalberei es selbst im 20. Jahrhundert noch gibt, da doch zeitgenössische medizinische Handbücher noch immer 50 Gründe für Blutspucken, 70 Ursachen für Schmerzen in der Brust und mehr als 100 Gründe für Husten anbieten. Die Medizin, eine Art Wissenschaft des Unsichtbaren, ist noch lange nicht abgeschlossen.

16. Wilcocks, Charles, *Medical Advance, Public Health and Social Evolution,* Oxford (Pergamon Press) 1965, S. 94f
17. Mason, Stephen, *A History of Sciences,* New York (Collier) 1962, S. 389 ff. [deutsch: *Geschichte der Naturwissenschaft in der Entwicklung ihrer Denkweisen,* Bassum (Verlag für Geschichte der Naturwissenschaften und der Technik) 1997].
18. Richardson, Ruth, *Death, Dissection, and the Destitute,* New York (Penguin) 1988, bes. S. 277–279.
19. Die Informationen über medizinische Erfindungen im 19. Jahrhundert entstammen »Medicine and Health«, in: *Great Inventions through History,* hrsg. v. Gerald Messadié, New York (Chambers) 1991, S. 175–188.
20. Karlen, Arno, *Man and Microbes: Diseases and Plagues in History and Modern Times,* New York (Simon & Schuster) 1995, S. 104.
21. Nuland, Sherwin, *Doctors: The Biography of Medicine,* New York (Vintage Books) 1995, S. 239 [deutsch: *Im Dienste des Hippokrates – Der Fortschritt in der Medizin,* München (Droemer) 1994].
22. Siehe Eugen Webers Besprechung von Bruno Latours einsichtsreichem, aber exzentrischem Werk *Pasteurization of France,* in: *Times Literary Supplement,* 24. Februar–2. März 1989, S. 185.
23. Latour, Bruno, *Pasteurization of France,* Cambridge (Harvard University Press) 1988, S. 12.
24. Die Cholera, deren Ursprung in den frühesten Schriften des Sanskrit beschrieben wird und die in Indien eine eigene Göttin besitzt, gab es in Europa bereits im 14. Jahrhundert. Sie wurde von Portugiesen, die aus Goa heimkehrten, eingeschleppt und trat im Europa des 16. Jahrhunderts in epidemischen Ausmaßen auf. Die Gesellschaft war ihr hilflos ausgeliefert. In einem Krankenhaus im 17. Jahrhundert verlangte man von den Patienten, »dreimal täglich ein Glas Rinderurin zu trinken«. Kranke wurden aus dem Koma geholt, indem man ihnen Pfeffer in die Augen streute und glühendheiße Eisen auf die Fußsohlen drückte. In anderen Regionen wurde Patienten ein Gebräu aus Kokosnußweinbrand, den man über Pferdekot destilliert hatte, als erfolgversprechendes Medikamt verabreicht (Baron, A. L., *Man against Germs,* New York [E. P. Dutton] 1957, S. 25).
25. Ebd., S. 47. Als Trumpf wies Koch vor, daß sich die Cholera 1892 in Hamburg, das kein gefiltertes Wasser besaß, dramatisch ausbreitete, während sie in Altona, Hamburgs Zwillingsstadt an der Elbe, das sein Wasser filterte, gar nicht ausbrach.

26. Ebd., S. 61.
27. »Robert Koch«, in: *The Columbia Desk Encyclopedia,* hrsg. von William Bridgwater und Seymour Kurtz, New York (Columbia University Press) 1963, S. 1145.
28. Für eine frühe Stufe der Elemente, die in diese Entwicklung eingingen, siehe »Germes«, in: *Dictionnaire encyclopédique des sciences médicales,* Bd. 8, Paris (G. Masson & P. Asselin) 1882, S. 566 ff.
29. Im Jahr 1900 kannten die Mikrobiologen die Erreger von Typhus, Cholera, Pest, wellenförmigem Fieber, Lobärpneumonie, Großhirnmeningitis, Gonorrhö, Tuberkulose, Lepra, Tetanus und Diphtherie (Foster, W. D., *A History of Medical Bacteriology and Immunology,* London [William Heinemann Medical Books] 1970, S. 165).
30. Singer, Charles, *A History of Biology to about the Year 1900,* Ames (Iowa State University Press) 1989, S. 459.
31. Duffy, John, *The Sanitarians: A History of American Public Health,* Urbana (University of Illinois Press) 1990, S. 193.
32. Zu einer Diskussion der Natur und des Erhabenen siehe die Einführung zu David Nyes *American Technological Sublime,* Cambridge (MIT Press) 1994. Zur Größe des Universums siehe Dale Sparling, gedruckte Vorlesungsaufzeichnungen, Southwest State University, Marshall, Minn., 1996, S. 16.
33. Hessler, Robert, *Dusty Air and Ill Health: A Study of Prevalent Ill Health and Causes,* 1912, o.O. Siehe auch Drinker, Philip/Hatch, Theodore, *Industrial Dust: Hygienic Significance, Measurement and Control,* New York (McGraw-Hill) 1936.
34. Prudden, Mitchell, *Dust and Its Dangers,* New York (C. P. Putnam's Sons) 1903, S. 99f.
35. Heutzutage ist Staub gerichtsverwertbar und erweist sich als bedeutsam bei der Lösung von Kriminalfällen. Einst arbeiteten Kriminalbeamte mit Vermutungen, klugen Kreuzverhören, sehr wenigen materiellen Beweisstücken und kaum wissenschaftlich. In der zweiten Hälfte des 19. Jahrhunderts vertrauten sie in zunehmendem Maße auf wissenschaftliche Experten und Labors. Ganz automatisch suchen sie heute nach Fingerabdrücken und den feinsten Spuren von Pudern, Ruß oder Haaren. Staube sind bedeutsam, um Körper zu identifizieren. Wenn die Wissenschaft korrekt arbeitet, die Beweisführung überzeugend und die Jury (ohne den Anhängern der Simpson-Verhandlung nahetreten zu

wollen) bereitwillig ist, dann können kleinste Partikel den Täter überführen. Siehe Wyndham, J. L. P., »The Forensic Aspect of Dust«, in: *The Criminologist*, hrsg. v. Nigel Morland, New York 1972 (The Library Press), S. 183–192.

36. Drinker und Hatch, a. a. O.
37. Dieser Prozeß, der 1913 begann und bis in die 30er Jahre andauerte, wird von seinem Gründer und Hauptvertreter Edward Davis in *Pioneering with Taconite*, St. Paul (Minnesota Historical Society Press) 1964, beschrieben.
38. Um es technischer zu erklären: Bestandteil des Experiments war es, den Felsen »zu einem Puder« zu zermahlen, »das keine Bestandteile enthielt, die größer waren als ein Hundertstel Zentimeter im Durchmesser«; danach machte man sich daran, das Erz in Wasser magnetisch zu schneiden (die dazugehörigen Maschinen waren als Separatoren und Trennschleudern bekannt); anschließend wurde das Erz entmagnetisiert und durch Pelletieren (nicht Sintern) in eine akzeptable Größe umgewandelt, denn »feines Eisenerz kann durch einen heftigen Windstoß durch den Schornstein geblasen werden ... Alle Partikel, die kleiner als 10 Maschen sind (ein 10-Maschen-Gittersieb ist ein Sieb mit 10 Öffnungen pro 2,5 Zentimeter Länge), sind potentielle Staubflokken.« Der anfängliche Zerkleinerungsprozeß reduzierte die Partikel auf eine Größe von 350 Maschen (ebd., S. 21f., 38).
39. Jeder Standardkatalog wissenschaftlicher Produkte wird die überragende Stellung der Meßinstrumente im Produktionsprozeß des 20. Jahrhunderts bestätigen. Es gibt Instrumente und Geräte, die giftige Gase und toxische Staube messen und die Arbeitenden vor ihnen schützen (so zum Beispiel der Knochenstaubkollektor in der Chirurgie, um Infektionen zu verhindern). Andere Geräte messen und regulieren Gase und Flüssigkeiten, indem sie ihre Temperatur, Farbe und andere Merkmale bestimmen. Wieder andere Instrumente (die die Grundlage der heutigen Medizin bilden) messen Körperfunktionen – ihre Regelmäßigkeit, Leistung und so weiter –, Chemikalien, Vergiftungen und Ausscheidungen.

    Eine Reihe moderner elektronischer Geräte hat immer wiederkehrende Arbeiten wie das Zermahlen, Scheiden, Destillieren, Demineralisieren, Kristallisieren und Mischen übernommen. Zusätzlich zu solch ehrwürdigen Apparaten wie Linealen, Schublehren, Bechergläsern, Filtern, Waagen, Druckmessern,

Vergrößerungsgläsern und Mikroskopen gibt es inzwischen Geräte und Techniken, die Moleküle und Atome messen, wie zum Beispiel die kernmagnetische Resonanzspektroskopie und das Elektronenmikroskop, das Objekte um ein Millionenfaches vergrößern kann.

40. Um nur drei Beispiele aus den Tausenden von Laboratorien zu nennen, die im *Research Centers Directory* (2 Bände, 23. Ausgabe, Detroit [Gale Research] 1988) von 1991 aufgeführt sind: Das Generic Technology Center for Respirable Dust an der Pennsylvania State University nennt als sein Hauptanliegen »die Kontrolle der Erzeugung von mikrogroßem, einatembarem Kohlenstaub; eingeschlossen sind das Verdünnen, Dispergieren und Sammeln von Staub in Bergwerken, die Beschreibung des Staubs, das Aufzeichnen der Wechselwirkungen von Staub und Lungen und das Erforschen der Beziehung zwischen der Bergwerksumwelt und den geologischen Charakteristika der Staubentstehung.« Das Clarkson University Center for Particulate Control in Process Equipment führt »Forschungen in Mikrokontamination und Partikelkontrolle« durch, »angewendet auf Produktionsanlagen und Herstellung.« Das Center for Microcontamination Control an der Universität von Arizona untersucht »Oberflächenphänomene, einschließlich Studien über Halbleiterherstellung, Kontaminationskontrolle und Festkörperphysik. Die Projekte beinhalten Studien über Adhäsionsmechanismen kleiner Partikel, Auswirkungen von Oberflächenverunreinigungen auf die Adhäsionsmechanismen kleiner Partikel, Auswirkungen von Oberflächenverunreinigungen auf das Wachstum dünnen Gewebes, theoretische Studien über elektromagnetische Streuung ultrafeiner Partikel und Modelle zur Dynamik von Aerosolen in ›clean rooms‹.«

Kapitel 6

1. Berkson, Joseph, »Life Expectancy«, in: *Encyclopaedia Britannica*, Bd. 13, Chicago (Encyclopaedia Britannica) 1970, S. 1091.
2. Für eine allgemeine Geschichte der öffentlichen Gesundheit im Westen siehe: Smith, Frances, *The People's Health, 1830–1910*, London (Croom Helm) 1979; Rosen, George, *A History of Public*

Health, Baltimore (Johns Hopkins University Press) 1993; Winslow, C. E. A., *The Evolution and Significance of the Modern Public Health Campaign*, New Haven (Yale University Press) 1923.

Zu den USA siehe: Williams, Ralph Chester, *The United States Public Health Service*, Washington D. C. (U.S. Public Health Service) 1951; Walker, M. E. M., *Pioneers of Public Health: The Story of Some Benefactors of the Human Race*, New York (Macmillan) 1930; Ravenel, Mazyk (Hrsg.), *A Half Century of Public Health*, Jubilee Historical Volume, New York (American Public Health Association) 1921; Mullan, Fitzhugh, *Plagues and Politics: The Story of the United States Public Health Service*, New York (Basic Books) 1989.

Zu Großbritannien siehe Williams, J. H. Harley, *A Century of Public Health in Britain, 1832-1929*, London (A. & C. Black, 1932); Szreter, Simon, »The Importance of Social Intervention in Britain's Mortality Decline, c. 1850–1914: A Reinterpretation of the Role of Public Health«, in: *Social History of Medicine* 1, Nr. 1 (1988), S. 3–37.

Zu Frankreich siehe: Goubert, Jean-Pierre (Hrsg.), »La médicalisation de la société francaise, 1770–1830«, in: *Historical Reflections* 9, Nr. 1–2, (Frühjahr–Sommer 1982); Ackerknecht, Erwin, »Hygiene in France, 1815–1848«, in: *Bulletin of the History of Medicine* 12, Nr. 2 (März–April), S. 17–55; Lilienfeld, David und Lilienfeld, Abraham, »The French Influence on the Development of Epidemiology«, in: *Times, Places and Persons: Aspects of the History of Epidemiology*, Baltimore (Johns Hopkins University Press) 1980, S. 28–38; Faure, Olivie, »The Social History of Health in France: A Survey of Recent Developments«, in: *Social History of Medicine* 3, Nr. 3 (1990), S. 437–51.

3. Die Sorge um die Arbeiter in den Vereinigten Staaten kann anhand von *Exploring the Dangerous Trades: The Autobiography of Alice Hamilton* (Boston [Little, Brown & Company] 1943) nachvollzogen werden. Interesse für die Bewohner des industriellen Amerika findet man bei Spargo, John, *The Bitter Cry of Children*, New York (Macmillan) 1909, und Addams, Jane, *Twenty Years at Hull House*, New York (Macmillan) 1910 [in deutsch siehe: Eberhart, Cathy, *Jane Addams (1860-1935)*, Diss., Universität Heidelberg (1994)].
4. Das gegenwärtige System der Schuluntersuchungen begann erst 1879 in Paris. Medizinische Untersuchungen in der Schule setzten in den USA sporadisch in den 1870er Jahren ein (Rosen,

S. 341f.). Ein Beispiel für Literatur im Bereich der öffentlichen Schul-Gesundheitsvorsorge aus England zur Zeit vor dem Ersten Weltkrieg ist *School Hygiene: A Quarterly for Educationists and Doctors.*

5. Rosen, S. xxx-xxxii. Für eine umfassendere historiographische Diskussion dieser Materie siehe Szreter, a.a.O.
6. Moulin, Anne Marie, *Le dernier langage de la médicine: Histoire de l'immunologie de Pasteur au Sida,* Paris (Presses Universitaire de France) o. J., S. 41. Zur Vereinbarkeit von Mikrobentheorie und öffentlicher Gesundheitsvorsorge siehe Duffy, John, *The Sanitarians: A History of American Public Health,* Urbana (University of Illinois Press) 1990, bes. S. 193–204.
7. Latour, Bruno, *Pasteurization of France,* Cambridge (Harvard University Press) 1988, S. 20. Ein britisches *Manual of Practical Hygiene* (New York [William Wood] 1883) informierte über öffentliche Gesundheitsratschläge für das tägliche Leben. Das Handbuch greift Themen auf, die der gute Geschmack verdrängt hatte, und kommentiert nüchtern Angelegenheiten wie Ausscheidungen, Abwässer, persönliche Hygiene, Beseitigung von Toten, Krankheiten, Desinfektion und Desodorierung. Es bot außerdem Ratschläge für Soldaten bezüglich Kasernen, Zelten, Krankenhäusern, Kleidung und Märschen sowie den Transport gesunder und erkrankter Truppenteile. Der »Anhang für Amerikaner« enthielt besondere Abschnitte über nationale Bodenbeschaffenheit, Klimatologie und Meteorologie, ebenso über Wasser, Belüftung, verdorbene Lebensmittel, Bevölkerungsstatistiken und Hinweise für Gesundheitsinspektoren.
8. Zit. in: Hiscock, Ira, *Preventive Medicine and Hygiene,* Bd. 12 von Blumer, George/Hiscock, Ira, *The Practitioners Library of Medicine and Surgery,* New York (D. Appleton – Century) 1937, S. 308f.
9. Ebd.
10. Allen, William, *Civics and Health,* Boston (Ginn & Company) 1909.
11. Harman, Carl/Bradley, Lewis, *The Human Body and Its Enemies,* Yonkers-on-Hudson, N. Y., (World Book Company) 1915.
12. Ebd., S. iii.
13. Für einen damals aktuellen Kommentar über die wahrscheinlichen Kosten von Krankheiten im Krieg siehe Jones, George Ellis, *Hygiene and War,* Washington D. C. (Carnegie Endowment for Peace) 1915.

14. Vedder, Edward, *Sanitation for Medical Officers,* New York (Lea Febiger) 1917.
15. Robert Proctor diskutiert in *Racial Hygiene: Medicine under the Nazis* (Cambridge [Harvard University Press] 1988) die Entwicklung und Durchführung der nazistischen Rassenhygiene.
16. Rogers, Naomi, *Dirt and Disease: Polio before FDR,* New Brunswick (Rutgers University Press) 1992, S. 13, 57.
17. Hiscock, a. a. O.
18. Delano, Jane, *The American Red Cross Text Book on Home Hygiene and Care of the Sick,* Philadelphia (Blakiston) 1933, S. 65. Nützlich für öffentliche Gesundheitsanweisungen in Großbritannien war K. D. Keeles *Modern Home Nursing,* London (Oldhams Press) 1946.
19. Dieuaide, Francis, *Civilian Health in Wartime,* Cambridge (Harvard University Press) 1942, S. 86.
20. Rosen, S. 361.
21. Magner, Lois, *A History of Medicine,* New York (Marcel Dekker) 1992, S. 325.
22. Ebd., S. 326. Siehe Nancy Tomes Besprechung von Goldberg, Georgina, *Disease and Class: Tuberculosis and the Shaping of Modern North American Society,* in: Science 272 (24. Mai 1996), S. 1116f. Tome überprüft darin die Aussage, der Widerstand gegen den Einsatz von Tuberkuloseimpfstoffen in den USA sei verantwortlich für das augenblickliche Wiederaufleben arzneimittelresistenter Tuberkulose in den Vereinigten Staaten.
23. »Tuberculosis«, in: *Columbia Desk Encyclopedia,* S. 2176f.
24. Bedeutsame Krankheiten, die um die Jahrhundertwende im Rückgang begriffen waren, sind Gelbfieber, Pocken, Typhus, Fleckfieber, Malaria und Tuberkulose. Zur gleichen Zeit entdeckte die Wissenschaft die Ursachen für Ruhr, Gonorrhö, Diphtherie, Cholera, Tetanus, Brand, Schlafkrankheit, Keuchhusten und Syphilis (Ackerknecht, Erwin H., *A Short History of Medicine,* Baltimore [Johns Hopkins University Press] 1982, S. 180 [deutsch: *Kurze Geschichte der Medizin,* Stuttgart (Enke) 1975].
25. Ackerknecht liefert eine Liste mit Nobelpreisträgern des 20. Jahrhunderts in Medizin und Physiologie, die belegt, mit welcher Geschwindigkeit wissenschaftliche Entdeckungen zu einem Verständnis menschlicher Krankheiten beitrugen (ebd., S. 241–244).

26. Die Identifizierung der Überträger des Dengue-, des Felsengebirgs-, des Papataci- und des Fleckfiebers stellte eine Teillösung dessen dar, was als das verblüffendste und wichtigste Rätsel der Natur erschien (Rosen, S. 303).
27. Zur Ligue Internationale des Antivaccinateurs, der Liga gegen Schutzimpfungen, die sich aus englischen, belgischen, französischen, deutschen und schweizerischen Ärzten zusammensetzte, siehe Darmon, Pierre, *La longue tracque de la variole,* Paris (Librairie Académique Perrin) 1986, S. 371–380. Zum langanhaltenden und teilweise erfolgreichen Kampf der Bewegung gegen die Schutzimpfung im 19. Jahrhundert siehe Williams, *A Century of Public Health,* bes. S. 262f.
28. Eine exzellente Geschichte der Waschmaschine, insbesondere in Frankreich, ist Delaunay, Quynh, »La lavatrice«, in: *Oggetti d'uso quotidiano: Rivoluzioni technologiche nella vita d'oggi,* Venedig (Marsilio Editori) 1998, S. 106 ff.
29. Für eine kurze Geschichte der Kosmetik und der persönlichen Pflege siehe Philips, M. C., *More Than Skin Deep,* New York (Richard R. Smith) 1948.
30. Sulfonamide, die in ihren Wirkungen äußerst selektiv sind, haben sich als wirksam in der Bekämpfung vieler Mikroorganismen erwiesen, bemerkenswerterweise mit den Ausnahmen Gonokokken, Meningokokken, Viren, Rickettsien, Pilze und Protozoen. Penicillin und andere Antibiotika erwiesen sich als äußerst effektiv in der Behandlung von Tuberkulose, Typhus, Fleckfieber, Ruhr und einigen Virenerkrankungen.
31. Bakterien sind die ältesten Organismen in der Natur und umfassen die größte Anzahl von mikroskopischen Organismen, die auf der Erde gedeihen. Aus einer einzigen Bakterienart kann man zahllose Mutanten erhalten. Nur eine von tausend Bakterien ist – so schätzt man – für den Menschen gefährlich; viele andere führen in und um den Körper herum wichtige Arbeiten durch. »Allein im Dickdarm fungiert eine mannigfaltige Gemeinschaft von hundert Billionen Bakterienzellen als Barriere gegen Krankheitserreger« (Canby, Thomas Y., »Bacteria: Teaching Old Bugs New Tricks«, in: *National Geographic,* August 1993, S. 51.
32. Daudel, Raymond, *The Realm of Molecules,* New York (McGraw-Hill) 1993, S 31.
33. Die lange Geschichte der Pharmazie beginnt im Westen der

Neuzeit mit dem Deutsch-Schweizer Paracelsus (1493–1541), der – voller Verachtung gegenüber den Alchimisten, Priestern und Physikern seiner Zeit – den Weg für ausgedehnte chemische Experimente bahnte, die Bedeutung von Luft für alle Lebewesen bemerkte und die Verwendung von Mineralien und Pflanzen in der Medizin bevorzugte. Jonathan Pereira (1804–1853), einer der ersten Lehrer der Royal Pharmaceutical Society Großbritanniens, erklärte, daß die Eigenschaften von Chemikalien nicht aus einer Doktrin von Zeichen und Signaturen abgeleitet werden könnten: Lungenkraut zum Beispiel sei, obwohl sein Blattmuster Lungen ähnelt, nicht geeignet, um Lungenkrankheiten zu behandeln. Tatsächlich müsse die Wissenschaft, so behauptete er, den Aufbau von Pflanzen und Metallen und »ihrer dynamischen Eigenschaften« erkennen (Weatherall, M., *In Search of a Cure: A History of Pharmaceutical Discovery,* Oxford [Oxford University Press] 1990, S. 21).

Kapitel 7

1. Nye, David, *American Technological Sublime,* Cambridge (MIT Press) 1994, S. 145; siehe insbesondere die Kapitel »The Electric Sublime« (S. 143–172) und »The Electric Cityscape« (S. 173–198).
2. »Light Cleaning«, in: *Science Digest* 89 (April 1981), S. 27.
3. »Untersuchungen, Krankenhausbehandlungen, Anwendung von Quecksilbersalzen, Kaliumiodid-Abführmittel, das Ausbrennen von Wunden, chirurgische Entfernung von Teilen des Penis oder der Schamlippen – nichts konnte irgendeine der sexuell übertragenen Krankheiten überwinden« (Smith, F. B., »The Contagious Diseases Act Reconsidered«, in: *Social History of Medicine* 3, Nr. 2 [1990], S. 197–216).
4. Herpes genitalis, der ernsthafte Infektionen verursachen kann, wurde offensichtlich ignoriert und als gutartige Entzündung betrachtet. Die Gonorrhö, die zumeist nicht von anderen Ansteckungen unterschieden wurde, wurde nur oberflächlich behandelt, fälschlicherweise als eine in erster Linie männliche Krankheit verstanden, da die Krankheitszeichen beim Mann offensichtlicher sind, und nicht als bedeutsame Quelle von Rheu-

matismus und Erblindung bei Säuglingen erkannt (Smith, F. B., »The Contagious Diseases Act«, S. 214).

5. Hartmann, Irving, »Dust Explosions«, in: *Mechanical Engineers Handbook*, New York (McGraw-Hill) 1987, S. 7–48.
6. »Dust and Development Go Hand in Hand«, in: *New Scientist*, 1. September 1990, S. 48; Goldsmith, Edward/Bunyard, Peter et al. (Hrsg.), *Imperiled Planet Toxic*, Cambridge (MIT Press) 1990.
7. Für Daniel Bell begründen diese Elemente die zweite und dritte technologische Revolution (die erste war die Dampfkraft), die beide maßgeblich die westliche Zivilisation verwandelt haben (Bell, Daniel, »The Third Technological Revolution and Its Possible Economic Consequences«, in: *Dissent*, Frühjahr 1989, S. 164–176).
8. Für ein einzelnes Beispiel aus der Reihe neuer Werkzeuge siehe Keller, C. G. und Rowe, R. T., »Hexsil Tweezers for Teleoperated Micro-assembly«, in: *Microelectromechanical Systems* (1997), S. 72–77.
9. Amato, Ivan, *Stuff: The Materials the World is Made Of*, New York (Avon Books) 1998, S. 194f., 234.
10. Ebd., S. 189.
11. Ebd., S. 233, 189.
12. 99% der elektromagnetischen Wellen entziehen sich dem menschlichen Auge. In seinem weitesten Sinn enthält das Spektrum elektromagnetische, akustische, Teilchen- und ionisierte Strahlung, aber »gemeinhin bezieht man sich nur auf das elektromagnetische Spektrum, das – nach der steigenden Wellenlänge geordnet – Emmissionen von Radiowellen, Mikrowellen, Infrarot- und (für den Menschen) sichtbarem Licht, ultraviolettem Licht, Röntgen- und Gammastrahlen einschließt.« (»Radiation«, in: *Columbia Desk Encyclopedia*, New York [Columbia University Press] 1967, S. 1759)
13. Messadié, Gerald, *Great Modern Inventions*, New York (Chambers) 1991, S. 77.
14. Ebd., S. 155, 146, 144.
15. Macauley, David, *The New Way Things Work*, Boston (Houghton Mifflin) 1998, S. 191 [deutsch: *Wie funktioniert das?*, Mannheim (Meyers Lexikonverlag) 1996].
16. Brennan, Richard (Hrsg.), *The Dictionary of Scientific Literacy*, New York (John Wiley & Sons) 1992, S. 266.
17. Messadié, S. 141, 152.

18. Eine kurze Geschichte der Entdeckung der DNA liefert James Watson, der zusammen mit Francis Crick die Struktur der DNA entzifferte. Siehe Watson, James, *The Double Helix*, New York (New American Library) 1968, S. 80 [deutsch: *Die Doppel-Helix*, Reinbek bei Hamburg (Rowohlt) 1997].
19. Friend, Tim, »Hello Dolly! Sheep Cloning Prompts Ethical Debate«, in: *USA Today*, 24. Februar 1997, S. 1–2.
20. Barnes, Deborah, »Creating a Cloned Sheep Named Dolly«, in: *Research in the News*, http://science-education.nih.gov/nih HTML/ose/snapshots/multimedia/ritn/dolly/index.html. Siehe auch Wilmut, I./Schnieke, E. E. et al., »Viable Offspring Derived from Fetal and Adult Mammalian Cells«, in: *Nature* 385, Nr. 6619 (27. Februar 1997), S. 810–813.
21. Chemie und Biologie haben in der zweiten Hälfte des 20. Jahrhunderts die Kontrolle der Medizin über das Kleine ausgeweitet. Ab den 50er Jahren wurden ultraviolette Strahlen eingesetzt, um Hautinfektionen zu behandeln, das Wachstum von Bakterien in Fleischgroßmärkten zu verhindern und das Wasser in Schwimmbecken beziehungsweise die Luft in Operationssälen zu desinfizieren (Frobisher, Martin/ Sommermeyer, Lucille, *Microbiology for Nurses*, 9. Ausgabe, Philadelphia [W. B. Saunders] 1956, S. 48). In den späten 80er Jahren umfaßten die wohltätigen Wirkungen der Strahlung die Zerstörung bösartiger Zellen, das Sterilisieren medizinischer Produkte und das Aufspüren von Substanzen auf ihrem Weg durch den Körper mit Hilfe von Radioisotopen. (Cobb, Charles, »Living with Radiation«, in: *National Geographic*, April 1989, S. 410)
22. Canby, Thomas, »Bacteria: Teaching Old Bugs New Tricks«, in: *National Geographic*, August 1993, S. 41f.
23. Newman, Cathy, »Pollen of Life and Sneezes«, in: *National Geographic*, Oktober 1984, S. 501.
24. Zu einer Diskussion über Conodonten siehe Purnall, Mark et al., »Conodonts and the First Vertebrates«, in: *Endeavor* 19, Nr. 7 (März 1995), S. 20–28.
25. Newman, S. 501f.
26. Grimaldi, David, »Captured in Amber«, in: *Scientific American*, April 1996, S. 84–91.
27. Kleemann, Georg, »Sub-millimetre Radiotelescope Probes Universe«, in: *Stuttgarter Zeitung*, 9. Mai 1992, übersetzt in: *The German Tribune*, 22. Mai 1992, S. 12.

28. Begley, Sharon, »Weighing the Darkness: Unseen Matter Shapes the Universe's Fate«, in: *Newsweek*, 18. Januar 1993, S. 44.
29. Crandall, B. C. (Hrsg.), *Nanotechnology: Molecular Speculations on Global Technology*, Cambridge (MIT Press) 1996, S. 10.
30. »Molecular Engineering«, in: Crandall, S. 21.
31. Zit. in: Kaehler, Ted, »In-Vivo Nanoscope and the ›Two-Week Revolution‹«, in: Crandall, S. 49.
32. Ebd., S. 31 ff.
33. Flyer für die Ernest C. Watson Caltech Vorlesungsserie 1995–1996, California Institute of Technology, Pasadena, September 1995–Januar 1996.
34. Stix, Gary, »Waiting for Breakthroughs«, in: *Scientific American*, April 1996, S. 94–99; Crandall, S. 27. Siehe auch Whitesides, George, »Self-Assembling Materials«, und Gabriel, Kaigham, »Engineering Microscopic Machines«, in: *Key Technologies for the Twenty-First Century*, spezielle Buchausgabe des *Scientific American*, New York (W. H. Freeman) 1996, S. 83–88, 89–94.
35. Als Führer in das zeitgenössische Meßwesen siehe Klein, Herbert, *The Science of Measurement: A Historical Survey*, New York (Dover Publications) 1974, S. 186.
36. Ebd., S. 264. Zusätzlich verlangten Messungen von Hitze, Strahlung, Elektrizität und Elektromagnetismus allesamt präzis geeichte Einheiten.

Kapitel 8

1. Carson, Rachel, *Silent Spring*, New York (Houghton Mifflin) 1962, S. 25f. [deutsch: *Der stumme Frühling*, München (Beck) 1996].
2. Ebd., S. 30, 32.
3. Ebd., S. 169.
4. Ebd., S. 211.
5. Battan, Louis, *The Unclean Sky*, Garden City, N. Y., (Doubleday) 1966, S. 3–13.
6. Ferguson, Jack, »Dust in the Environments«, in: *The Science of Global Change*, hrsg. v. David Dunnette und Robert O'Brien, Washington D. C. (American Chemical Society) 1992.
7. Ebd., S. 118.

8. Moser, Thomas/Barker, Jerry/Tingey, David, »Anthropogenic Contaminants«, in: Dunnette und O'Brien, S. 136. Es wird allgemein behauptet, der Ozonabbau setze die Menschen schädigender Kurzwellen- oder ultravioletter Strahlung aus. Abnehmende Oxydation, die aus Schadstoffen wie Methan resultiere, nehme allem Leben die Luft zum Atmen. Die globale Erwärmung, eine Folge steigender Kohlendioxid-Pegel, die alle Lebewesen einer erhöhten Langwellen- oder Infrarotstrahlung aussetze, verursache Krebs, zerstöre die Vegetation und könne zu Überflutungen aufgrund von Klimaänderungen und zu höheren Ozeanpegeln führen (zit. in Andrew Browns Besprechung von Al Gores *Earth in the Balance,* »The High Price of Civilization«, in: *Idea News* [Sommer–Herbst 1992], S. 11) [deutsch: Gore, Al, *Wege zum Gleichgewicht,* Frankfurt/Main (Fischer) 1995].
9. Brennan, Richard (Hrsg.), *Dictionary of Scientific Literacy,* New York (John Wiley & Sons) 1992, S. 34.
10. Ein Überblick aus dem Jahr 1990 wies 80 wissenschaftliche Umweltprogramme und Umweltstudien aus. Kuchella, Charles, »Education of Environmental Specialists and Generalists in American Universities«, in: Dunnette und O'Brien, S. 477.
11. »Les Maladies des victimes de Tchernobyl surprennent les spécialistes«, in: *Le Monde,* 2. Dezember 1995.
12. »The Toxic Workplace«, in: *City Business, Special Focus,* 26. März 1993, S. 9–16.
13. Garrett, Laurie, *The Coming Plague,* New York (Farrar, Straus & Giroux) 1994 [deutsch: *Die kommenden Plagen – Neue Krankheiten in einer gefährdeten Welt,* Frankfurt/Main (Fischer) 1996].
14. Karlen, Arno, *Man and Microbes: Diseases and Plagues in History and Modern Times,* New York (Simon & Schuster) 1995, S. 6.
15. Siehe Collinge, John und Palmer, Mark (Hrsg.), *Prion Diseases,* Oxford (Oxford University Press) 1999.
16. Karlen, S. 6.
17. Der Autor von *The Hot Zone* (das weitgehend dasselbe Thema erforscht wie *The Coming Plague)* beschreibt auf poetische Weise, wie Wissenschaftler erfolglos die Ursprünge des Marburg-Virus (benannt nach der deutschen Stadt, in der die Krankheit ausbrach) in einer Höhle in der Nähe des Viktoriasees suchen. Die Höhle – die einem Indiana-Jones-Thriller angemessen wäre – ist voller Tierknochen, Fledermäuse und rasiermesserscharfer Kristalle.

Schluß

1. Pascal, Blaise, *Pensées*, Baltimore (Penguin Books) 1966, S. 90 [deutsch: *Gedanken*, Köln (Parkland) 1997].
2. Selbst die Motte beispielsweise, ein abstruses Nachtgeschöpf, wird gezählt (im Moment gibt es mehr als 142 000 bekannte Arten), untersucht und aus der Nähe fotografiert; das Ziel dieser Beobachtung liegt darin, chemisch zu erklären, wie Motten sich tarnen, verteidigen, wie sie töten, Liebeslieder erzeugen und fressen (Murawski, Darlyne, »Moths Come to Light«, in: *National Geographic*, März 1997, S. 41–57).
3. Diese Puristen, die die Politik am liebsten leidenschaftslos und sündenfrei hätten (wie Nietzsche schon vor einem Jahrhundert schimpfte), schaffen ein blutleeres Regime, in dem die Absicht, auf der Seite des Guten – des »moralischen Saubermachens« – zu stehen, mehr wert ist als Wissen, Mut und Handeln. Für eine Untersuchung des Versuches der modernen Welt, Schmerz und Leiden zu kontrollieren, siehe Amato, Joseph, *Victims and Values: A History and a Theory of Suffering*, New York (Praeger) 1990.
4. Dieser Doppelbegriff von Reinheit wurde kürzlich sehr originell dargelegt in Mintz, Sidney, *Tasting Food, Tasting Freedom: Excursions into Eating, Culture, and the Past*, Boston (Beacon Press) 1996.
5. »In den submikroskopischen, molekularen und sogar subatomaren Bereichen«, schrieb Herbert Klein 1974, »werden großartige und andauernde Fortschritte mit Mikrowellen, infraroten und ultravioletten, Röntgen- und Gammastrahlen erzielt. Wahrscheinlich«, fährt Klein fort, »wurde die Masse der grundlegenden wissenschaftlichen Fortschritte der vergangenen Jahrzehnte nur möglich mit der Hilfe solcher unsichtbarer Strahlen.« (Klein, Herbert, *The Science of Measurement: A Historical Survey*, New York [Dover Publications] 1974, S. 264)
6. Siehe Luky, Robert, *Silicon Dreams: Information, Man, and Machine*, New York (St. Martin's Press) 1991, bes. S. 390f.
7. Laurel, Brenda, »Commentary: Virtual Reality«, in: *Key Technologies for the Twenty-First Century*, spezielle Buchausgabe des *Scientific American*, New York (W. H. Freeman) 1996, S. 20.
8. Toolan, David, »Praying in a Post-Einsteinian Universe«, in: *Cross Currents* (Winter 1996–1997), S. 462f.

9. Einen psychologischen Überblick über die Notwendigkeit von Illusionen für das Glücksempfinden enthält Taylor, Shelley und Brown, Jonathan, »Illusion and Well-Being: A Social Psychological Perspective on Mental Health«, in: *Psychological Bulletin* 103, Nr. 2 (1988), S. 193–210.
10. Tuan, Yi-Fu, *Morality and Imagination: Paradoxes of Progress,* Madison (University of Wisconsin Press) 1989, S. 164.
11. Taylor, A. M., *Imagination and the Growth of Science,* New York (Schocken Books) 1967, S. 52f.
12. Pope, Alexander, *Vom Menschen*, Hamburg (Felix Meiner Verlag) 1993, S. 193–200
13. Descartes, René, *La dioptrique,* zit. in: Crombie, A. C., »The Mechanistic Hypothesis and the Scientific Study of Vision: Some Optical Ideas as a Background to the Invention of the Microscope«, in: *Historical Aspects of Microscopy,* Cambridge (W. Heffer & Sons) 1967, S. 3–112.
14. Zugegebenermaßen wird eine gewisse Anzahl zwanghafter Händewascher fortfahren, auf die Kräfte und Gefahren des Unsichtbaren fixiert zu sein. Es könnte interessant sein, ihre sich verändernde Zahl zu berechnen und ihre verschiedenen Sprachen und Rituale im Verhältnis zur sich verändernden gesellschaftlichen Definition des Kleinen und Tödlichen zu bestimmen.

Historische Romane im Europa Verlag

Fernando Royuela
Goyito und das Böse
Roman
Gebunden, 3-203-81554-0

Darin Strauss
Die siamesischen
Zwillinge
Roman
Gebunden, 3-203-82100-1

Daniel Ares
Das Gold von Patagonien
Roman
Gebunden, 3-203-75300-6

Agnès Michaux
Ich werde sie jagen bis ans
Ende der Welt
Roman
Gebunden, 3-203-80060-8

EUROPA
VERLAG

www.europaverlag.de